浙江文化研究工程成果文库

浙江史前美术

朱雪菲　著

浙江人民出版社

图书在版编目（CIP）数据

浙江史前美术 / 朱雪菲著. — 杭州 ：浙江人民出版社，2022.10

ISBN 978-7-213-10745-0

Ⅰ. ①浙… Ⅱ. ①朱… Ⅲ. ①原始美术-艺术史-研究-浙江 Ⅳ. ①J120.9

中国版本图书馆CIP数据核字(2022)第159346号

浙江史前美术

朱雪菲　著

出版发行　浙江人民出版社（杭州市体育场路347号　邮编　310006）

　　　　　市场部电话:(0571)85061682　85176516

丛书组稿　王利波

项目统筹　李　信　吴玲霞

责任编辑　朱碧澄

责任校对　戴文英

责任印务　程　琳

封面设计　毛勇梅　希　溪　厉　琳

电脑制版　杭州天一图文制作有限公司

印　　刷　浙江新华数码印务有限公司

开　　本　710毫米×1000毫米　1/16

印　　张　14.875

字　　数　190千字

插　　页　4

版　　次　2022年10月第1版

印　　次　2022年10月第1次印刷

书　　号　ISBN 978-7-213-10745-0

定　　价　88.00元

如发现印装质量问题,影响阅读,请与市场部联系调换。

"浙江文化研究工程成果文库"总序

有人将文化比作一条来自老祖宗而又流向未来的河，这是说文化的传统，通过纵向传承和横向传递，生生不息地影响和引领着人们的生存与发展；有人说文化是人类的思想、智慧、信仰、情感和生活的载体、方式和方法，这是将文化作为人们代代相传的生活方式的整体。我们说，文化为群体生活提供规范、方式与环境，文化通过传承为社会进步发挥基础作用，文化会促进或制约经济乃至整个社会的发展。文化的力量，已经深深熔铸在民族的生命力、创造力和凝聚力之中。

在人类文化演化的进程中，各种文化都在其内部生成众多的元素、层次与类型，由此决定了文化的多样性与复杂性。

中国文化的博大精深，来源于其内部生成的多姿多彩；中国文化的历久弥新，取决于其变迁过程中各种元素、层次、类型在内容和结构上通过碰撞、解构、融合而产生的革故鼎新的强大动力。

中国土地广袤、疆域辽阔，不同区域间因自然环境、经济环境、社会环境等诸多方面的差异，建构了不同的区域文化。区域文化如同百川归海，共同汇聚成中国文化的大传统，这种大传统如同春风化雨，渗透于各种区域文化之中。在这个过程中，区域文化如同清溪山泉潺潺不息，在中国文化的共同价值取向下，以自己的独特个性支撑着、引领着本地经济社会的发展。

从区域文化入手，对一地文化的历史与现状展开全面、系统、扎实、有序的研究，一方面可以借此梳理和弘扬当地的历史传统和文化资源，繁荣和丰富当代的先进文化建设活动，规划和指导未来的文化发展蓝图，增强文化软实力，为全面建设小康社会、加快推进社会主义现代化提供思想保证、精神动力、智力支持和舆论力量；另一方面，这也是深入了解中国文化、研究中国文化、发展中国文化、创新中国文化的重要途径之一。如今，区域文化研究日益受到各地重视，成为我国文化研究走向深入的一个重要标志。我们今天实施浙江文化研究工程，其目的和意义也在于此。

千百年来，浙江人民积淀和传承了一个底蕴深厚的文化传统。这种文化传统的独特性，正在于它令人惊叹的富于创造力的智慧和力量。

浙江文化中富于创造力的基因，早早地出现在其历史的源头。在浙江新石器时代最为著名的跨湖桥、河姆渡、马家浜和良渚的考古文化中，浙江先民们都以不同凡响的作为，在中华民族的文明之源留下了创造和进步的印记。

浙江人民在与时俱进的历史轨迹上一路走来，秉承富于创造力的文化传统，这深深地融汇在一代代浙江人民的血液中，体现在浙江人民的行为上，也在浙江历史上众多杰出人物身上得到充分展示。从大禹的因势利导、敬业治水，到勾践的卧薪尝胆、励精图治；从钱氏的保境安民、纳土归宋，到胡则的为官一任、造福一方；从岳飞、于谦的精忠报国、清白一生，到方孝孺、张苍水的刚正不阿、以身殉国；从沈括的博学多识、精研深究，到竺可桢的科学救国、求是一生；无论是陈亮、叶适的经世致用，还是黄宗羲的工商皆本；无论是王充、王阳明的批判、自觉，还是龚自珍、蔡元培的开明、开放，等等，都展示了浙江深厚的文化底蕴，凝聚了浙江人民求真务实的创造精神。

代代相传的文化创造的作为和精神，从观念、态度、行为方式和价值取向上，孕育、形成和发展了渊源有自的浙江地域文化传统和与时俱进的浙江文化精神，她滋育着浙江的生命力、催生着浙江的凝聚力、激发着浙江的创造力、培植着浙江的竞争力，激励着浙江人民永不自满、永不停息，在各个不同的历史时期不断地超越自我、创业奋进。

悠久深厚、意韵丰富的浙江文化传统，是历史赐予我们的宝贵财富，也是我们开拓未来的丰富资源和不竭动力。党的十六大以来推进浙江新发展的实践，使我们越来越深刻地认识到，与国家实施改革开放大政方针相伴随的浙江经济社会持续快速健康发展的深层原因，就在于浙江深厚的文化底蕴和文化传统与当今时代精神的有机结合，就在于发展先进生产力与发展先进文化的有机结合。今后一个时期浙江能否在全面建设小康社会、加快社会主义现代化建设进程中继续走在前列，很大程度上取决于我们对文化力量的深刻认识、对发展先进文化的高度自觉和对加快建设文化大省的工作力度。我们应该看到，文化的力量最终可以转化为物质的力量，文化的软实力最终可以转化为经济的硬实力。文化要素是综合竞争力的核心要素，文化资源是经济社会发展的重要资源，文化素质是领导者和劳动者的首要素质。因此，研究浙江文化的历史与现状，增强文化软实力，为浙江的现代化建设服务，是浙江人民的共同事业，也是浙江各级党委、政府的重要使命和责任。

2005年7月召开的中共浙江省委十一届八次全会，作出《关于加快建设文化大省的决定》，提出要从增强先进文化凝聚力、解放和发展生产力、增强社会公共服务能力入手，大力实施文明素质工程、文化精品工程、文化研究工程、文化保护工程、文化产业促进工程、文化阵地工程、文化传播工程、文化人才工程等“八项工程”，实施科教兴国和人才强国战略，加快建设教育、科技、卫生、体育等“四个强省”。作为文化建设“八项工程”之一的文化研究工程，其任务就是系统研究浙江文化的历史成就和当代发展，深入挖掘浙江文化底蕴、研究浙江现象、总结浙江经验、指导浙江未来的发展。

浙江文化研究工程将重点研究“今、古、人、文”四个方面，即围绕浙江当代发展问题研究、浙江历史文化专题研究、浙江名人研究、浙江历史文献整理四大板块，开展系统研究，出版系列丛书。在研究内容上，深入挖掘浙江文化底蕴，系统梳理和分析浙江历史文化的内部结构、变化规律和地域特色，坚持和发展浙江精神；研究浙江文化与其他地域文化的异同，厘清浙江文化在中国文化中的地位和相互影响的关系；围绕浙江生动的当代实践，深入解读浙江现象，总结浙江经验，指导浙江发展。在研究力量上，通过课题组织、出版资助、重点研究基地建设、加强省内外大院名校合作、整合各地各部门力量等途径，形成上下联动、学界互动的整体合力。在成果运用上，注重研究成果的学术价值和应用价值，充分发挥其认识世界、传承文明、创新理论、咨政育人、服务社会的重要作用。

我们希望通过实施浙江文化研究工程，努力用浙江历史教育浙江人民、用浙江文化熏陶浙江人民、用浙江精神鼓舞浙江人民、用浙江经验引领浙江人民，进一步激发浙江人民的无穷智慧和伟大创造能力，推动浙江实现又快又好发展。

今天，我们踏着来自历史的河流，受着一方百姓的期许，理应负起使命，至诚奉献，让我们的文化绵延不绝，让我们的创造生生不息。

2006年5月30日于杭州

“浙江文化研究工程成果文库”序言

袁家军

浙江是中华文明的发祥地之一，历史悠久、人文荟萃，素称“文物之邦”“人文渊薮”，从河姆渡的陶灶炊烟到良渚的文明星火，从吴越争霸的千古传奇到宋韵文化的风雅气度，从革命红船的扬帆起航到新中国成立初期的筚路蓝缕，从改革开放的敢为人先到新时代的变革创新，都留下了弥足珍贵的历史文化财富。纵览浙江发展的历史，文化是软实力、也是硬实力，是支撑力、也是变革力，为浙江干在实处、走在前列、勇立潮头提供了独特的精神激励和智力支持。

2003年，习近平同志在浙江工作时作出“八八战略”重大决策部署，明确提出要进一步发挥浙江的人文优势，积极推进科教兴省、人才强省，加快建设文化大省。2005年7月，习近平同志主持召开省委十一届八次全会，亲自擘画加快建设文化大省的宏伟蓝图。在习近平同志的亲自谋划、亲自布局下，浙江形成了文化建设“3+8+4”的总体框架思路，即全面把握增强先进文化的凝聚力、解放和发展文化生产力、提高社会公共服务力等“三个着力点”，启动实施文明素质工程、文化精品工程、文化研究工程、文化保护工程、文化产业促进工程、文化阵地工程、文化传播工程、文化人才工程等“八项工程”，加快建设教育、科技、卫生、体育等“四个强省”，构建起浙江文化建设的“四梁八柱”。这些年来，我们按照习近平同志当年作出的战略部署，坚持一张蓝图绘到底、一任接着一任干，不断推进以文铸魂、以文育德、以文图强、以文传道、以文兴业、以文惠民、以文塑韵，走出了一条具有中国特色、时代特征、浙江特点的文化发展之路。

文化研究工程是浙江文化建设最具标志性的成果之一。随着第一期和第二期文化研究工程的成功实施，产生了一批重点研究项目和重大研究成果，培育了一批具有浙江特色和全国影响的优势学科，打造了一批高水平的学术团队和在全国有影响力的学术名师、学科骨干。2015年结束的第一批浙江文化研究工程共立研究项目811项，出版学术著作千余部。2017年3月启动的第二期浙江文化研究工程，已开展了52个系列研究，立重大课题65项、重点课题284项，出版学术著作1000多部。特别是形成了《宋画全集》等中国历代绘画大系、《共和国命运的抉择与思考——毛泽东在浙江的785个日日夜夜》等领袖与浙江研究系列、《红船逐浪：浙江“站起来”的革命历程与精神传承》等“浙100年”研究系列、《浙江通史》《南宋史研究丛书》等浙江历史专题史研究系列、《良渚文化研究丛书》等浙江史前文化研究系列、《儒学正脉——王守仁传》等浙江历史名人研究系列、《吕祖谦全集》等浙江文献集成系列。可以说，浙江文化研究工程，赓续了浙江悠久深厚的文化血脉，挖掘了浙江深层次的文化基因，提升了浙江的文化软实力，彰显了浙江在海内外的学术影响力，为浙江当代发展提供了坚实的理论支撑和智力支持，为坚定文化自信提供了浙江素材。

当前，浙江已经踏上了实现第二个百年奋斗目标的新征程，正在奋力打造“重要窗口”，争创社会主义现代化先行省，高质量发展建设共同富裕示范区。文化工作在浙江高质量发展建设共同富裕示范区中具有决定性作用，是关键变量；展现共同富裕美好社会的图景，文化是最富魅力、最吸引人、最具辨识度的标识。我们要发挥文化铸魂塑形赋能功能，为高质量发展建设共同富裕示范区注入强大文化力量，特别是要坚持把深化文化研究工程作为打造新时代文化高地的重要抓手，努力使其成为研究阐释习近平新时代中国特色社会主义思想的重要阵地、传承创新浙江优秀传统文化革命文化社会主义先进文化的重要平台、构建中国特色哲学社会科学的重要载体、推广展示浙江文化独特魅力的重要窗口。

新时代浙江文化研究工程将延续“今、古、人、文”主题，重点突出当代发展研究、历史文化研究、“新时代浙学”建构，努力把浙江的历史与未来贯通起来，使浙学品牌更加彰显、浙江文化形象更加鲜明、中国特色哲学社会科学的浙江元素更加丰富。新时代浙江文化研究工程将坚守“红色根脉”，更加注重深入挖掘浙江红色资源，持续深化“习近平新时代中国特色社会主义思想在浙江的探索与实践”课题研究，努力让浙江成为践行创新理论的标杆之地、传播中华文明的思想之窗；擦亮以宋韵文化为代表的浙江历史文化金名片，从思想、制度、经济、社会、百姓生活、文学艺术、建筑、宗教等方面全方位立体化系统性研究阐述宋韵文化，努力让千年宋韵更好地在新时代“流动”起来、“传承”下去；科学解读浙江历史文化的丰富内涵和时代价值，更加注重学术成果的创造性转化，探索拓展浙学成果推广与普及的机制、形式、载体、平台，努力让浙学成果成为有世界影响的东方思想标识；充分动员省内外高水平专家学者参与工程研究，坚持以项目引育高端社科人才，努力打造一支走在全国前列的哲学社会科学领军人才队伍；系统推进文化研究数智创新，努力提升社科研究的科学化水平，提供更多高质量文化成果供给。

伟大的时代，需要伟大作品、伟大精神、伟大力量。期待新时代浙江文化研究工程有更多的优秀成果问世，以浙江文化之窗更好地展现中华文化的生命力、影响力、凝聚力、创造力，为忠实践行“八八战略”、奋力打造“重要窗口”，争创社会主义现代化先行省，高质量发展建设共同富裕示范区，提供强大思想保证、舆论支持、精神动力和文化条件。

目录

图表目录

引言

史前美术是不是个假命题？

蔡元培先生对美术的定义有狭义与广义之分。“狭义的，是专指建筑、造像（雕刻）、图画与工艺美术（包括装饰品等）等。广义的，是于上列各种美术之外，又包含文学、音乐、舞蹈等。”①这里，广义的美术和我们现在所说的“艺术”几乎是同一个概念；而狭义的美术，又被其称为“静的美术”，是史前美术所涉及的范畴。

与成熟的中西方美术学体系最为不同的一点是，史前美术的一手资料获取与首要研究途径只有考古学。从考古出土文物（即遗物）中摘选的史前美术的研究对象，很难与一般的美术品分类相吻合。遗物的第一分类层次是“不可移动文物”与“可移动文物”。“不可移动文物”指的是考古发掘中遇到的各种遗迹，小到一个房屋柱坑，大到以平方千米计的遗址聚落。“不可移动文物”会涉及美术学中分量极重的门类——建筑，而建筑，在史前美术的范畴内是很难展开讨论的。我国境内的早期

① 蔡元培：《美术的起原》，《美育与人生：蔡元培美学文选》，山东文艺出版社2020年版，第48页。

传统建筑以土木结构为主，而在绝大多数地区，土木结构建筑保存数千年之久，几乎是不可能的。因此，尽管建筑遗迹在考古学中极其重要，但多以残存的基槽、柱坑、浅穴、土台的面貌出现。史前建筑的复原，在现场遗迹、极少量同时期建筑图像和民族学类比资料的努力结合下，还往往掺入一些假想。这使得史前建筑缺少了进入史前美术范畴的“直观形象”。“可移动文物”指的是各类可以从遗址中提取的文物。造像、图画与工艺美术等“静的美术”，在文物门类（尤其是博物馆藏品中的文物门类）里都可以找到各自的位置，但在史前文物的考古学分类中，这些美术品和物质遗存的分类有一定程度的交叉。史前文物的考古学分类往往是按照质地分陶器、石器、玉器、骨牙角器、漆木器等；而美术品的分类会在质地以外，将雕塑、书画、杂项等列入同一分类层级，比如雕塑，就会有陶塑、石雕、砖雕、木雕等，与质地交叉。在大型的综合博物馆里，这种美术品的分类有其相当的合理性，比如，陶质器皿的发展大致是逐渐衰落的，在雕塑作品兴盛的时期，陶质器皿大多已经乏善可陈，难以进入美术品之列。几乎可以说，在综合博物馆里，陶器这一类藏品往往年代久远，而雕塑这一类藏品之大部分是年代较晚的东西。当然，博物馆里不乏既是陶器又是雕塑的藏品，但这种分类上的交叉也并不影响这些藏品的保管和陈列。而如果针对史前时期“可移动文物”的话，美术品的分类标准就难以套用了。

“人类开化之始，常以美术品为巫祝之器用，或以供激情导欲之用”①，因而“初民美术的开始，差不多都含有一种实际上的目的”②。在那些遥远的年代里，审美的需求或许并不如功利的需求那么显著，史前先民的精神世界也已完全承载于一切的物质遗存中。在考古学方法的

---

① 蔡元培：《美学观念》，《美育与人生：蔡元培美学文选》，山东文艺出版社2020年版，第15页。

② 蔡元培：《美术的起原》，《美育与人生：蔡元培美学文选》，山东文艺出版社2020年版，第71页。

指导下研究遗迹、遗物，本就应该抱有“透物见人”的理念，这其实是把史前美术研究所关注的史前人类的精神生活，一并纳入史前物质文化遗存的研究范畴之内。这两者当然不能割裂，与其费尽心机去界定史前美术品与非美术品的界限，不如承认这种界限的模糊不清就是史前美术本该具有的特质。美术史既然有绵长的流变，就必定有其深邃的源头，史前时期不存在严格意义上的美术品，不等于史前美术就是个假命题。探讨史前美术是美术溯源研究的必然，是以考古出土的史前物质文化遗存为研究对象，在“初民美术”中窥探其思想观念，分辨审美意识的发生。

本书所要讨论的浙江史前美术，其年代跨度限定在距今10000—4000年的范围里，基本跨越了整个新石器时代，而排除了旧石器时代。在全球范围内，美术的起源当然是可以追溯到旧石器时代的，以欧亚大陆上一批岩洞壁画和小型雕塑作品最具代表性。如法国拱桥谷的Chauvet洞窟群中大约公元前30000—公元前28000年的以野牛、狮子、熊等动物为主题的彩绘壁画，德国Hohlenstein-Stadel出土的大约公元前40000—公元前28000年的半人半猫科动物猛犸象的牙雕，还有如“带头罩的女子”“威伦道夫的女子”等一批多见于公元前28000—公元前22000年的妇女题材雕塑①。我国境内亦有发现旧石器时代的装饰品，比如宁夏水洞沟等遗址所见的旧石器时代中晚期可能从非洲而来的鸵鸟蛋皮串珠②，北京周口店遗址山顶洞人用穿孔的兽牙、蚶壳、鱼骨、涂朱石子等制成的串饰③。这说明审美意识很可能萌芽于我们很难想象的遥远的过去。而浙江地区旧石器时代的考古发现，目前主要以打制石器为代表，对其展开的研究主要集中在制作技术与实用性能方面，在审美意识的体现上，

---

① ［美］H. W. 詹森（H.W.Janson）等：《詹森艺术史》，艺术史组合翻译实验小组译，湖南美术出版社2017年版。

② 魏屹、高星：《鸵鸟蛋皮串珠装饰品的发现与研究》，《人类学学报》2020年第2期。

③ 贾兰坡：《周口店遗址》，《文物》1978年第11期。

这些打制石器所能提供的信息还是太有限了。

而在距今10000—4000年的新石器时代，浙江境内有丰富的史前物质文化遗存，材质包括陶、石、木、骨等，技法则或绘、或刻、或凿、或塑。精工与巧思的碰撞，迸发出艺术的火花。在回避对“史前美术品”进行定义后，本书选择以四大专题的形式，展开对浙江史前美术的探讨。

第一，关于彩陶。有着万年彩陶史的浙江，为何在距今6000—5500年间，将影响了半个中国的庙底沟文化彩陶艺术浪潮拒之门外？在那个彩陶大流行的阶段，浙江本地的美术传统是什么样的？它如何发生，又何以根深蒂固？

第二，关于特色。特色是相对于主流而言的。浙江境内的新石器时代考古学文化，在共时性与历时性比较中，物质遗存之风貌别具特色的有上山文化、跨湖桥文化与河姆渡文化。上山文化与跨湖桥文化虽是处于同一考古学文化谱系中前后相继的两种文化，但个别遗址，比如上山文化中的浦江上山、义乌桥头、仙居下汤等遗址与跨湖桥文化中的萧山跨湖桥遗址，却处处展露出超越其所处时代的审美品位。河姆渡文化则更是异军突起，没有直接明确的源，也没有传承明白的流，但其艺术造诣是极高的，它是一个关乎浙江境内文化及艺术谱系的未解之谜。

第三，关于文字。在论证良渚文化为中华五千年文明之实证的过程中，如何看待良渚文化有无文字这件事，反复地被海内外专家学者所提起。固然，良渚文化中还没有出现能够被成功释读的文字体系，但已然创造了一大批精巧细致又相对具有一定规律性的刻画符号，或许这就是“仓颉的印记”。

第四，关于信仰。史前时期，浙江在发展到良渚文化的时候，形成了一个相对完整的、事关信仰的象征体系。这其中汇集了玉器、刻纹黑皮陶器等多种载体上大量精妙图纹所体现的象征意义。本书将以往研究所关注的玉器及玉器线刻共同构成的信仰体系，作为认识的基础，通过类比与分析，打通不同载体器物、不同美术形式间的局限，进一步丰富并完善这一信仰体系的内涵。

第一章

『浪潮』之外

王仁湘先生将大约距今6000—5500年间仰韶时期的庙底沟文化彩陶，称为“史前中国的艺术浪潮”①，这是丝毫不夸张的。细数起来，新石器时代的史前中国，有三次艺术的高峰。第一次，要数大约距今7800—6300年间，长江中游以沅水流域高庙文化为代表的刻纹白陶艺术。第三次，是距今5000年左右的辽西红山文化和江南良渚文化的治玉工艺，尤以良渚文化的玉器线刻最为精工。以今日之中国版图而言，第一、第三次艺术浪潮是在华夏的边缘地带发源，也同样是在华夏的边缘地带繁荣。而夹在这中间的第二次艺术浪潮——庙底沟文化彩陶艺术，则是由华夏的核心区逐渐向外辐射开来的。庙底沟文化彩陶之所及，西至甘青东部，东至华北平原，北至河套地区，南至江汉平原北部，涵盖了整个黄河中上游，而受其辐射影响的区域，东抵海岱、南越长江②。汇总起来，地理上第二、第三阶梯的史前中国，大部分区域都曾受到庙底沟文化势力的深入影响。而浙江算是一个例外。

现今的行政区划与史前时期自然形成的文化区有很大的不同。今天的一些省份在综述史前考古学文化的时候，往往需要先划分一下“势力范围”，比如浙江隔壁的江苏省。在庙底沟文化所处的那个时期，苏北的大汶口文化颇为喜爱庙底沟式的艺术风尚，而苏南的崧泽文化则有自己的坚持。这可能就是如今网络上戏称的“散装江苏”的深厚历史渊源吧。而浙江的情况却不同，尽管省内不同区域的史前考古学文化面貌各

① 王仁湘：《史前中国的艺术浪潮：庙底沟文化彩陶研究》，文物出版社2011年版。

② 朱雪菲：《仰韶时代彩陶的考古学研究》，文物出版社2017年版。

有侧重，但历时的文化主线目前看来还是只有一条。虽说“上山—跨湖桥文化”“河姆渡文化”“马家浜—崧泽—良渚文化”，目前仍是未能贯通的三支谱系，但除了河姆渡文化晚期与马家浜—崧泽文化的年代有所交叠之外，三支谱系年代大致前后相继。

在河姆渡文化晚期，河姆渡文化与马家浜—崧泽文化这两支文化谱系的文化面貌以共生为主，呈现你中有我、我中有你的局面。而此时的江苏境内，受庙底沟文化深刻影响的大汶口文化，正在与崧泽文化分庭抗礼。如此看来，崧泽文化所及之处，与区域内的河姆渡文化相融，而对异域的庙底沟文化有一股“抵抗力”。当然，庙底沟文化的彩陶未影响至长江下游地区，并不一定是浙江土著对中原艺术排斥。其背后的主要原因还是人群的流动。目前，长江下游地区的考古发现未明确证实有庙底沟文化先民迁入的现象。这很有可能说明两种文化的人群至少在浙江境内没有过多的交集，因此没有能发生物质交换的前提条件。不仅如此，纵观整个新石器时代的浙江地区，“绘彩”这种美术活动虽有很早的起源和精湛的技艺，但并没有传承下来形成体系。

第一节 彩陶一万年

一、“化妆土系”彩陶工艺

虽说浙江没有赶上彩陶艺术浪潮这波“大热闹”，但要论及彩陶的起源，就必须把浙江算上。发源于金衢盆地、上限过万年的上山文化，是浙江地区目前发现的年代最早的考古学文化。而彩陶在上山文化早期就已经出现了，其不仅年代早，面貌也很独特。上山文化彩陶可以分为两大类：第一类，是红衣彩陶；第二类，是带有乳白色点彩的红衣彩陶。

图1-1　上山文化的红衣彩陶[①]

红衣彩陶在整个上山文化分布区内非常普遍，根据浦江上山遗址灰坑H443内的统计，内外施红衣的陶片占比为81.4%[②]。从考古学对绘彩陶器的分类上来讲，红衣陶属于彩陶，烧成前就涂抹红彩陶衣；而乳白色点彩则属于彩绘陶，但施有这种点彩的陶器表面均有红陶衣，因此，也属于彩陶[③]。上山文化对红衣的使用，是隆重的、铺张的，在史前中国是极其罕见的。红衣在不同器类上的表现并不千篇一律（图1-1）：一部分广口浅盘的器物，如平底盘、圈足钵碗类往往内外均施红衣；小口深腹的器物，如壶、罐、瓶类，除了外表，在口沿的内圈顶部也施红衣；另一部分器物，仅局部施红衣，形成红彩宽带的形状。这种红衣的涂抹，虽尚未形成具体的图案，但却是一种有意识对器表进行修饰的行为，其修饰的结果是具有展示意义的。上山文化陶器以夹炭陶为主，其粗糙的胎体无法直接承托这一细腻表层，为此，在胎体施红衣之前，还有一个涂敷细泥浆的环节，作用就像瓷器上的化妆土。

---

① 本书图片除标注来源外，其他均引自浙江省文物考古研究所内部资料，下不赘述。

② 浙江省文物考古研究所、浦江博物馆编：《浦江上山》，文物出版社2016年版。

③ 考古学上为了区别因施彩工艺与烧制工艺的流程先后导致的绘彩陶器性质的差异，特将烧前绘彩的称为“彩陶”，而将烧后绘彩的称为“彩绘陶”。

红衣上再施白色点彩的标本，主要出土于义乌桥头遗址。其他零星标本则出土于永康湖西、长城里遗址①。点彩图案的最大特点是笔道短促，这些短促的顿点连缀而成具有一定规律的简单排列。由于用料较稠，顿点略显浮凸。有浑圆的单独圆点，有几笔圆点簇成一团，有落笔后拖成长椭圆形的点，有提笔勾起成逗号形的点，也有短折线、短弧线这些简单的构图元素。尽管笔道短促，每一个顿点都是边缘光滑、形状规则的。通过对施加白色点彩的完整器的观察，可知白色点彩均为外彩，一些点彩的特定形式很可能与特定器形之间存在着一定的对应关系。双耳罐的肩颈接合部、钵碗类的器腹弧鼓处是点彩最为常见的部位。还有一类喇叭形敞口折肩壶，在长颈部、折肩部均有几例施点彩的情况。

出现在双耳罐肩颈接合部的点彩，其顿点的排列有横纵之分。纵向排列者以义乌桥头遗址H98出土双耳罐（图1–2）最为典型，这也是目前见诸各大展览、报道最为频繁的一件。

基于注释中的描述，这件双耳罐的点彩特征可归纳为两两对应的四分结构，并出现了单与双的二分关系，以及上与下的对应关系。目前所见的点彩双耳罐，均为四分结构，但点彩组成的两两对应关系却并不是一定的。由于大多数点彩双耳罐很难保存齐全这四个面的点彩图案，根据现存的情况推测，义乌桥头遗址出土两件双耳罐H98②:28与H150:5（图1–3）的四面点彩很有可能是一致的，义乌桥头遗址出土的另一件双耳罐（图1–4）的四面点彩很有可能各不相同。

肩颈接合部点彩呈横向排列的双耳罐（图1–5），分别代表目前所见的三种类型，其四分结构与纵向点彩一致。H98②:29与T1919⑤:6的四个点彩图案很有可能都是一致的，但H98②:21四个图案之间的细微差别似乎经过了刻意的安排。

---

① 蒋乐平主编、浙江省文物考古研究所编著：《上山文化：发现与记述》，文物出版社2016年版。

1　　2　　3　　4

图1-2　义乌桥头遗址H98出土双耳罐（下行为对应特写）

注：这件双耳罐侈口、高领、鼓腹、平底，颈部饰对称双盲耳，其口径10.5厘米，底8厘米，最大腹径14厘米，高19.5厘米。器身遍施红衣，肩颈接合部有四组两两对应的白色点彩。以图1-2左一为起始，顺时针旋转器身，依次得到其他三组点彩。双耳之间的两组为双排短线，正对盲耳的两组为单排短线，所有的短线均非严格的平行线段。左一、左三两组的双排短线均有六行十二道，每道短线似以左侧为起笔，向右提笔收尾。在左三图案中，明显具有上三道收尾时笔尖略向上提、下三道收尾时笔尖略向下顿的特点，而在左一图案中，除了左排的第二道与右排的第六道收尾时笔尖方向相反外，其余亦遵循上述规律。尽管左一、左三两图短线的点绘规律并不完全一致，但在看到左二、左四的图案后，就能觉察到短线或凹或凸的形状并非随意画就。左二、左四的图案为单排的七道短线，上两道为凹形，下五道为凸形。且第二道凹形短线最长，几乎将第一道短线包裹起来。由此可见，这件双耳罐上出现的两种点彩图案虽然细小，但并非简单的装饰线段的排列，笔道间包蕴着一定的构图逻辑。截至2022年，义乌桥头的彩陶还未在正式的考古发掘报告中发表，但见诸公布的材料中，多将此器的白色点彩解读为“八卦纹”。当然，尽管并没有考古学者真的会以为其图案与“八卦”有什么联系，但这种命名的方式也确实不妥。其与“八卦”图形的相似完全只因为左一、左三两者双排六行十二道短线的形式，类似“六爻”中上下均为“坤”的一卦。以“八卦纹”称，容易使人忽略点彩笔道间以及两种图案间更细微的区别，同时也会误导读者对于八卦起源的认识。这是一种在学术著作中需要被摒弃的命名方式。

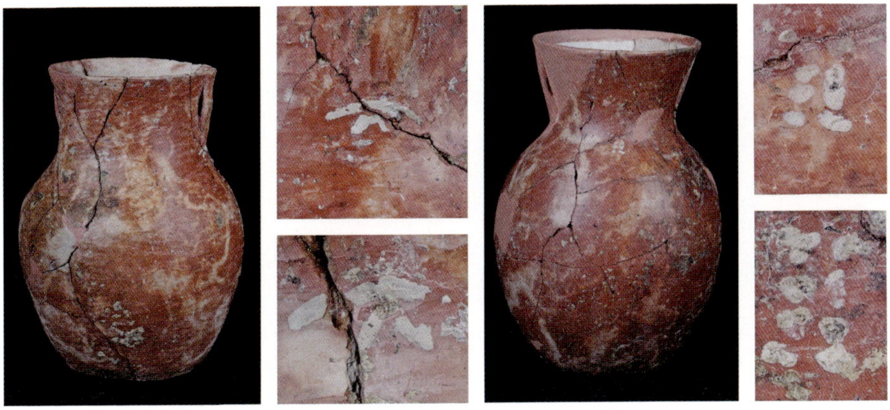

1　　　　　　　　2

图1-3　义乌桥头遗址出土双耳罐（一）

1. 义乌桥头H98②:28　2. 义乌桥头H150:5

注：义乌桥头H98②:28双耳罐在四分结构中仅有相邻的两个点彩图案可辨。图案一致，是上长下短的两道拱形，笔道似由椭圆形顿点连缀而成。这样的两道拱形，与图1-2中附耳一侧单排点彩的上部两道组成图案一致，方向相反。推测这一长一短的两道拱形是一个可以独立的元素图案，其朝向的上下之别，是在不同语境下的有意安排。另有一个白彩剥落后依稀可辨的痕迹，似为纵向单排的四个顿点。

义乌桥头H150:5双耳罐在四分结构中亦仅有相邻的两个点彩图案可辨。图案一致，是双排纵向的顿点。每排有四个或四组顿点，每组顿点呈团簇状。在特写图中，上图由于彩料的剥落，团簇的顿点不明显。下图则有多组单体较为明确地显示出，团簇的顿点形成倒“品”字形的结构。

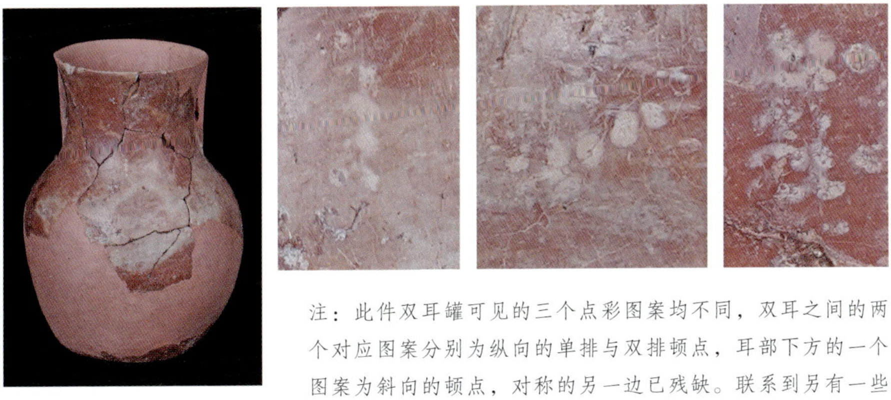

注：此件双耳罐可见的三个点彩图案均不同，双耳之间的两个对应图案分别为纵向的单排与双排顿点，耳部下方的一个图案为斜向的顿点，对称的另一边已残缺。联系到另有一些双耳罐上的点彩图案是横向的，结合纵、横、倾斜这些排列形式，可以推测得到其中蕴含着的某种与角度有关的联系。

图1-4　义乌桥头遗址出土双耳罐（二）

1　　　　2

3

图1-5　义乌桥头遗址出土双耳罐（三）

1.H98②:21

2.T1919⑤:6

3.H98②:29

注：H98②:21双耳罐一周的四个白色点彩图案由浑圆的顿点连缀而成，连线的两端又各缀一个圆圈或者半圆弧，双耳中一侧耳部下方的连线上，另有一个圆点连成的圆圈形图案。由于多处关键位置剥落，目前无法判断连线两端所缀圆圈或者半圆弧是否具有规律性。同类图案的双耳罐还有一件，其上的四个点彩图案是上下齐平的，而此件双耳罐的四个图案位于双耳之间的偏高，位于耳部下方的偏低，则可能是由于迁就贴附双耳形成的。

T1919⑤:6由于观察角度所限，推测双耳下方的点彩也应为正面这种双排的圆点。

H98②:29双耳罐一周四个白色点彩图案均为椭圆形顿点连接形成的折线。

钵碗类器物上的白色点彩更接近后世彩陶的装饰习惯，即形成连续的条带状环绕周身。以圆点连缀成线，或以椭圆点连缀成折线是最为常见的环带类型（图1-6）。与之相应的是，此类钵碗往往带有刻绘了一周竖槽形镂孔的圈足。这或许说明了点彩与刻绘的风格正在趋近。

比起双耳壶罐类、钵碗类器物上分别出现的形式、风格接近的白色点彩，喇叭口长颈折肩壶这一种器形上出现的白色点彩则可谓多样化了。当然，所谓的多样化也就局限在目前发现的三个所施白色点彩形式各异的个体上。

图1-6　钵碗类的白色点彩标本

1—4、6.义乌桥头遗址出土　5.永康湖西遗址出土

注：图1-6中的6件点彩钵碗代表了目前此类彩陶器的三种类型。第1件、第2件为敞口斜弧腹的形态，腹中部有连缀的点彩，其中，第1件的顿点在提笔收尾时有意形成了逗号的形状，相较第2件的圆点显得生动了许多。仔细观察不难发现，在这类器形的唇口部位，也是很可能存在着间隔一定距离的若干组点彩的，只是由于残缺和磨损难以全面观察，第1件唇口部位的点彩可能为等分口沿的四组，每组有若干个连续的白彩小斑块。第3件为直口亚腰的形态，上下半部外鼓处各有一周交叉折线，且交叉的位置上下相反相对。上行点彩局部的折线交叉处另有附近的顿点，规律不详。第4件、第5件、第6件为敛口鼓腹形态，鼓腹处的一周点彩或为圆点或为折线，折线的表达较为潦草。一周点彩上部间隔有纵向的单排或双排点彩，从残见部分推测，可能为等分的八组。

图1-7　白色点彩的喇叭口折肩壶

1、2. 永康长城里遗址出土　3—5. 义乌桥头遗址出土

注：图1-7-1标本残见器腹，白彩磨损严重，属于双耳罐上那种四分结构，但其单体形态在双耳罐的点彩中未见雷同者。其中一个图案依稀可辨，其中部由一组折线段连缀而成，外侧似有一“门”字形的外框。这个图案中折线的连缀方式与上述所见均不相同，详见图1-8，属于“斜置纵连”。图1-7-3器形完整，周身仅一侧施有一道纵向连缀的折线点彩，从唇口部连接至肩部，并在连线的末端一侧，加施一个小拱形，特写见图1-7-4。图1-7-5器形亦较完整，所施点彩属于钵碗类上那种环绕周身的结构。正位于肩颈接合部，由一周浑圆的顿点连缀而成。

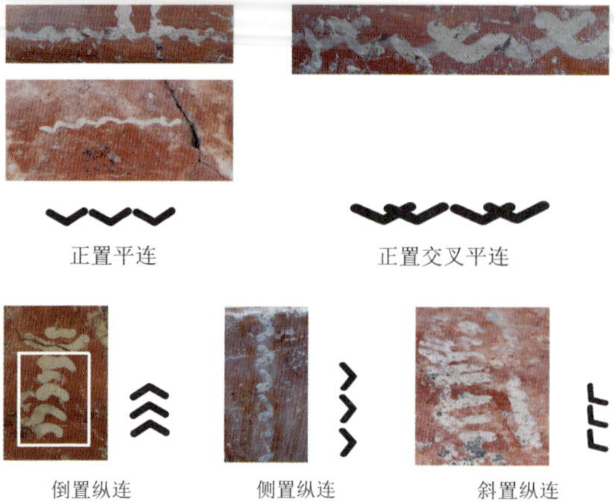

图1-8　点彩折线段的几种连缀方式

注：为了能够从行文上比较容易地表达出上述几种点彩折线段不同的连缀方式，在此对其进行区别命名，以“V”形为正方向，得到图1-8中“倒置纵连”“正置平连”“正置交叉平连”“侧置纵连”“斜置纵连”等若干种连缀方式。

图1-9 义乌桥头遗址出土的“太阳形”点彩图案

注：图1-9-1应是一钵碗类的残片，口沿处有白色点彩，残见三个单独的几何形图案，各不相同，与前述的钵碗类点彩风格也全然不同。这三个用白彩描绘的几何图形与顿点连缀的点彩手法有着本质的差异。完整的两个中，其一为带着一周辐射短线的圆形，另一为两个顶角相对的三角形。还有一个残见填涂白彩的直角。图1-9-2是一件双耳罐的残口沿，残见耳部下方的点彩图案。推测原应为四分结构，且属于施用了横向点彩的那一类。图案主体是一段甚为罕见的窄条带，其两端均应是截断的，并没有环绕器周。窄条带应是用笔道较粗的顿点连缀而成，而并非行笔一气呵成。这段窄条带下附加了一道连缀的椭圆形顿点。当椭圆形顿点施加至中部，即附耳下方时，有两笔绕行至条带上方，给带半周辐射形顿点的半圆弧留出了空间，圆弧的中部有一竖点将半圆一分为二。图1-9-4是一件带圈足的双耳罐，其上的白色点彩也为四分结构。但与前述双耳罐不同的是，此器的点彩并非横纵排列式，而是填涂的几何形状。主体为圆形，圆形外有不到一周的小圆点，圆形下部有一笔向下拖出。由于彩料剥落，圆形外的小圆点剥落较多，从图1-9-5这一特写看，圆形外的小圆点很有可能并不是像图1-9-1的辐射线那样等距排布的。从残存的四个图案推测，双耳之间的圆形，其外侧圆点左侧更密集；耳部之下的圆形，其外侧圆点右侧更密集。这似乎给上山点彩所能反映的几组对应关系，又增加了一组左右对应的关系。

上山文化彩陶中最热的议题，当然还是关于“太阳纹”的。毕竟目前发现的点彩标本中，只有这类图案令人觉得最接近于具象的象形图案。

在史前彩陶这一研究领域里，对图案的研究占据绝对的重心。上山文化发现了白色点彩陶器之后，人们就容易不自觉地把对上山文化彩陶的讨论，聚焦于这些白色点彩上。当然，这无可非议。考虑到上山文化彩陶诞生年代之早，其理所当然该被视为史前彩陶的一个重要发源。此外，整个中国史前彩陶的发展趋势、浙江本土彩陶的发展演变序列，都需要综合考虑。这首先触发的问题就是——最早的彩陶是什么样的？在史前的中国，比如，中原地区的老官台遗址、甘肃东部的大地湾遗址、豫鄂交界的下王岗遗址、华北平原的后岗遗址、淮河中游的双墩遗址等，均发现有年代较早的彩陶。同区域内发现的年代最早的彩陶都是红彩。并且，在发现并认识上山文化之前，被认为最早的彩陶是一种口沿施有一周红彩宽带的钵。这种口沿处的红彩宽带，也被认为是对烧制中“红顶”的工艺效果的模仿。

而上山文化中铺张的红衣，屹立于彩陶史的开端，不得不令人思考“崇尚红色”会不会正是诞生彩陶的重要契机。或许，“上山红彩”正是中国彩陶的祖源；抑或者，不约而同地使用红彩，正是基于早期人类普遍存在的某种十分类似的精神需求。没有人能证明早在八九千年前，甚至一万年前的人类，在陶器上施用红彩一定是基于审美需求，是为了使其好看。但可以肯定的是，不断重复地对红彩进行使用，一定与人们的视觉与心理感受相适应。红色的象征意义是比较容易联想得到的，红色是血液的颜色，也是生命的颜色。按照经济基础决定上层建筑的原理，上山文化的生业形态正由采食经济开始向产食经济发生转型，这决定了人们对延续生命的渴望以及对红色的狂热。

反观形成了图案的白色点彩。事实上，白彩在整个史前陶器的绘彩装饰中，并未引起过重要的潮流风尚。人们所见的山东大汶口文化中频繁施用的白彩，往往是主体纹饰的一种陪衬。上山文化的白彩，除了在后继者跨湖桥文化中略有发扬之外，很快也就销声匿迹了。后续流行的彩色，一直是以红彩与黑彩为主流。综合上述几类器物上的白色点彩，大概可以归纳为以下三个特点。第一，顿点的连缀是最为常见的施彩笔法，其所形成的多为横纵排列的线形图案；色块填涂的情况较少，其所形成的是一些简单的几何图案。第二，与张扬使用红彩相反的是使用白色点彩的克制与拘谨。这可能与彩料的流畅程度有关，但更主要的还是刻意的设计使然。尽管占据器物的显眼部位并存在强烈的色彩反差，但图案之细巧，却使白色点彩所体现出的装饰感并不那么地引人注目。第三，白色点彩反映出四分、环周、上下对应、单双对应、左右对应等一系列抽象的逻辑关系。

几何图案的出现是一个非常值得注意的现象。对于考古学界彩陶研究史中始终奉行的，从具象到抽象的彩陶图案演变规律，这么早出现几何图案，是一个鲜明的反例。"从具象到抽象"是基于20世纪60年代考古工作者对半坡文化彩陶的研究得出的结论[①]。在《西安半坡——原始氏族公社聚落遗址》考古发掘报告中，通过类比彩陶图案中各种鱼的形象和几何图案中的三角形，考古工作者认为半坡彩陶中的三角形是由鱼纹逐渐发展演变而成的。宏观地看，从具象到抽象的图案演变规律在逻辑上是成立的。这与人类认知水平的进化、思维模式的转变以及生产力的发展相适应。以象形为基础的汉字的发展也可以作为旁证。欧洲旧石器时代的洞穴艺术，那些生动的动物形体，说明了在人类的童年时代，先民就有能力将眼见之物描绘得栩栩如生。但这并不等于从具象到抽象的规律，一定会反映在新石器时代的彩陶图案上。事实上，这一规律无从证实。在现有的考古资料基础上，即使对半坡文化彩陶做过细致的分期，也找不到相对年代的早晚关系去证明半坡的鱼纹一定比三角形出现

---

① 中国科学院考古研究所、陕西省西安半坡博物馆编：《西安半坡——原始氏族公社聚落遗址》，文物出版社1963年版。

得更早，反而在半坡文化最早期流行的彩陶图案里，就已出现了三角形[①]。图像创作从具象到抽象的转变，很有可能早在新石器时代之前就已经完成了，人类抽象思维的成熟，或许比我们想象的要早得多。上山文化的白色三角形，比起半坡文化来，可要早上2500多年。

目前可见的上山文化填涂白彩中，出现频率最高的几何图案是圆形。但如图1–9所示，这几个圆形却又均非单纯的圆形：图1–9–1的圆形图案带一周辐射线段，图1–9–4的圆形图案带有附加圆点。这使得它们在几何图案的分类里有些格格不入。几何图案的象征意义，在缺少语境的支持下是难以释读的。这些不单纯的圆，似乎又可以划归具象图案的分类。也正因为此，图1–9–1这个图案被直接赋予了“太阳”的象征意义，在一些公开刊出的资料信息中，被称为“太阳纹”。客观地说，这样的命名方式并不严谨。与其称为“太阳纹”，不如称为“太阳形”图案更准确。

史前美术中对图案的命名并没有统一的标准，命名的情况多是见仁见智。以往研究彩陶图案时，大多热衷于取材关中地区的彩陶，命名的大类通常是具象和抽象。但事实上，抽象是由具象发展演变而来，两者不宜视为同一分类层次。也有按照表装饰、表意义的功能进行区分的，但也依然割裂不开两者的界限，而此种分类的目的往往只是为了将一些符号性的图案从连续图案中区别开来而已。目前的情况通常是这样的，由于史前美术研究中尚不存在一种统一的、纲领性的分类标准，学者进行图案分类大都是因材施用，针对具体研究对象，怎么合适怎么分。但无论怎么分，比较容易命名的图案总是出现在两种分类里。一是简单规则的几何图案，比如圆形、三角形、直线、折线、“S”形线等；一是具象到明显就能看出其描摹对象的图案，比如鱼、鸟、人物等。一旦超出这两类范畴，命名都会变得困难。对于前者而言，几何图案发生叠加、变形等，会使描述变得冗长；而对于后者，图案不够具象的话，命名的前提就是需

---

① 朱雪菲：《仰韶时代彩陶的考古学研究》，文物出版社2017年版。

要费尽心思去看懂它，而这本身就是史前美术的巨大瓶颈。上述的“太阳形”图案，如果命名为“太阳纹”，则相当于已经默认了其为具象图案，同时默认了它的象征意义。同时，直观印象的冲击，很容易令人忽略类比对象之间可能存在的相互关系。图1–9中的三种“太阳形”图案，相互差异是很大的。如果三者具有同一种象征意义的话，说明当时人们对这种意义的表达尚未形成固定的模式。仔细比较之下，图1–9–2与图1–9–4中的“太阳形”图案，比图1–9–1的设计要复杂一些，且三者的构图思路完全不同，在形式上亦欠缺系列感，很难认为其象征意义是相同的。

综合观察上山文化白彩，尽管存在点彩与填涂彩的区别，但总体上没有出现象生状物的风格，装饰感弱而符号性强。在这样的整体背景下，一个带着“配件”的填涂圆形和一个个由顿点组成的图案，尤其是双耳罐上的那些，很有可能都是诞生于同一语境下的各种不同元素。与后世的彩陶相比，上山文化白彩与关中地区老官台文化、早期半坡文化的一些符号形绘彩图案风格相似，而与彰显装饰效果的彩陶连续图案有一定的差距。据此推测，上山文化白彩的主要用意，应是基于某种实际需要，承担着特殊的标记、记录等功能。联系到象征生命的红色陶衣底色，围绕着早期人类的宇宙观来理解白色点彩的象征意义，是较为合理的。

上山文化遗址中，稻米的发现确定了其为稻作农业起源地之一的地位。当先民从洞穴走向平地、从采食转向产食，对自然资源的依赖也渐渐转变为利用。彼时，人类的智识发生了质的飞跃，在利用自然的无数次实践中，势必触及对宇宙和生命的思考。红衣上白彩反映出的四分、环周、上下、单双、左右等关系，包含着方位、数理、周期、变化和二元对立。这其中可能隐藏着上山先民古老的历法实践。而历法实践离不开苍穹中的天体对时间的标记作用，因此，白彩的象征意义或许就能由此生发。赋予了天文历法的语境后，那些“太阳形”的图案，除了真有可能表现太阳之外，也有可能表现其他对于指导农时具有重要意义的天体。

上山文化的彩陶均是类似以“化妆土”为底，其上再施彩的做法。

这一做法传承至跨湖桥文化，并呈现新的面貌。跨湖桥文化经过较大规模发掘的遗址很少，彩陶主要见于萧山跨湖桥遗址和余姚井头山遗址。跨湖桥文化的陶器以夹砂陶与夹炭陶为主。其中夹砂陶多用作炊器，是具有流行圜底器并装饰绳纹的文化传统中的典型炊器。这是上山文化后出现的新事物，一些学者认为可能与长江中游的彭头山文化有关。跨湖桥文化的夹炭陶，则无疑是“土特产”。夹炭陶胎体粗糙，器表仍然延续着“化妆土”的做法，“化妆土”外也多见加施红衣，但红衣脱落情况严重。和上山文化一样，红衣是可以单独呈现的，并且，在有些器物的红衣上也有彩料浓稠的白色点彩。但和上山文化不同的是，跨湖桥文化中的这些白色点彩更注重于施彩部位的布局与整体效果，具有更强的

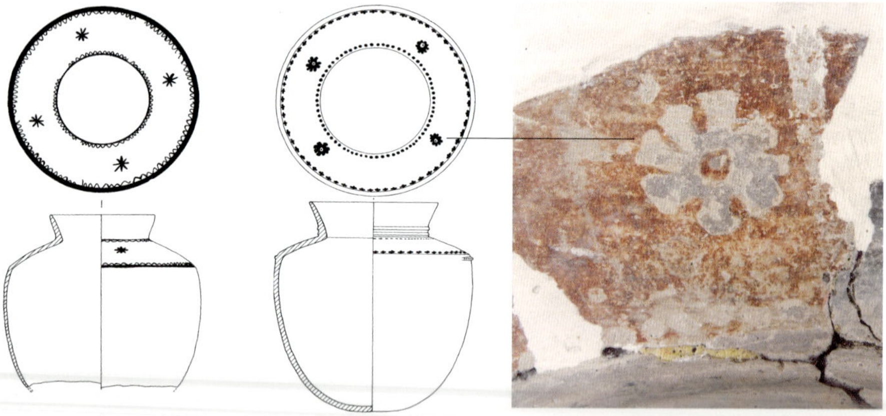

1　　2

3

图1-10　深腹罐所见“放射线形”白彩

1. 萧山跨湖桥遗址T0411⑧A:117　2. 萧山跨湖桥遗址T0511⑤A:11　3. 萧山跨湖桥遗址90年T202②:9

注：图1-10-3也应为前两类深腹罐的肩部图案，为一中心带圆点的宽圆环状图案，且一周施有间隙均匀的辐射线条，尽管其更像光芒四射的太阳形状，而图1-10-2的图案更像花朵，但两者的共同点相当明显，此类“放射线形”图案的象征意义很可能是可以互相通转的。

展示性，如图1-10至图1-12。遗憾的是，跨湖桥白彩剥落严重，很多施彩陶器上只留有淡淡的印痕。

总的来说，器物上以白色点彩所装饰的部位有三大类，一是罐的口颈外壁，二是罐的肩颈部，三是豆盘类的圈足部。外壁饰有白彩的一类罐的口颈是扁鼓形的，未见完整器，图案多为波折线或连续的点。肩颈部饰有白彩的罐是两类折肩罐，一类是深腹的，一类是浅腹尖圜底带双耳的。两类罐用于绘彩的部位均为颈肩接合处至折肩处的较宽平面，构图形式相似，颈肩接合处和折肩处均有边界性的装饰带，有条带形、折线形、连续的“十”字或小圆点，多见两种类型的装饰带的结合。而装饰带之间的图案，似乎在两类罐上各有所侧重。深腹罐上多为“米”字

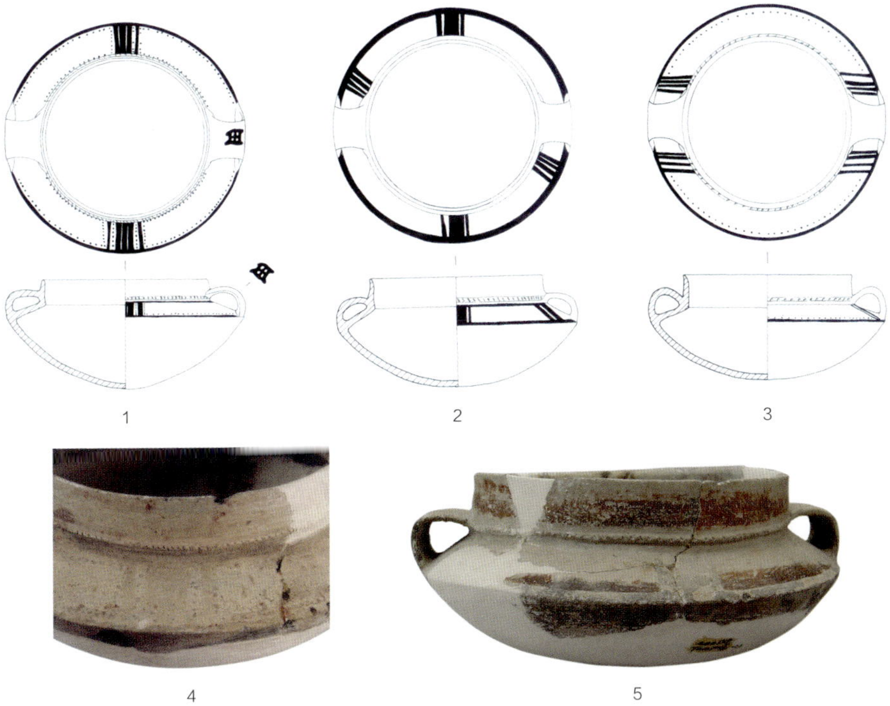

图1-11　浅腹罐所见“放射线形”白彩

1、4. 萧山跨湖桥遗址T0410⑤A:24　2、5. 萧山跨湖桥遗址T0410④:23　3. 萧山跨湖桥遗址T0411④:41

形、“太阳形”、“花朵形”等呈中心放射状的小图案，如图1–10。浅腹尖圜底双耳罐上则多为连接边界的线段组，线段间配有彩点，倘若从俯视角度看，以双耳罐口为中心，肩部对称的一组或两组线段组，也都可以视作由器口为中心向外放射的形式，如图1–11。圈足部饰有的白彩图案，往往以圈足上的小镂孔为中心，彩绘放射线，如图1–12。由此看来，跨湖桥文化的白彩图案，很有可能是以放射形图案为母题，设计成不同的呈现方式。联系到上山文化的“太阳形”图案，两者之间存在着某种传承关系。如果这种白彩在上山文化中还只是一种标记符号的话，那么，至跨湖桥文化时，放射线图案已经有了展示性的功能，应已进入了人们的审美视野。

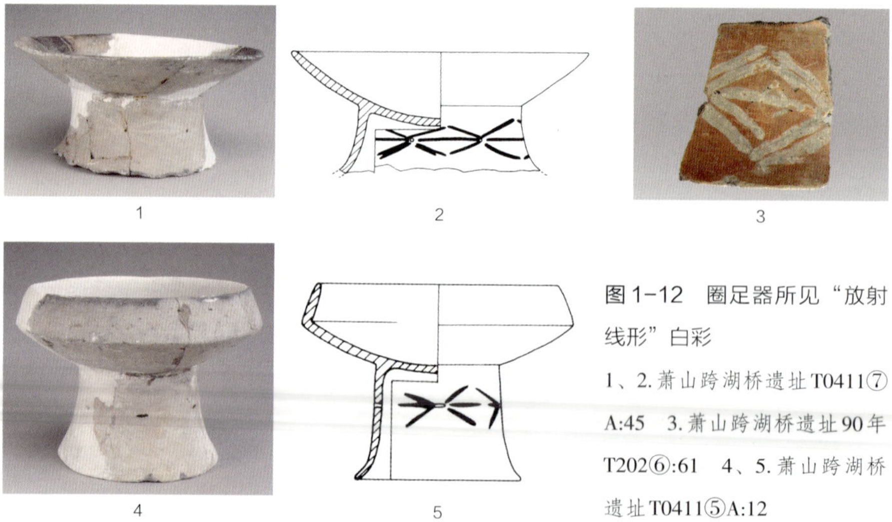

图1–12　圈足器所见“放射线形”白彩

1、2. 萧山跨湖桥遗址T0411⑦A:45　3. 萧山跨湖桥遗址90年T202⑥:61　4、5. 萧山跨湖桥遗址T0411⑤A:12

在继承上山文化彩陶传统的同时，跨湖桥文化中还出现了另一系列的彩陶，即发掘报告中所称的“薄彩”。这种薄彩主要呈红色，也有部分可能由于三价铁离子含量过高而接近黑色。虽说红色颜料的使用，从上山文化以来已经不是什么新事物，但这种红色薄彩，却有着和上山文

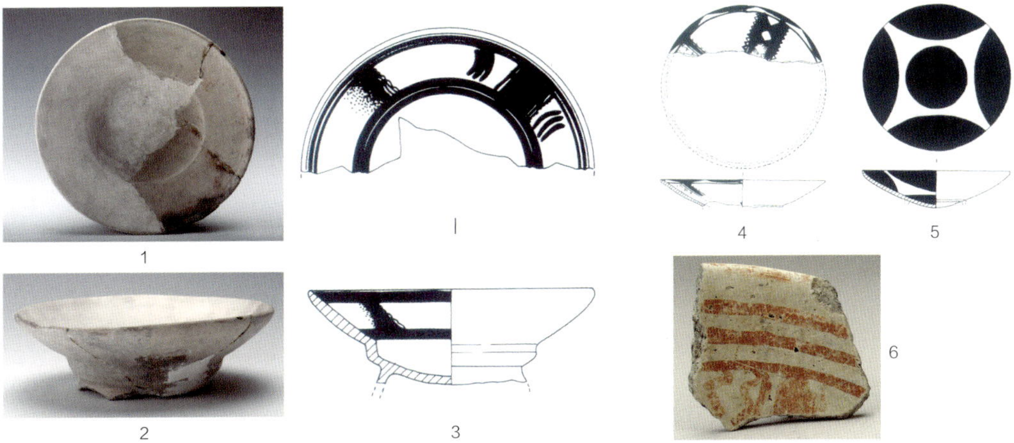

图1-13 跨湖桥文化中的薄红彩盘

1—3. 萧山跨湖桥遗址 T0411⑧A:36 4. 萧山跨湖桥遗址 T0411④:8 5. 萧山跨湖桥遗址 T0512 湖Ⅲ:9 6. 萧山跨湖桥遗址 T303⑦A:45

注：图 1-13-6 白底红彩应最接近此类彩陶盘内彩的原初效果，图 1-13-3、图 1-13-4、图 1-13-5 线图反映的红彩图案由于器物褪色严重，难以观察。

化彩陶传统完全不同的“套路”。首先，红色薄彩仅用作大敞口盘的内彩，由于未见完整器，不能确定这种内彩器类下部圈足的完整形态（图 1-13）。余姚井头山遗址也出土了一件彩陶标本（图 1-14），是施内彩的敞口斜腹平底钵。其内彩的风格与跨湖桥文化接近，但在器形上却更接近上山文化的传统。尽管从目前的测年数据来看，距今 8300—7800 年的

图1-14 井头山遗址出土彩陶平底盆

井头山遗存处在与跨湖桥文化大致重合的年代跨度内，但这一彩陶器的特征指向了井头山遗址的出土遗存中或许存在部分遗存，具有承接上山文化并发展出跨湖桥文化的可能。

其次，尚未见内彩的盘与红衣白彩的圈足属于同一件器物的个案。若能够有更多的材料证明两种绘彩风格不会在同一件器物上共存的话，这种区分使用内彩与外彩的行为背后，应存在着某一种规范。这种规范可能是与器物功能相匹配的，也可能是与特定人群相匹配的，更有可能是基于我们无法用现代经验去理解的某种风俗习惯。另外，作为内彩的红彩，一改为白彩做底衬的配角角色，呈现出丰富的图案。可惜的是，由于标本量小、标本残缺或褪色严重，除了做一些个例的描述，还很难总结出这些内彩图案的共性或创作规律。从个别残片的图案上看，可能与尖圜底双耳罐肩部彩陶构图的俯视效果有所相似。这或许是内彩与外彩两种艺术风格之间出现了模仿行为的结果。

上山—跨湖桥文化的这一谱系，目前还没能向后续写。可能是由于大规模的海进迫使人群迁徙而导致了文化断裂，但也有可能只是由于考古的局限性而未被发现。关于跨湖桥文化的人群迁徙，可能向北到达淮河下游，向西到达长江中游①。江苏泗洪顺山集遗址的发掘，令人们看到了江苏境内一种全新的考古学文化——顺山集文化②。而在这种文化的晚期，很突兀地出现了一批绳纹系统的炊器。由于在淮河下游及周邻地区年代相当或更早的考古学文化中，都没有出现绳纹陶器，最终，学界将眼光锁定了跨湖桥文化。而除了绳纹系统的北上，彩陶也可能直接影响了淮河下游地区的装饰风格。因为，在稍晚于跨湖桥文化的考古学文化遗存中，淮安—高邮一线上，如淮安青莲岗遗址、淮安黄冈遗址、高邮龙虬庄遗址等地，出土了一类内彩彩陶，与跨湖桥文化的内彩风格

① 朱雪菲：《江苏泗洪顺山集遗址第三期遗存文化性质分析》，《考古》2018年第4期。

② 林留根：《论顺山集文化》，《考古》2017年第3期。

最为接近。反而在跨湖桥遗址当地，年代更晚的考古学文化中，尚未见到同类风格的彩陶。

年代较跨湖桥文化晚，但上限又与跨湖桥文化最为接近的是宁绍平原地区的河姆渡文化①。河姆渡文化以夹炭黑陶为主，器表常见的装饰手法多为刻印，比如拍印绳纹、刻画、戳印、压印等。除了年代上与跨湖桥文化有缺环，文化面貌上的差异也很难让人觉得其与跨湖桥文化之间存在谱系关系。因此，目前针对河姆渡文化的溯源研究，正是浙江史前考古中的一大热点兼难点。在整体性极强的河姆渡文化中，彩陶是极其罕见的，甚至让人不由得怀疑这些零星的彩陶标本是不是河姆渡文化本身的东西。截至此书成稿，发掘所见的河姆渡文化彩陶标本仅6件，且均为残片（图1-15）。胎质为夹炭陶，为了施彩而在表面施“化妆土”白衣的做法与上山—跨湖桥文化中所见的器表修饰手法本质上是一致的。所不同的是，据发掘报告描述，这层白衣甚至施加在了印有绳纹的器表上，从标本73YMT17(四):9（图1-15-1）看，彩陶图案下部露出了器表的绳纹。

若要论及这些彩陶片的文化属性是否属于河姆渡文化，很难证实，也很难证伪。一是河姆渡文化的源头不详，二是与河姆渡文化同时期的考古学文化中没有出现类似风格的彩陶，成就了其一枝独秀、无他可匹的状态。若从白色陶衣下的胎体和绳纹看，是可以认为这些标本属于河姆渡文化的。在这些长宽分别只有几厘米的标本上，可以提炼得到如下信息：第一，图案的安排大多比较紧凑，侧面反映出其原本更为完整的彩陶图案应比较繁缛。第二，图案结构多非简单的带状连续，绘彩部位很有可能分行、分区地去表现不同图案。第三，黑彩在浙江首次出现，此时流行于关中地区的半坡文化亦开始大范围地使用黑彩。第四，施彩

① 浙江省文物考古研究所：《河姆渡：新石器时代遗址考古发掘报告》，文物出版社2003年版。

注：73YM T17(四):9绘彩陶片，河姆渡遗址出土，残长9.2厘米，残宽11厘米，厚0.7厘米—0.9厘米。夹炭灰陶。钵类器物的口、肩部残片。表面施白色陶衣，陶衣上施黑色单彩，彩纹以下部分可见原器表的绳纹。残见图案较繁复密集，自上而下分为多层：近口部残见若干周弦纹；肩部一周有细长条状的花瓣形图案，以下为连续的"十"字形米点纹，这两周装饰纹样被纵向的线段组隔断；腹部主体图案为黑彩填绘的类似"帆形"的图案。具体构图不详。

1

注：77YMT211(四)B:523绘彩陶片，河姆渡遗址出土，残长4.6厘米，残宽4.2厘米，厚0.4厘米。夹炭灰陶。钵类器物的肩部残片。表面施白色陶衣，陶衣上施黑黄叠彩，图案先以棕黄色彩打底，上以黑彩填绘，形成黑彩外有黄色勾边的效果。两侧各有的一个"Y"形图案，则是在黄彩底上以黑彩点缀而成。具体构图不详。

2

注：73YMT16(四):61绘彩陶片，河姆渡遗址出土，残长9.1厘米，残宽6.5厘米，厚0.7—1.2厘米。夹炭灰陶。壶、罐类器物的口、肩部残片，其口沿下有一个钻孔。表面施白色陶衣，陶衣上施黑黄叠彩，图案先以棕黄色彩打底，上以黑彩填绘。残见图案自上而下分为三层：口沿外侧饰有栅栏形图案，口沿下一周以两组弦纹为界的范围内饰有连续的菱形纹，口沿内侧亦有弦纹装饰，肩腹部残见曲线下绘有放射状斜线。具体构图不详。

3

注：2004YTT203③b:13绘彩陶片，田螺山遗址出土，残长4.6厘米，残宽4.5厘米，厚0.7厘米。夹炭灰陶。器形不详。表面施白色陶衣，陶衣上施橙黄色叠彩，图案先以浅黄色彩打底，上以橙黄色彩重叠描绘。残见图案为填以放射状斜线的双线梭形。具体构图不详。

4

注：77YMT231(四)B:283绘彩陶片，河姆渡遗址出土，残长5.5厘米，残宽5厘米，厚0.5厘米—0.7厘米。夹炭灰陶。器形不详。表面施白色陶衣，陶衣上残见黑彩的"帆形"图案，推测有连续的多个同类图案，具体构图不详。图案中部长方形框内的黑彩填涂较为潦草。

5

图1-15　河姆渡文化彩陶片

1.河姆渡遗址73YM T17(四):9　2.河姆渡遗址77YMT211(四)B:523　3.河姆渡遗址73YMT16(四):61　4.田螺山遗址2004YTT203③b:13　5.河姆渡遗址77YMT231(四)B:283

的过程中出现了有意识叠用两种色彩的做法，这在史前彩陶中极其罕见。遗憾的是，由于没有完整器提供完整的构图，这些彩陶图案的具体内容成谜。对照河姆渡文化陶器上普遍流行的印刻类纹饰，也没有发现绘彩与印刻之间有模仿的关系。这就又失去了一条以河姆渡文化传统装饰素材来解析这些彩陶图案的途径。

可以说，倘若浙江的史前彩陶是中国史前彩陶大潮流中的奇葩，那么河姆渡文化的彩陶一定是这奇葩中的奇葩。而这背后的原因，往往与创造了这一考古学文化的人群的生活方式有关。“上山—跨湖桥”以及“马家浜—崧泽—良渚”这两支谱系，主要是定居陆地生活的人所创造的。在“大海进”的前夜，一部分跨湖桥人被迫离散迁徙，也有一部分跨湖桥人开始逐渐适应面向海洋的生活方式。到了河姆渡人生活的时期，人们与海洋的互动更加密切，大量的介壳和渔获表明了他们赖以生计的方式。这种适应海洋的生活方式必然与适应海洋的思维方式相匹配，从而导致其物质文化成就在史前的浙江显得较为特殊。这或许可以为我们理解河姆渡文化的一些艺术形象提供新的思路。比如，在图解部分，标本73YMT17(四):9和77YMT231(四)B:283的主体图案被描述成“帆形”图案，是不代入阐释意义的。但“帆”确实是河姆渡文化中一个非常值得期待的符号。到了河姆渡文化早期，人们就已经能够跨海航行，河姆渡文化晚期，航海活动更是频繁。在舟山群岛地区发现的一系列河姆渡文化晚期遗址，将这条航线一直伸向东海。考古发掘证实，在跨湖桥文化中，已经有人掌握了建造独木舟的技术。那么，从内河到外海，几千年里，造船与航行技术一定有了长足的发展。只是由于考古发现的局限，除了船桨以外，我们还没有见到河姆渡文化的船只和与船只配套的其他设备。若能发现或识别出对“船”或“帆”这类形象的描摹，也将会是一个重大突破。

综上所述，在粗糙的夹炭陶胎表施白衣，进而又在其上施彩的工艺，可称之为“化妆土系”彩陶工艺。代表着浙江万年文化根系的彩陶传统，从上山文化流行到河姆渡文化，跨越数千年，却在黄河流域半坡—庙底沟文化彩陶大流行时期终结了。

二、“黑皮陶系”彩陶工艺

“化妆土系”彩陶工艺终结之后，史前浙江最有代表性的考古学文化是马家浜文化。马家浜文化崇尚光素无纹的器表，尚未见有彩陶出土。随后的崧泽文化中，绘彩装饰复苏了。与此前不同的是，崧泽文化中不再以白衣作为彩绘图案的底衬，反而流行起黑衣。崧泽文化的绘彩陶器均为泥质黑皮陶，胎体较均匀，往往呈深灰至黄白色，器表施有一层薄薄的细泥浆，经打磨后烧成光亮的黑衣，容易剥落。黑衣上再施彩绘，常见红彩，亦有少量黄彩。与“化妆土系”相对应，可称之为“黑皮陶系”彩陶工艺。从彩绘起翘的情况看，此类彩绘所用原料应是调了朱砂之类显色剂的大漆。彩绘的剥落，加上底衬黑衣的剥落，导致崧泽彩陶难以保存。因此，浙江境内可见的崧泽文化彩陶个体数量极少，但

图1-16 海盐县仙坛庙遗址出土M5:2

注：M5:2漆绘带盖陶壶，通高15.8厘米，盖高2厘米，盖径5.3厘米，器高14.6厘米，口径7.3厘米，底径6厘米。泥质黄胎黑皮陶。盖为圆圜顶，无钮，盖面有一圆戳孔。壶侈口，口沿下亦有一戳孔，束颈，圆肩。上腹部呈双鼓腹状，下腹部斜收。第二鼓腹中部与最大腹径处各有一周凹弦纹，花瓣形圈足。壶口以下除第二鼓腹与圈足部均涂朱，第二鼓腹凹弦纹之上绘有一周朱漆双线勾勒的折线绞索纹。

图1-17　海盐县仙坛庙遗址出土M4:2

注：M4:2漆绘带盖陶壶，通高20厘米，盖高4.2厘米，盖径9.3厘米，器高15.8厘米，口径9.2厘米，底径8.2厘米。泥质黄胎黑皮陶。盖为斗笠式，浅杯形钮，盖面涂朱，剥落严重。器身侈口，微束颈，鼓腹，腹中部有凸棱一周，假圈足底略内凹。上下腹部各饰有一周朱绘“S”形宽带绞索纹，磨蚀严重，图案不清。

图1-18　海盐县仙坛庙遗址出土M59:10

注：M59:10漆绘带盖陶豆，通高17厘米，盖高5.6厘米，盖径17厘米，器高11.4厘米，口径16.2厘米，底径11.2厘米。泥质黄胎黑皮陶。盖为斗笠式，杯形钮，顶面略下凹。盖面残见朱绘“S”形宽带绞索纹，外缘一周涂朱。豆盘为敛口，斜腹，亚腰型粗柄豆座，呈三段棱节状，下部呈喇叭形。三段凸棱交错，饰有小圆镂孔。豆盘外壁至圈足部间隔涂朱，呈红黑交替状。

图1-19 海盐县仙坛庙遗址出土M34:9

注：M34:9漆绘带盖陶豆，通高18.8厘米，盖高8.2厘米，盖径16.4厘米，器高10.6厘米，口径16.7厘米，底径10.7厘米。泥质黄胎黑皮陶。盖为斜弧腹子母口，中空蒜头形钮，盖面浅刻六组“S”形宽带绞索纹，边线内交错填绘朱、黄两彩，钮及钮下一周绘朱彩宽带。豆盘宽沿外翻，内勾唇，弧腹。三段式细柄，上段饰多道凹弦纹，中段饰上下交错的弧边三角形镂孔。沿面三等分处各有一个长方形凹窝，长方形凹窝之间另有三组雕刻与涂绘的组合纹饰。每组组合纹饰以三个连续的方形小凹窝为旋心，刻绘双线勾边的折线绞索纹，细线内及双线间均有填彩，色彩斑驳难辨。而折线绞索纹图案外侧亦残见涂朱痕迹，推测沿面应整体涂朱。沿面下器表一周涂朱。

图1-20 海盐县仙坛庙遗址出土M4:5

注：M4:5漆绘带盖陶豆，通高18.4厘米，盖高4.1厘米，盖径21.7厘米，器高14.3厘米，口径21.7厘米，底径13.8厘米。泥质黄胎黑皮陶。斗笠式盖，喇叭形钮。盖面朱绘“S”形宽带绞索纹，外缘一周涂朱。豆盘敛口内折，沿外附3小翘鋬，两段式假腹粗柄豆座，下部呈喇叭形。内折的口沿一周涂朱，沿下豆盘外壁朱绘一周略细的“S”形条带绞索纹。假腹处为镂孔、线刻与朱绘的结合，一周饰有六组圆点与三角的组合镂孔，并以圆点为旋心阴刻细线勾边的“S”形，其内涂朱。喇叭形圈足部亦涂朱，剥落严重。

图1-21　桐乡普安桥遗址98TPH39出土漆绘陶壶

注：漆绘陶壶，高13厘米，口径5.5厘米，底径5.7厘米。泥质黑皮陶。侈口，微束颈，卵圆形腹，近底部形成两节凸棱状，花瓣形圈足底。通体施红、黄两色彩绘，红彩为主，图案分行，较为繁复。颈部涂朱，腹部图案分为上下两行。上行的图案形式为“S”形绞索纹，“S”形的表现方式为以交叉叠加的双“S”形为单体与另一单体绞结，红、黄两色交织。下行图幅更宽，由残存部分推测，主体结构为二方连续的红彩“旋纹”结构，主体结构间填绘的其他部分则以黄彩表现。腹部图案以下至圈足，为红、黄色宽带纹。

实际制作的彩陶数量会稍多些。这些保存下来的彩陶，彩绘大多严重剥落，难辨原貌。一部分尚可辨认彩绘图案者可以海盐仙坛庙、桐乡普安桥的几件标本为例，如图1-16至图1-21。

结合江苏、上海等地出土的崧泽文化彩陶，不难发现，整个环太湖地区的崧泽彩陶，在器物载体和图案风格上具有很强的一致性。彩绘装饰的器类以豆、壶、杯这些泥质的盛器、水器为主。彩绘的具体形式则主要有通体的涂绘、宽带式的涂绘，以及不同方式呈现的绞索状图案。这种绞索状的图案通常是环绕器身的二方连续结构，但由于施彩部位有时位于器身较宽阔的斜面上，如器盖顶部、豆盘外壁等部位，通过俯视或仰视的视角观察，此类图案也有中心对称的效果。彩绘的绞索状图案是由两个横“S”形首尾相连形成的，首尾交会处呈现出一个由两条旋臂对旋形成的“旋涡”形。通过改变“S”形的形状、颜色或勾勒方式，可以形成不同的艺术效果。“S”形的形状主要有图1-20那种弧线形和图

图1-22 庙底沟文化风格的彩陶（图1—5引自河南省文物考古研究院编著：《华夏之花——庙底沟彩陶选粹》，上海古籍出版社2013年版；图6引自南京博物馆内部资料；图7—9引自徐湖平主编：《南京博物院珍藏系列：彩陶》，上海古籍出版社1999年版）

1—5. 河南陕县庙底沟遗址出土庙底沟文化的彩陶　6—9. 江苏邳县大墩子遗址出土大汶口文化中具有庙底沟文化风格的彩陶

1-16那种折线形，颜色以红彩更为常见，亦有红黄交替者，勾勒方式有单线条宽带式、双线勾边式等。个别器物上，彩绘和线刻、镂孔类装饰手法相结合。如仙坛庙M34:9的豆盖，以阴刻细线勾勒“S”形的轮廓，于轮廓内交替涂绘红、黄两彩，属于单线条宽带式；仙坛庙M4:5的豆盘假腹处，则以镂雕的圆孔为旋心，两侧以镂雕的三角形分隔两个“S”形旋臂，以阴刻细线勾勒“S”形的轮廓，并于轮廓内填绘红彩，亦属于单线条宽带式。

崧泽文化大约与庙底沟文化同时。这一时期，庙底沟文化彩陶掀起艺术浪潮，比如，鲁南苏北地区的大汶口文化就深受这波潮流的影响（图1-22），而在崧泽文化中却未见波澜。这一现象，加深了研究者对两

图1-23 “蔷薇科花卉纹”局部正反色图案提取（引自陕西省考古研究院、渭南市文物旅游局、华县文物旅游局编著：《华县泉护村：1997年考古发掘报告》，文物出版社2014年版）

者关系的好奇。

尽管看起来比较复杂，庙底沟文化彩陶的核心图案主要是苏秉琦先生命名的“蔷薇科花卉纹”（图1-23-1）和“菊科花卉纹”（图1-23-2）两种①。其中，“蔷薇科花卉纹”中“旋涡”形结构比较典型。参照王仁湘先生对庙底沟彩陶正反两色的解析，单看黑彩部分与单看底色部分，都能形成不同的“旋涡”形结构——可简称其为“旋”②。将图1-23-1彩陶盆黑彩部分的图案主干提取后，所得图案与崧泽文化彩绘绞索纹基本一致，单体的首尾相接处为“对旋”的形状。将该图底色部分的图案提取后，其主体图案是一个个基本独立的带双旋臂的“旋”。无疑，绞索状图案是庙底沟文化与崧泽文化彩陶图案中最有力的联结。但仅仅由于图案相似而认为发生传播，认为某文化对另一文化有所学习，是缺乏证据的。庙底沟文化中复杂如“蔷薇科花卉纹”的彩绘图案，在其分布区域内有着自身的发展演变序列③，并且，庙底沟文化内部的地域差异和

① 苏秉琦：《关于仰韶文化的若干问题》，《考古学报》1965年第1期。

② 王仁湘：《史前中国的艺术浪潮：庙底沟文化彩陶研究》，文物出版社2011年版。

③ 朱雪菲：《仰韶时代彩陶的考古学研究》，文物出版社2017年版。

庙底沟文化后期的逐步衰落，导致这种绞索状的图案主干变形严重。可见，庙底沟文化有意识表现的是图案的整体组合，而并非这种绞索状形象。庙底沟文化的绞索状图案是整合各类元素时，为适应图案布局而出现的。崧泽文化的绞索状图案则与其大多数刻画纹饰一样，表现的是对编织纹样的一种模拟，彩绘的绞索状形象本身就是图案主体。并且在崧泽文化的彩陶范畴内，底色的留白不具有反色图案的形式，无论发生任何变形，绞索状的形象始终是明确且规则的。因此，尽管两种文化绞索状图案的相似度极高，却并不代表有模仿关系的发生。

然而，有两个个例很可能意味着崧泽文化与庙底沟文化在装饰图案上有过一定的交流。其一，是普安桥H39出土的漆绘陶壶。此陶壶器腹图案分为上下两行，上行图案较易识别，仍为绞索状（图1–24）。其变化在于以两个交叉叠加的横“S”形为单体，与另一个同样的单体绞结，显得绞索结构更为复杂，或者也可以将其单体看作是两端分叉的“S”形，这大约是为了更具体地表现绞索的编织方式。其图幅更宽的下行图案，则很难看出编织式样（图1–25）。根据红、黄两色将其进行拆解，红彩部分形成了下行图案的框架骨骼。每一个红彩单体，其实也是一个“对旋”的结构，只不过对旋的两条旋臂并不对称。这两笔的四端中有三端也是分叉的，与上行图案呼应。“对旋”的单体与单体被有意识地断开，说明其并非意在表现如上行图案一样的绞索形象。红彩单体间的黄彩部分，犹如杂乱的草叶填补了底色的空白，尽管其规律难以言说，但每一组黄彩的布局也是完全一致的。这种由“对旋”形成图案的主体框架，再间以规律性重复的其他图案填入其中的构图方式，是庙底沟彩陶“蔷薇科花卉纹”的经典模式。而红彩“对旋”结构中的倒“品”字形三点，也是庙底沟文化彩陶中频繁出现的图案局部的小结构。如果上述比较形成的对应关系成立，那么普安桥H39陶壶彩绘的构图形式与庙底沟文化最为核心的彩陶图案的相似，应当不是简单的巧合。

其二，是仙坛庙彩绘陶钵M87:5（图1–26）。此器从器形到彩绘的艺

图1-24 普安桥H39漆绘陶壶上行图案解析

图1-25 普安桥H39漆绘陶壶下行图案解析

图1-26　海盐县仙坛庙遗址出土M87:5

注：绘彩陶钵，高8.6厘米，口径24.4厘米。泥质红陶。敛口内折沿，斜腹，圜底。沿面上有褐红色彩绘图案，局部图案磨蚀严重，从残见图案来看，沿面一周图案的分布并不均匀对称。图案主体应为两两相对的红彩拖尾三角，形成中部花叶形空白。相邻两组图案间以短竖线组分隔。沿面一周可辨认出这样的花叶形空白区域有五组，可能由于圆周分隔不当的原因，一组花叶形空白区域较长，而剩下两个短竖线组间距离较狭窄，因此填绘了一组对顶的三角形图案，形成区别。

术风格均非崧泽文化传统。陶钵口沿沿面图案在图解部分已有详细的描述，其风格更接近陕晋豫地区半坡及庙底沟文化的彩陶盆类口沿沿面的彩绘风格。由此可见，崧泽文化与庙底沟文化的完全割裂并不存在，但崧泽文化基本未受庙底沟文化彩陶艺术的影响也是事实。

继之而起的良渚文化与崧泽文化相似，并不以彩绘作为陶器的主要装饰。良渚文化陶器以素面为主，较为常见的装饰是刻划的多道凹弦纹。同时，附加堆贴的凸弦纹也较常见，其可能具有加固器形的实际作用。在一些光亮的黑皮陶上，密集的细线刻纹是良渚文化陶器装饰的顶峰佳作，而彩陶尽管具有一定的数量，但由于过分破碎、彩绘剥落，很难形成系统认识。比较明确的是，良渚文化中至少存在两套不同的彩陶体系。其一，是泥质黑皮陶外的漆绘，具有崧泽文化的传统，即属于“黑皮陶系”彩陶工艺（图1-27至图1-29）。其二，是泥质橙黄陶器表的彩绘，来源不详，且同时期其他考古学文化中未见可比较的标本，应为良渚文化之原创（图1-30至图1-35）。

黑皮陶上的漆绘以红彩为主，亦有少量黄彩。从一些残片上支离破碎

图1-27 良渚古城卞家山遗址出土G1①:50

注：绘彩流口残片，残宽4.4厘米，残高5.2厘米。泥质黑皮陶。从陶片弧度及边沿位置推测，此残片应为宽把杯类器物的流口部残片。口下部，即流口外侧施有红黄双色漆绘，从残留图案推测，流口外两侧边缘绘有红黄相间的边界线条，中部残存三组红彩勾边、黄彩填涂的简体展翅鸟纹。最外侧的红色边线包向口内侧，使流口内侧形成红色边框。

图1-28 良渚古城钟家港遗址C0C0区Ⅰ块T5017⑪F出土

注：绘彩陶片，残宽6.2厘米，残高5.7厘米。泥质黑皮陶。器形不详，朱绘剥落严重，残存图案中部为朱红色的对旋纹，朱绘旋心，旋心外有一周贴塑的残痕，对旋图案外围绕以横纵交织的编织状纹样。从整体图案看，与良渚高等级玉器上细线阴刻的神徽图案中，下部兽面形象的眼纹相似，极有可能是一件罕见的饰有漆绘神徽类纹样的高等级黑皮陶器。

的局部图案看，并不像崧泽文化那样有雷同的彩绘主题，而是特征各异。图1-22的那种简体鸟纹，在良渚文化的刻纹艺术中十分常见。图1-23的圆圈形编织状红彩，则极有可能与良渚文化中更为经典的玉器刻纹发生关联。不妨推测，良渚文化的漆绘图案所要表达的内容和刻纹是一致的。同一种主题的图案，可以有线刻和漆绘两种艺术表现手段。然而，不同手段表现的同种图案与载体器物的匹配关系，在现有条件下还难以探讨。

与黑皮陶漆绘所不同的是，泥质橙黄陶上的彩绘有着自成一派的装饰风格。图1-30至图1-32三件标本可能为同一类贯耳壶，尽管壶腹部具体图案的表现略有不同，但其象征的应是某种柔软的材料对壶体的缠绕和捆缚，而贯耳则起到了类似卡扣的功能，捆缚壶体的材料在贯耳处绞结。图1-33这件器物的流口部图案，亦像是网罩套在了器物的口部。

与很多考古学文化惯用的二方连续装饰纹样不同，良渚文化的这类泥质橙黄陶上的彩绘大多缺乏单体图案，其更注重的是图案的整体性或是与器形的契合度。具体图案描述可见图解部分。此外，还需要着重指出的一件标本，是卞家山遗址出土的T4′⑪:129（图1-35）。其所施加的罕见叠彩，不由得使人联想起那几件河姆渡文化彩陶标本。无论从线条的流畅感还是图案的复杂程度来看，卞家山T4′⑪:129并不显得比河姆渡文化的那些叠彩标本更高级，但其陶质是与其他标本一样的泥质橙黄陶，应属于良渚文化。单凭这件彩陶标本，若想讨论良渚文化与河姆渡文化彩陶艺术之间是否具有传承关系，

图1-29　良渚古城钟家港遗址C0C0区D块T0417⑨出土

注：绘彩圈足（残），圈足径16.2厘米，残高5.5厘米。泥质黑皮陶。喇叭形圈足，圈足中部有两组对称的镂孔，残见一组可能为对称的圆形，另一组镂孔带有直边，具体形状不详，镂孔部位以下有五组凹弦纹。圈足最底部呈略向内收的台阶形。黑皮表面有朱漆纹饰，镂孔下部为一周较粗的纵向短线段，以下有一细一粗两周朱漆弦纹。

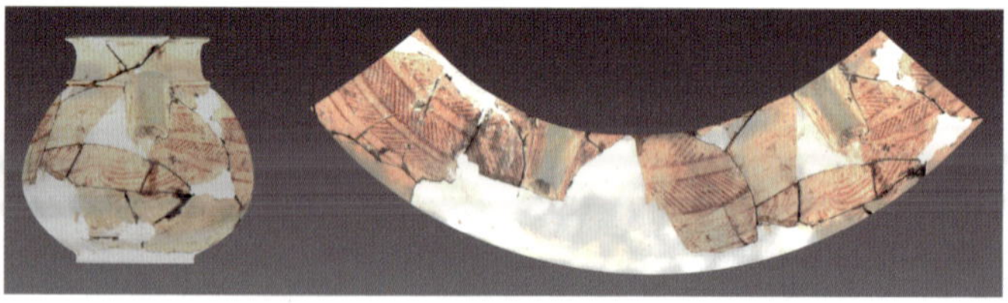

图1-30　良渚古城美人地遗址出土T3945-F2B(4A):004

注：绘彩贯耳壶，高21.4厘米，口径13.6厘米，底径12.4厘米。泥质橙黄陶。侈口窄平沿，高领微束，溜肩附两个对称贯耳，颈肩部有一周凸棱，腹略垂，矮圈足略外撇。颈部原有红色弦纹，已磨蚀。器身残留的纹样推测应为略带凹弧形的三道双线宽带纹，双线内填斜线纹，且相邻的双线内斜线方向相反。越接近鼓腹处的双线纹凹弧形程度越高，最下面的一道以下有一凹弧趋势相同的单线。双线与单线均两头上翘交汇于贯耳下方，并在贯耳下方形成类似绳索的扭结状。贯耳绘多道纵向平行直线。

图1-31 良渚古城卞家山遗址出土T2'⑪:10

注：绘彩贯耳壶（残），残宽16.5厘米，残高18.5厘米。泥质橙黄陶。器形与美人地T3945-F2B(4A):004接近，敞口圆唇，高领微束，残存的溜肩部位附有一个贯耳，颈肩部有一周凸棱。颈部饰有三周红彩细线纹，磨蚀严重。贯耳绘多道纵向平行直线。器身残留的纹样推测应为缠绕器身的对旋双线宽带纹，双线内填斜线纹。从贯耳处看，填线宽带向两侧环绕，填线方向相反，尾端收尖，状若游龙。

图1-32 良渚古城卞家山遗址出土G1①:114

注：绘彩陶片，残长9厘米，残宽5厘米。泥质橙黄陶。对比美人地T3945-F2B(4A):004展开图，此彩陶片图案与美人地T3945-F2B(4A):004的贯耳下方纹样接近，是两股多曲线的对旋图案。推测此件彩陶片亦有可能是此类贯耳壶的残片。

图1-33 良渚古城美人地遗址T3946-F2A(4A)出土

注：绘彩器物流口，顶部直径7厘米，残高8.2厘米。泥质橙黄陶。此器物流口非良渚文化晚期典型器，从形制推测应为盉一类器物的流口。单就流口形态而言，顶部为圆形平顶，一侧开圆形流，流口微凸，未形成管状。颈较短，下接器身部位已残。流口部位通体施红彩，顶部呈交叉的网状，颈部正反及两侧各有成组的弧线纹，相邻的弧线纹略有交叉。从整体上看，流口似在网罩中。

图1-34　良渚古城卞家山遗址出土 T4⑫:53

注：绘彩陶盆口沿，直径22厘米，残高13厘米。泥质橙黄陶。敞口圆唇，窄平沿，矮斜颈，下接折肩，残存微弧的腹片。颈肩接合处有一周较宽的红色条带纹。残存的腹片中部为一组斜向的细弧线，弧线组在底部收束，并向左侧朝上勾旋，形成一笔较粗的圆弧形。周身可能饰有此类图案的二方连续。

图1-35　良渚古城卞家山遗址出土 T4'⑪:129

注：绘彩陶壶腹片，残宽3.5厘米，残高4厘米。泥质橙黄陶。颈部以上残，溜肩鼓腹，腹下部有两周凸棱。施黑红叠彩，绘彩图案以橙红色彩打底，残存的橙红色块边缘处叠加黑彩边线，色块内容有不甚规则的黑彩填涂，而橙红色线条图案则叠以黑彩线条。颈肩弯折处施以宽带纹，以上部位亦施彩，从断口处残留的黑彩线条笔触推测，以上部位绘有线状图案。鼓腹处残存弧边尖角以及与一侧弧边平行的弧线组。腹下部施以宽带纹，在两周凸棱上叠加黑彩边线。

尚缺很多背景材料的支撑，比如文化谱系的传承关系、彩陶图案的演变序列等，但两者的共性不可忽视。

第二节　织就的美感

不难看出，浙江地区新石器时代以崧泽文化为主的绘彩风格，是一种对编织纹样的模仿，亦或者说，是对本地刻纹传统的模仿。因为，浙江本地的刻纹传统即来自编织。如此，这一时期绘制彩陶图案的美术思维与黄河流域庙底沟文化就产生了天然的不同。这种差异植根于日常的生产活动，即是由经济基础所决定的。无怪乎浙江地区新石器时代绘彩没有卷入庙底沟文化的艺术浪潮。

浙江本地的刻纹传统由来已久，在崧泽文化时期发展至鼎盛，不仅图案丰富、构图繁复，且模式统一。对于崧泽文化刻纹来源于编织纹的认识，学界基本形成了共识，早已有学者对这些纹样做过系统的梳理和罗列①。广义地说，刻纹所包含的门类是多元的，至少可以分为三个大类：第一是具象的刻绘，即所刻图案能够被辨识出是对某种事物的描绘，以动植物为主，并包括一些较为抽象的构图。抽象的图案也有多种不同情形，有些抽象图案能够从具象的本体中推导出来，有些图案令人觉得抽象，可能只是源于与史前人类认知能力的不对等，还有些可能仅仅是不可描述。第二是几何形纹饰。这是浙江境内史前刻纹中最为大宗的一类，是与这一时期黄河流域的彩陶艺术浪潮，从形式上、规模上以及传播影响上所能相提并论的本地传统，本节内容讨论的对象即属于这一类。第三是具有符号性质的刻纹，其中也包括具象或者抽象的刻绘、简单的几何结构，总的来说，是一些独立的图案、图形，或其组合，从形式上对其进行界定有一定的难度。下文有专门的一章对其进行讨论。

本节所要讨论的几何形刻纹与第一、第三类刻纹相比，还有一个比较重要的区别，即普遍存在于构图元素间的一种有节律的重复。这种重复在第一、第三类刻纹中虽然也会被观察到，但其节律性和装饰感大大不如几何形刻纹。强调有节律的重复是因为将几何形刻纹与编织纹样进行类比总是会有缺乏实证的遗憾，而这种重复弥补了一种内在逻辑上的合理性。史前时期，编织技术的发生是有实物依据的，但由于当时用于编织的原材料均为有机质，除非绝对干燥或完全饱水的环境，不然很难保存。浙江境内遗址中发现的编织物，往往依赖于淤泥环境，才得以重

① 盛起新：《崧泽文化陶器编织纹研究》，《南方文物》2012年第2期。

见天日，其多为竹编和绞绳。而要靠着这些编织实物材料去复原史前时期的编织技术，是远远不够的。今天对史前时期的纺线、编织类生产活动进行复原，大都依靠间接物证，例如，比较常见的纺轮和骨针，偶得一见的良渚文化反山大墓出土的织机端饰等。但不可否认的是，我们难以观察到的史前时期编织技术之发达程度，一定超乎想象。

编织是人类早期掌握的生产劳动技术之一，甚至比陶器的制作更早。恩格斯在《家庭、私有制和国家的起源》中就推测陶器的产生是源于为了使编织用具耐火而涂上黏土这一行为①。在动物界，编织甚至就是某些动物生存的本能。而人类，无论是不是受到动物们织网、筑巢行为的启发，编织劳动的发生与发展，都是不难理解的。编织的原理就是线性材料交叠穿插，形成结构上的有规律的重复。结构的形式决定了编织物的强度，而强度决定了编织物的实用性能，在对实用性能的追求中，又体现出了线性肌理的美感。人们对这一美感的认同，或许就是由编织物的实用性带来的。比如，有的时候编织形式越是和谐，织物的牢固程度就越强，实用性也越强，人们对其产生的认同感、喜爱程度就越高。器物上的几何形刻纹固然不会追求任何实用性能，其除了象征意义就是具有展示性的装饰意义，更可能兼而有之。几何形刻纹通常以连续纹样或对称纹样的形式出现，以彰显其节律性的美感，这似乎是对编织物线性结构的一种礼赞，使编织工艺得到了升华，从物质层面走向了精神层面。为方便叙述，下文直接将这些几何形刻纹统称为“编织纹”。

一、绞索纹的变异

陶器是编织纹最常见的载体。河姆渡文化时期，陶器上的编织纹就已大致出现两个系统。一是类似经纬编织，像出土的竹编一样，是以短

① 恩格斯：《家庭、私有制和国家的起源》，中共中央马克思恩格斯列宁斯大林著作编译局编译，人民出版社2018年版。

斜线为主要元素的纹样；另一种类似双股线互绞，像麻绳一样，是以“S”形曲线为主要元素的纹样。前者在陶器上的刻画比较简单，后者相对复杂。因为，以“S”形曲线两两首尾相接组成绞索形状，需要事先规划器身的区间并分组定位。并且，刻画“S”形曲线也需要更加谨慎，否则很容易引起相互衔接的“S”形曲线在弧度、位置、方向上的不和谐。必须承认的是，黑皮陶上的绞索纹绘彩，相对于刻纹而言，更加流畅和舒适，而刻画的绞索纹时有间距不均匀的例子。以上两类编织纹在崧泽文化中固然很常见，但崧泽文化刻纹最突出的特点是，并没有仅停留在对编织物的模仿上，而是将编织纹发展到了充满想象力的地步。

比较多见的是以“S”形曲线为元素的绞索纹以及各类变体。首先，可以将嘉兴南河浜[①]M96:1陶罐、M96:4陶壶、海宁金石墩[②]M4:1陶豆、金石墩M4:3陶豆上的这类绞索纹，视为典型绞索纹（图1-36）。这类绞索纹将两股线绳相互缠绕的位置刻画得比较清晰，中孔较大，为扁橄榄形。每一个“S”形的曲线单元首尾两端参与缠绕的部分较多，中间留出的斜线部分较少。典型绞索纹之间，最主要的差别体现在对参与缠绕的两股线绳的刻画上。单股线绳可由一至多根数量不等的细线来表示。如图1-36中，南河浜M96:1和金石墩M4:3中的单股线绳由两根细线组成，亦可视为以双线勾边来刻画单股线绳，而金石墩M4:1的单股线绳由三根细线组成，南河浜M96:4的单股线绳由四根细线组成。

绞索纹的变形大致有如下几个方向。第一，将绞索的连续性截断，形成新的“对旋”结构，形如南河浜M26:3陶豆、南河浜M25:7陶豆、良渚官井头[③]M24:3陶豆上的刻纹（图1-37），原本在典型绞索纹中相互缠绕的部位形成对旋结构，其两侧的“S”形曲线成为一对旋臂。从形式上

---

① 参见浙江省文物考古研究所：《南河浜：崧泽文化遗址发掘报告》，文物出版社2005年版。

② 参见海宁市博物馆：《浙江海宁金石墩遗址发掘报告》，《东南文化》2003年第5期。

③ 参见浙江省文物考古研究所：《良渚官井头遗址崧泽文化遗存》，浙江省文物考古研究所编：《浙北崧泽文化考古报告集：1996—2014》，文物出版社2014年版。

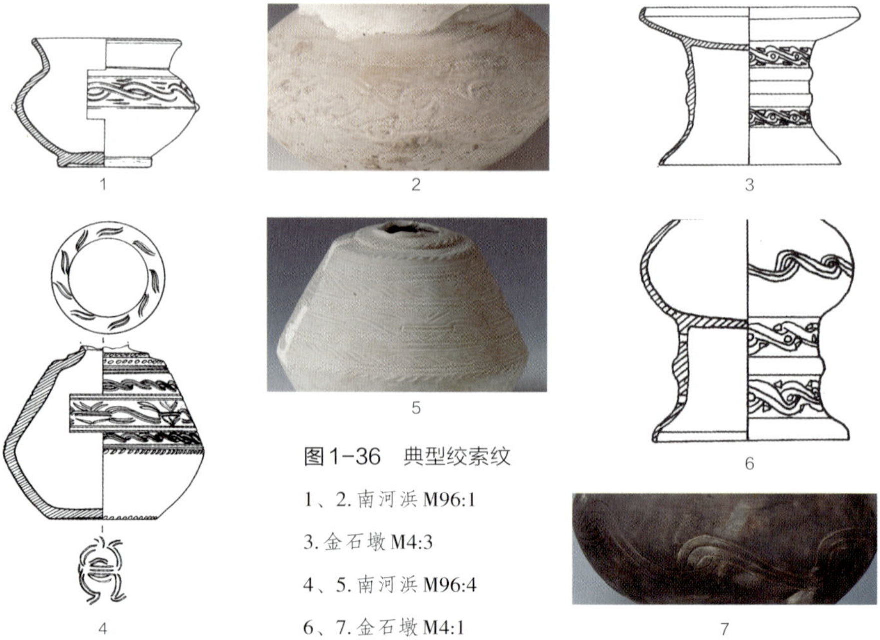

图1-36　典型绞索纹

1、2. 南河浜 M96:1

3. 金石墩 M4:3

4、5. 南河浜 M96:4

6、7. 金石墩 M4:1

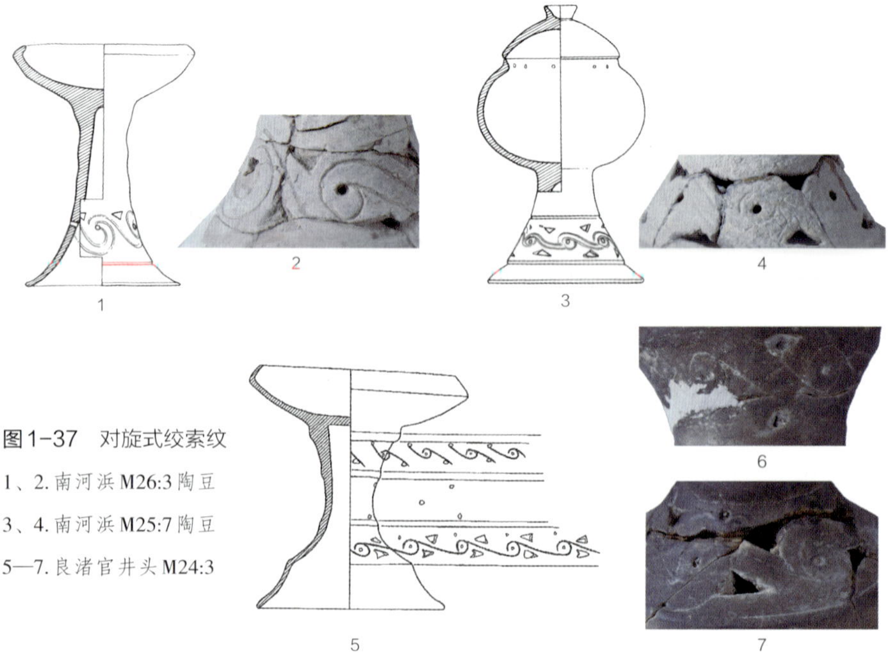

图1-37　对旋式绞索纹

1、2. 南河浜 M26:3 陶豆

3、4. 南河浜 M25:7 陶豆

5—7. 良渚官井头 M24:3

2

1

图1-38 连勾式绞索纹

1. 小兜里 M46:3

2. 昆山 M9:10

看，与典型的绞索纹效果相似，为了便于归类，称之为“对旋式绞索纹”。

第二，形式上类似第一类图案，可称为“连勾式绞索纹”，形如海宁小兜里①M46:3、湖州昆山②M9:10陶豆上的刻纹（图1-38）。此类纹样是横卧的“6”字形勾状图案的连续，但没有穿插结构。形式上与典型绞索纹效果很相似，实际上，却少刻画了缠绕或对旋部分的相互联系，因此，可以视作典型绞索纹或对旋式绞索纹的一种简化。

第三，反向绞索纹。如果视典型绞索纹的方向为正，即可认为南河浜M25:7陶杯、南河浜H15:5陶罐上的这类绞索纹为反向，此类反向绞索纹较正向者少见（图1-39）。当然，上述两例是对对旋式绞索纹的反向。

第四，双向绞索纹。在上述典型绞索纹与反向绞索纹中，每个连续

① 参见浙江省文物考古研究所、海宁市博物馆编著：《小兜里》，文物出版社2015年版。

② 参见浙江省文物考古研究所、湖州市博物馆编：《昆山》，文物出版社2006年版。

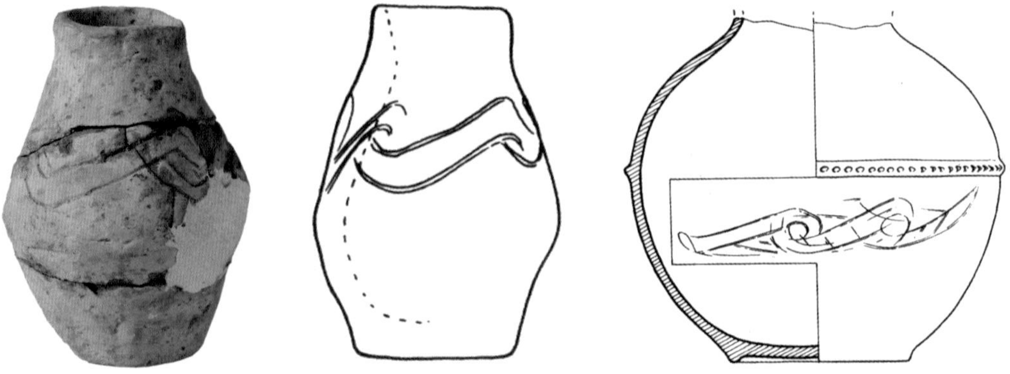

1　　2　　3

图1-39　反向绞索纹

1、2. 南河浜M22:7　3. 南河浜H15:5

的"S"形曲线方向一致，而在形如杭州良渚石马兜[①]M46:2陶壶的上行纹样中，相邻的两个"S"形曲线倾斜方向相反（图1-40）。典型绞索纹中，两个相邻"S"形曲线相互缠绕一次，而石马兜M46:2这件标本中，相邻的两个"S"形曲线相互交叠两次，但实际上也只缠绕了一次。如果按照其所刻画的形式缠绕两股绳索，只需轻轻一拉，即会形成典型的绞索状。在不作其他固定的情况下，刻意编织成此类图案显示的纹样，需要用结构力强一些的原材料，比如竹篾，在缠绕之前预先弯折再进行穿插。此类双向绞索纹较为罕见。

图1-40　双向绞索纹（引自浙江省文物考古研究所、良渚博物馆编：《崧泽之美：浙江崧泽文化考古特展》，浙江摄影出版社2014年版）

① 参见浙江省文物考古研究所：《良渚石马兜遗址发掘简报》，浙江省文物考古研究所编：《浙北崧泽文化考古报告集：1996—2014》，文物出版社2014年版。

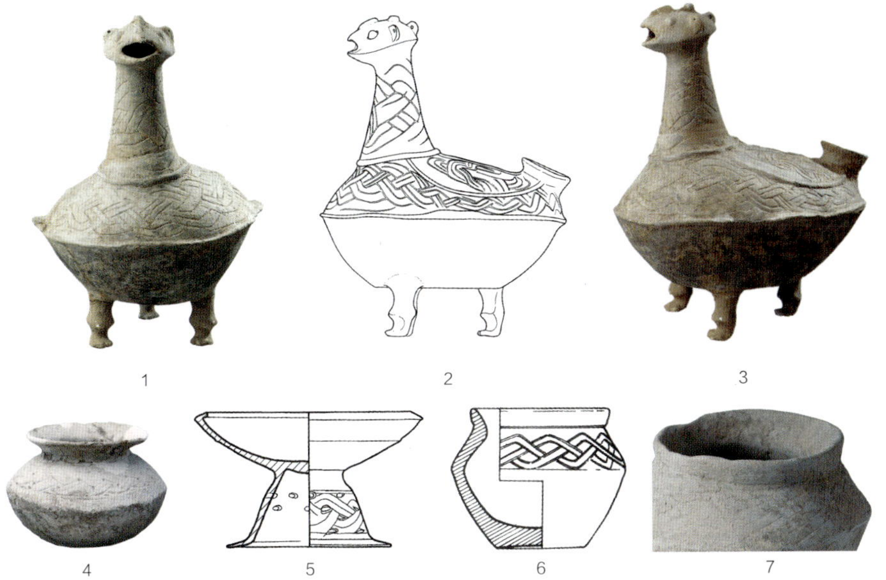

图1-41　绞索纹变体——辫形纹（引自《崧泽之美：浙江崧泽文化考古特展》）
1—3. 嘉兴出土三足鸟形盉　4. 临平茅山M187:2陶罐　5. 安吉芝里M39:1　6、7. 南河浜M35:12

绞索纹除了发生变形，还有一些不同的变体。比较常见的绞索纹变体，可称之为“辫形纹”，是将两股线绳升级为三股线绳编织而成的（图1-41）。如南河浜M35:12陶罐、杭州临平茅山M187:2陶罐、嘉兴三足鸟形盉、安吉芝里①M39:1陶豆的刻纹即为此类图案。此类图案再发生变形者没有双股绞索纹那么多见，很可能是由于三股的辫形比双股的绞索强度更大，不容易散开，编织实物发生变形的情况相对较少的缘故。

而更为常见的绞索纹变体，则是以镂孔的形式出现的，即成组的“三角形·圆形·三角形”镂孔。尽管成对的三角形和中心圆孔的排列形式、镂孔大小、钻透与否等形态有些许差异，其元素组合却非常稳

① 参见浙江省文物考古研究所、安吉县博物馆：《安吉芝里遗址的马家浜、崧泽文化遗存》，浙江省文物考古研究所编：《浙北崧泽文化考古报告集：1996—2014》，文物出版社2014年版。

定，以至于成为崧泽文化镂孔纹样的主要标志。三角形和圆形是很常见的几何图形，在庙底沟文化的彩陶图案中也很常见。但崧泽文化刻纹中的“三角形·圆形·三角形”，是以稳定的排列形式出现的，与庙底沟文化的同类图形不存在形式上的相关性。图1–42模拟绞索纹的典型式样，将其进行反色处理，将绞索的形状留白，原来的空白区域即形成了三个色块一组的连续图案。这就是“三角形·圆形·三角形”组合的由来。并且，“三角形·圆形·三角形”的组合极易出现各类变形、变体的情况，也与绞索纹的情况一致。小兜里M46:3陶豆上的刻纹是对这一构思逻辑极有说服力的例证。其主体刻纹是上文所述的一种简化了刻画手段的绞索纹，于刻纹空隙，即类似于图1–42中的三个色块位置，填入了成组的“三角形·圆形·三角形”镂孔。前述官井头M24:3陶豆豆柄上的两周刻纹，亦是同类格局。

石马兜M59:2陶豆上的极简刻纹来源于反向对旋式绞索纹（图1–43），其绞索的联结已完全截断，是对旋结构的重新排列。对旋结构的中心是圆孔，上下对称的两侧为“上圆孔下三角”，虽与稳定的“三角形·圆形·三角形”组合不完全吻合，但其构图的逻辑是一致的。

更多的“三角形·圆形·三角形”镂孔组合不再作为刻纹的辅助，而是单独出现，如图1–44，并且比绞索纹的使用更加普遍，历时也更长。在环太湖流域进入良渚文化的初期，即长江下游史前考古中经常使

图1–42 绞索纹变体——“三角形·圆形·三角形”的由来示意图

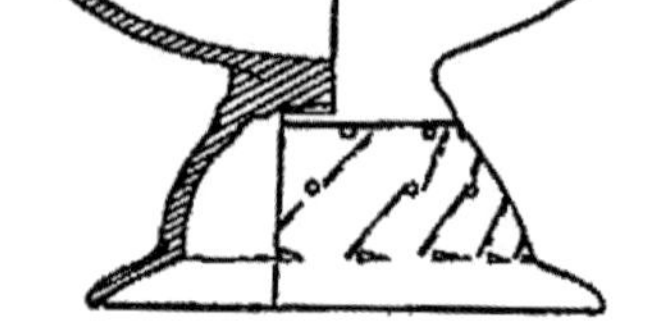

图1–43 “三角形·圆形·三角形”组合的不完全形式

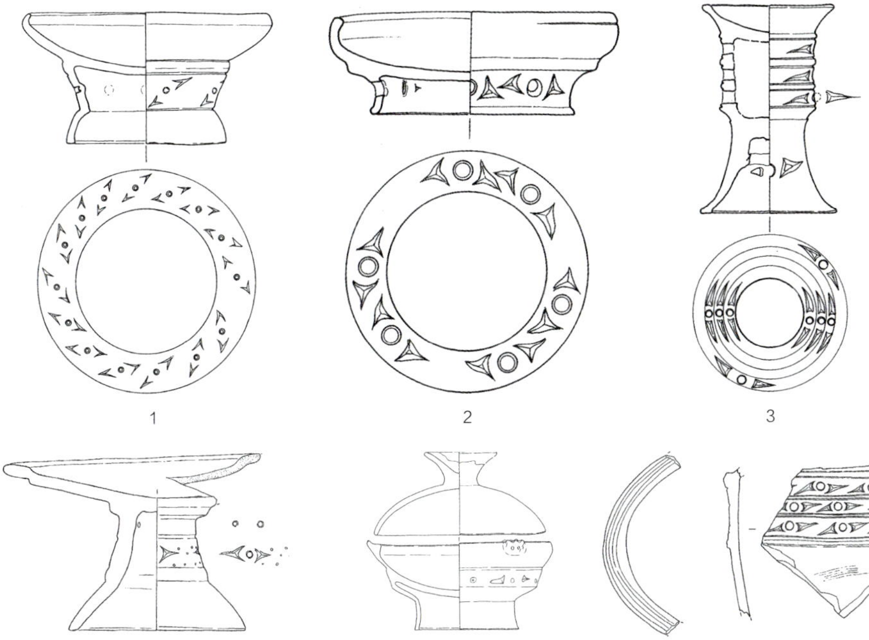

图1-44　“三角形·圆形·三角形”镂孔组合

1—3.昆山M31:2、M41:6、M10:1　4—6.小兜里T1②:599、M38:4、T17④:228

用的“崧泽至良渚过渡阶段”这个概念所代表的时期，“三角形·圆形·三角形”镂孔组合仍在继续流行。

图1-45　穿环式的编织结构（引自《崧泽之美：浙江崧泽文化考古特展》）

二、穿环式、捆扎式、兽面式

穿环式的编织结构也是崧泽文化中特征性较强的一种刻纹。石马兜M46:2陶壶的下行纹样是对这类刻纹最为清晰的表达。如图1-45所示，其主体是两条折线宽带组成的典型绞索纹，缠绕部位的中孔呈方形。两条宽带在缠绕的同时均穿过一个个环形结构。该环形结构有四角、四边，四边中部在宽带的共同作用下向内弯折，似乎是一个强韧有弹性的方环。方环并没有绳头，形式上像是预制的编织结构。当然，亦可反向操作，以折线绞索为纲，另以独立的宽带进行缠绕后，闭合两头使之成一环形。总之，不管哪种缠绕方式，形成图中穿环式编织结构的实际操作步骤，都能较容易地从刻纹中推导得出。小兜里 M46:2 器盖上的刻纹和海盐西塘桥出土陶杯的器腹刻纹，显然也是穿环式的编织结构（图 1-46）。前者是位于器盖顶部的独立图案，环形结构为圆环；后者是两个穿环式结构并由一个“对旋”相互串联，环形结构为方环。从图案的刻画看，很难推导出其中的编织规则，这很可能意味着当时有了更为高阶的编织形式，因而在刻纹中出现了对局部编织花形的模仿。同样属于编织花形的还有一些中心对称式的独立图案，如南河浜 M63:11 陶纺轮的三叶形穿环图案、长兴江家山①M39:1 陶纺轮上的两个独立“卍”字形绕结图案。后者的同类图案可见上海青浦崧泽②M52:5 陶豆，其刻纹也是一个穿环结构，且环形结构为方环，只是江家山 M39:1 陶纺轮的“卍”字形结构中抽离了方环（图 1-47）。不妨再作进一步的推测，在穿环结构中，环存在的意义可能只是编织花形的一种辅助，按不同需要选择方环或圆环，用于编织花形的前期定型，最终需要抽离，从而得到目标花形。刻纹对穿环式编织结构的模仿，或许恰恰保留下了这种编织手法的中间过程。

捆扎式的编织结构也是崧泽文化陶器上较为常见的刻画纹样，典型的器例在苏南、沪西地区多见。捆扎结构主要表现为一组与主体部位存在较大夹角的短线段。由于捆扎的用法比较灵活，图案样式的统一程度不高。如图 1-48-1、图 1-48-2 中，南河浜 M59:1 的腹部刻纹是对“X”

---

① 参见浙江省文物考古研究所、长兴县博物馆：《长兴江家山遗址崧泽文化墓地发掘简报》，浙江省文物考古研究所编：《浙北崧泽文化考古报告集：1996—2014》，文物出版社 2014 年版。

② 参见上海市文物保管委员会：《崧泽——新石器时代遗址发掘报告》，文物出版社 1987 年版。

1

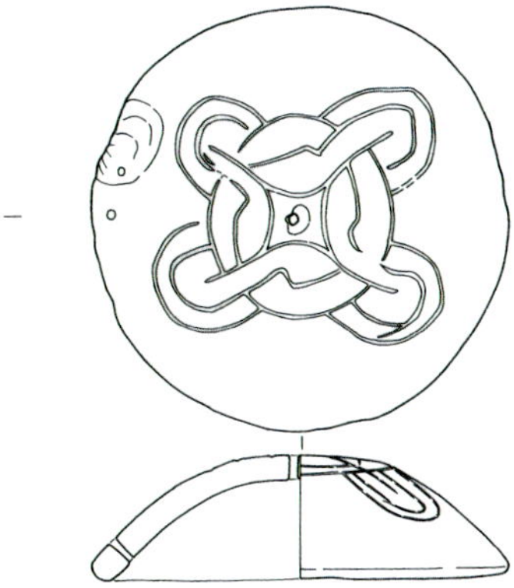

2

3

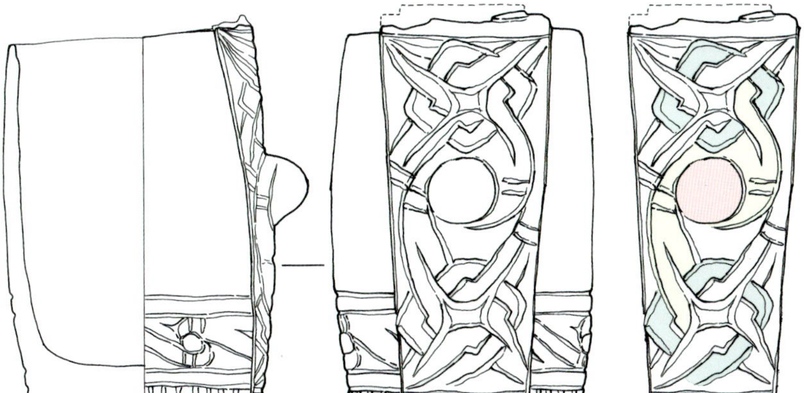

4

图1-46 更复杂的穿环式编织结构（引自《崧泽之美：浙江崧泽文化考古特展》）

1、2. 小兜里M46:2 3、4. 海盐西塘桥出土

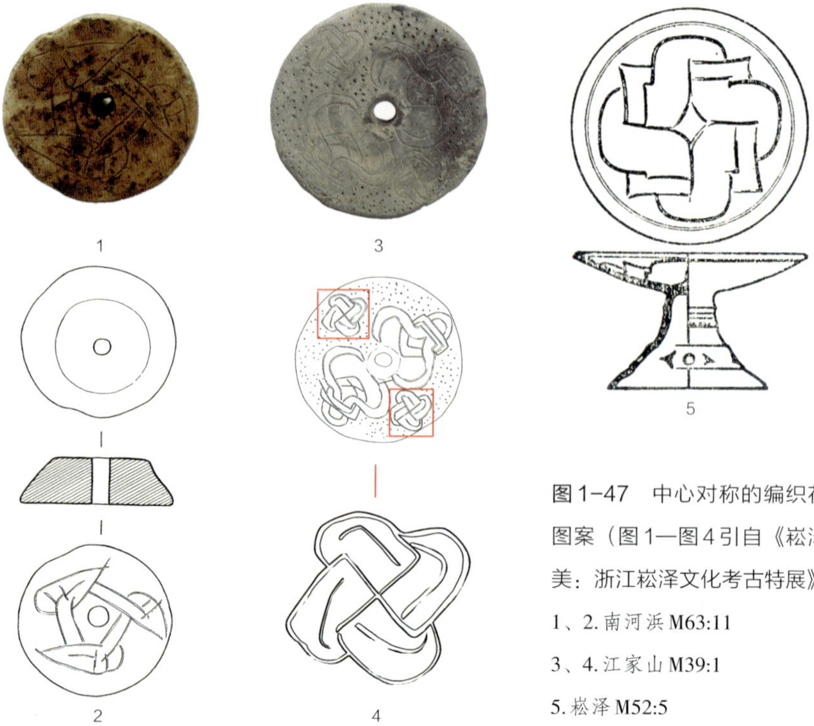

图1-47 中心对称的编织花形图案（图1—图4引自《崧泽之美：浙江崧泽文化考古特展》）

1、2. 南河浜 M63:11

3、4. 江家山 M39:1

5. 崧泽 M52:5

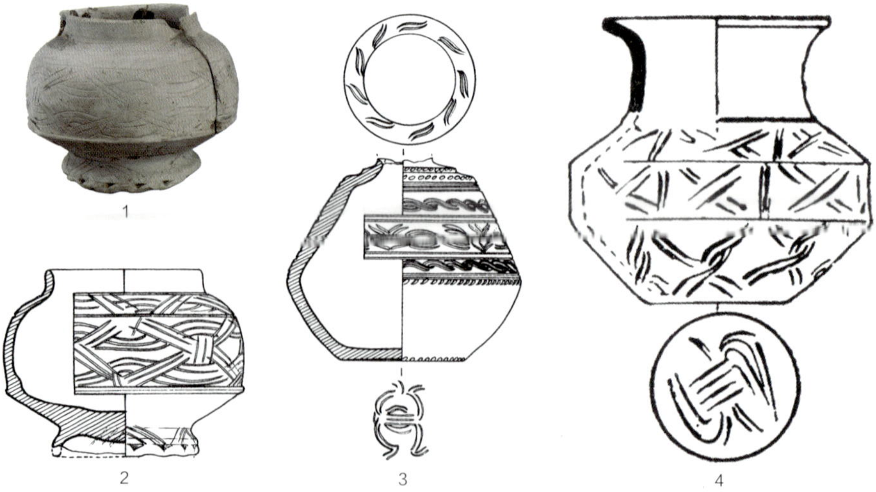

图1-48 捆扎式的编织结构（图1-48-1、图1-48-2、图1-48-3引自《崧泽之美：浙江崧泽文化考古特展》）

1、2. 南河浜 M59:1　3. 南河浜 M96:4　4. 崧泽 M92:7

形交叉结构进行的捆扎，其上下两周曲线组本应是平行地穿插缠绕在“X”形交叉结构中，但其刻画的笔道对编织线条间的交叠关系没有表达得很准确。南河浜 M96:4 陶壶的底部有一个单独图案，形如蛙纹。虽说蛙纹在史前考古学文化中常有出现，尤其以黄河中上游为多，但在崧泽文化中以蛙纹为母题的遗物却并不常见。从形式上看，该图案属于捆扎式编织结构的一个捆扎结，与崧泽 M92:7 壶底图案应为同类。而南河浜 M96:4 壶底的捆扎图案最像蛙纹的地方在于被捆的主体如向四方伸展的蛙腿，甚至还刻画出了脚掌。尽管崧泽文化中不常见蛙纹，也不能排除南河浜 M96:4 的壶底图案是对蛙的模仿。但是，在对崧泽文化刻纹是对整个编织体系的模仿这一思路，有了一定程度的了解之后，应首先考虑该壶底图案是对一种编织结构或编织花形的模仿，而这一结构或花形则有可能模仿了蛙的形象。西塘桥陶杯器腹刻纹中部对旋结构的左右旋臂上也有捆扎的痕迹（图 1–46–2）。

捆扎式刻纹的接下来一次流行，是在良渚文化时期，其被用于高等级玉礼器上的细线刻纹中，不仅施用的对象更加高级，样式也更加统一。这很有力地说明了捆扎式的美术风格至少在崧泽至良渚的千百年间是传承有序的，并非某一时期某一些人心血来潮的即兴发挥。而这传承有序的背后，也是其编织母题本身的流变。直白地说，崧泽文化时期一些带有捆扎手法的编织物，有序地传承了下来。传承的具体内容，可能是某些特定的编织物，或者只是带捆扎手法的编织形式。

体现出崧泽文化刻纹艺术巅峰造诣的，是一类兽面式的编织结构。与良渚文化“神徽”中的兽面形象所不同的是，这类刻纹神似兽面，但构图元素间穿插交叠感明显，依然是对编织结构的模拟。无论刻纹笔道潦草还是繁复，表现结果都十分抽象。如图 1–49，江家山 M39:1 陶纺轮上有两个相向的同类结构，在嘉兴出土的三足鸟形盉上又重复了一次。这个图案是很难描述的，既无法与具象的事物进行类比，又很难分解各部位的几何图形，也很难去厘清其中的编织层次。将两件器物相互对

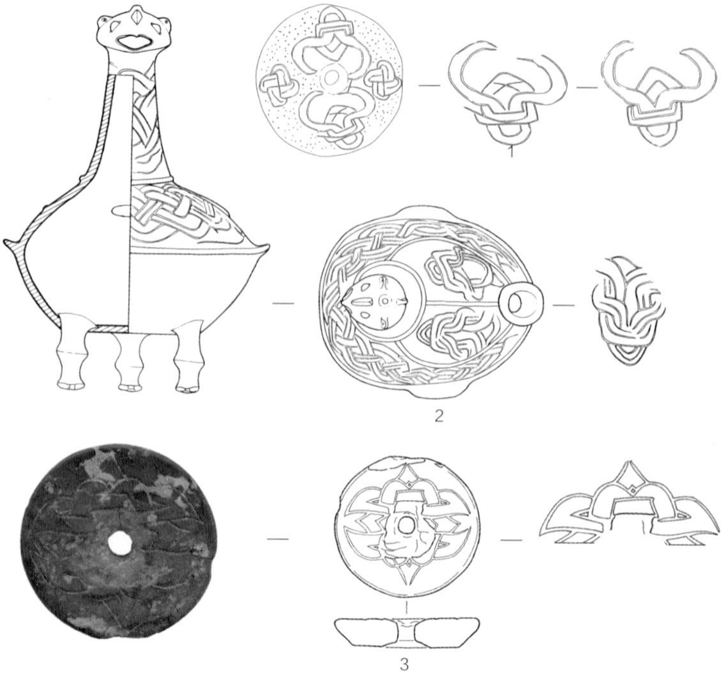

图1-49　兽面式的编织结构——A类兽面（引自《崧泽之美：浙江崧泽文化考古特展》）

1. 江家山 M39:1　2. 嘉兴出土三足鸟形盉　3. 安吉安东 M47:4

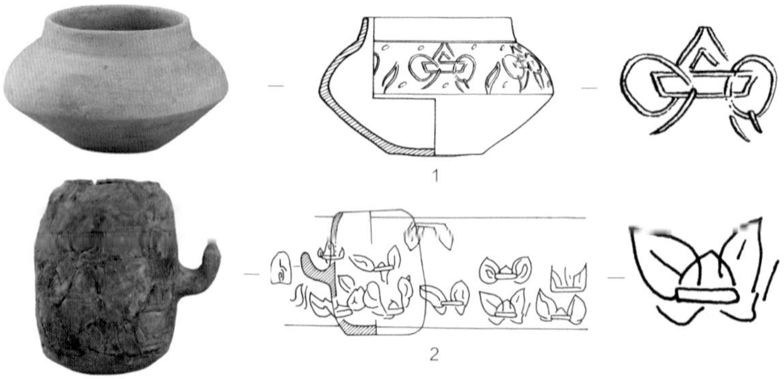

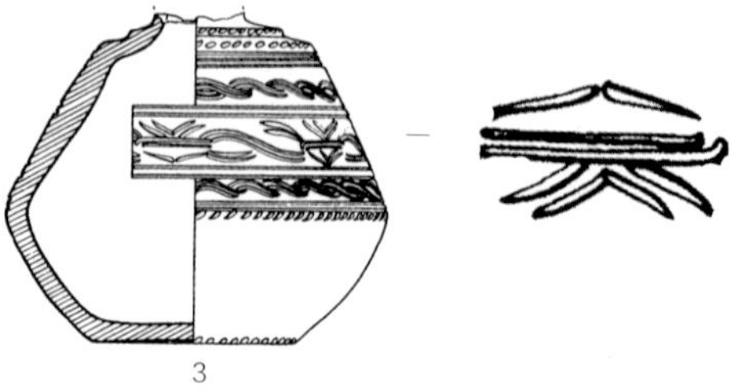

图1-50　兽面式的编织结构——B类兽面

1. 南河浜 M2:2

2. 南河浜 M49:10

3. 南河浜 M96:4

比，其结构最大的差异在于，纺轮上结构的一个尖顶，在鸟形盉上成了与下部相对的一个弧拱。总体上看，两者结构还是高度一致的。其中，最突出的局部是一对向上勾起的“角”形结构。正是这一结构，使得这类图像与带角或者带上翘獠牙的动物面部有了些许相似，故暂且称之为“A类兽面”。安吉安乐M47:4陶纺轮上的刻纹，中部略有破损，但可以看出是上下对称的图案。截取一半来看，中部的尖顶、两侧向上勾起的“角”与A类兽面结构契合。

再来看另一组相似的兽面式编织结构，如图1-50，南河浜M2:2肩部图案的一个单体、南河浜M49:10刻纹中稍规整且较完整的一个单体、南河浜M96:4中部图案的一个单体。将M96:4的图案单体倒转后，再纳入左右各半个绞索纹，三者的相似程度就极高了。几乎每个图案都含有四个局部：中部的尖顶、尖顶下的横条、横条两侧接近圆片状的结构、横条下部外撇的“八”字形。此类图案与高庙文化、良渚文化、石家河文化等考古学文化中常见的兽面或神人面类图案的契合度极高。类比得到上述的四个局部依次可以对应冠、口、眼、牙的形象。现将这类图案称为“B类兽面”。

嘉兴博物馆藏的一件崧泽文化陶罐上，有一个较大跨幅的被认为是兽面的刻纹（图1-51）。其较图1-50中三者在表现方式上要具体得多，但依然是穿插交叠的编织形式。与B类兽面进行类比，可以看出口、眼、牙三个部位。与良渚“神徽”图案上的兽面相比较，还可以看出爪和身躯。

不难得出结论，用编织结构来表现兽面是崧泽文化编织类刻纹的美术创造，其最大的特点是具有较高统一程度的模式。A、B两类可以视为构成兽面的两种不同模式。但将这两种模式具体化的图像，在整个崧泽文化范围内，却并没有普遍流行。兽面式的编织结构与前述的几类编织结构相比，几何特征明显降低，凭想象描摹的可能性也低。由此推测，这些具体的兽面式编织结构，应有其模仿的实体。而这种实体，极

图1-51 更为具体的编织兽面

有可能是一种用有机质编织而成的偶像，或是用于原始宗教仪式的道具。基本统一的兽面模式，意味着崧泽时期原始宗教的内容和形式已经基本稳定；而并不完全相同的表达，则意味着规范的缺失，暗示着统一的权力还没有形成，不像之后的良渚文化那样，意识形态由少数统治者掌握着，把反映统一信仰的图像刻绘在只有高等级王族、贵族才有权力支配的器具上。崧泽文化时期，通过这种兽面刻绘，还得不出权力向少数人集中的结论。这是社会形态与文明进程的阶段性的不同所造成的物质文化的区别。

还有一件很有趣的器例，即石马兜M21:3陶纺轮，如图1-52所示，中部的手形图案像我们现在用的防烫棉手套，其上横纵交替的刻纹线条

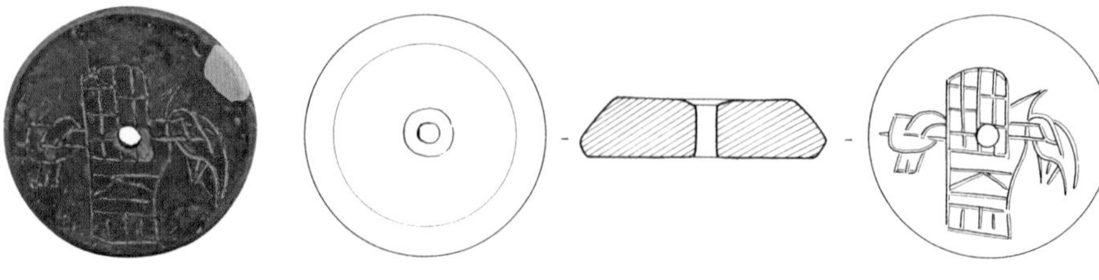

图1-52 编织行为的刻画纹标本

似对指节的刻画。手中握杆的形象很是生动，杆子的两端均有缠绕的绳结。这一图案与以上各类编织纹有本质的差异，它不是对编织结构的模仿，而更像是对编织活动的记录。

作为早期人类掌握的一项生存技能，编织不仅仅是制作衣物、箩筐、席子、渔网等日常生活用品的简单手工劳动。单薄的线性材料，通过有序的交织，成为稳定、有力的生产生活保障，这本身就是一种奇妙的质变。大到建筑也不例外，江南水网交错的地区，干栏式建筑对木构件间的交叉榫接有着更高的要求，只有和谐、精确的力学结构才能提供房屋稳定的基础，这使得编织技术上升为一种科学。很可惜，我们对史前建筑知之甚少，但这并不影响我们得出编织这项生产技术与编织科学背后的逻辑应享有较高地位的结论。人们熟悉的、依赖的、喜爱的东西，往往会令人愉悦，而记录编织带来的愉悦的方式，大概就是在日用器皿上将线性结构的交织穿插反复再现。于是，带有浓重编织风格的浙江本地刻纹传统由此产生。

第二章

独树一帜

每一种新石器时代的考古学文化在其自身的文化分布范围之内，物质遗存会达到比较统一的面貌，这也就是其之所以成为一种考古学文化的前提。这种比较统一的文化面貌固然有房址、墓葬等遗迹、遗物，以及生活生产方式上的统一，但归根到底，最直接的认定标准还是器物群的统一。浙江境内文化面貌统一度最高的是距今5300—4300年间的良渚文化。尽管以钱塘江为界，江南、江北的良渚文化遗址间存在一些差异，但核心器物群是一致的。从良渚文化向上追溯至马家浜文化，大约2500多年的时间跨度里，整个长江下游大都经历了“马家浜—崧泽—良渚”这个文化谱系序列。在浙江境内，进入了这个谱系圈的主要是浙北地区。而浙江境内更为本土的史前考古学文化面貌，则多发端于钱塘江以南，甚至是更往南部的浙中盆地地区，比如20世纪70年代就已扬名海内外的河姆渡文化；随着浦阳江流域的考古发现逐渐为学界所认同的跨湖桥文化、上山文化，当然还有入选“2020年全国十大考古新发现”的余姚井头山遗址。不能否认，这些考古学文化的基础研究工作正在逐步推进，谱系梳理尚不完善，因此，书中涉及的对上山文化、跨湖桥文化、河姆渡文化这三种极具鲜明个性的考古学文化的美术风格与相互关系的探讨，是基于目前的阶段性认识展开的。

第一节　上山盆、下汤筒、桥头“小喇叭”

截至2020年，已经发现的18处上山文化遗址，主要散布在浙中南山区盆地以及东部沿海丘陵地带。组织过较大规模发掘且出土遗物较丰富的有浦江上山遗址、义乌桥头遗址、仙居下汤遗址等。关于上山文化的彩陶，上一章中已作过比较详细的讨论，此处聚焦于彩陶的载体——陶器本身。

率先作过发掘的上山遗址出土了一大批口大底小的陶盆，此类器形占发掘所得陶器总量的56.65%①，同时，整个遗址中都没有发现釜。这两大现象莫说是在同时期的考古学文化遗存中，就是放眼整个新石器时代考古学文化遗存，都非常特殊。常规来说，在一批史前考古学文化遗存中，可见的最大量的器物是炊器。尽管存在时代与地域的差异，釜、鼎类的炊器都是最常见的。哪怕是墓葬中非实用的随葬器类，由于其象征着应付各类日常生活所需，也有炊器。在上山遗址的出土器物中，数量上相当于炊器的只有大口小平底盆（图2-1）。关于大口小平底盆如何作为炊器使用的推测，比较著名的有刘莉的“石煮法”②，但刘莉也承认并没有实质性的证据。那么，既然功能推测遇到瓶颈，不如从形式与情境的角度考虑问题。大口小平底盆的形制特点比较统一，器形普遍偏大，外撇程度极大的大敞口下接小平底，口、底的直径比大约为3，极少量有小圈足。一些带较高圈足或乳突状小足的敞口器，由于体量较

① 浙江省文物考古研究所、浦江博物馆编著：《浦江上山》，文物出版社2016年版。

② 刘莉：《植物质陶器、石煮法及陶器的起源：跨文化的比较》，西北大学考古系、西北大学文化遗产与考古学研究中心编：《西部考古·第一辑·纪念西北大学考古学专业成立五十周年专刊》，三秦出版社2006年版。

1

2

3

4

图2-1　上山遗址出土的大口小底盆（引自蒋乐平主编、浙江省文物考古研究所编著：《上山文化：发现与记述》，文物出版社2016年版）

1. 上山 H121:4　2. 上山 H26:1

3. 上山 H151:3　4. 上山 H121:1

1

2

图2-2　双环耳大口盆和多角沿大口盆（分别引自《上山文化：发现与记述》《浦江上山》）

1. 龙游荷花山东区 TG1④:1

2. 浦江上山 H244:15

小，应考虑将其排除在这类大口小平底盆之外。部分盆的器壁中部附有环形耳，有时是靠得很近的一对环形耳，如图2-2-1。从实用性的角度来说，这类环形耳无法充当端提陶盆的鋬手。从展示性的角度来说，由于大敞口的遮蔽，这类环形耳并不处于显眼的位置。少量盆的口沿处会修饰成花边，或制成多角沿如图2-2-2，或制成锯齿形。大口盆最主要的修饰是通体红衣，或者止步于施红衣前的白泥衬底，而红色本身是具有象征意义的，那么，大口盆究竟是一类日常用器，还是某种象征物呢？

遗址中，大口盆的碎片频繁地见于灰坑之内。而上山遗址的灰坑，本身就是该遗址的一大特色。在2004—2006年发掘区南区中部600多平方米的范围内，就密布着数量过百的灰坑。这一区域内的灰坑相对集中，又分布得比较均匀，在东北—西南与西北—东南的方向上，有些许纵横排列的意味。这不是一种普通聚落址中常规的灰坑分布情形。这些灰坑的包含物似乎遵循着一定的规范，多见大口盆、罐残片和一些石器。而在义乌桥头和仙居下汤遗址中，大口盆的比例明显减少。对比义乌桥头遗址出土的两座墓葬（图2-3）为长条形竖穴土坑且有极少量明确的随葬品的情形，上山遗址这些灰坑大概率不是墓葬。其中，遗址北区H461灰坑出土了较多的动物骨头和破碎人骨的现象，令发掘者推测其可能与一定的仪式活动有关①。这一现象虽属个别发生，但却有重要

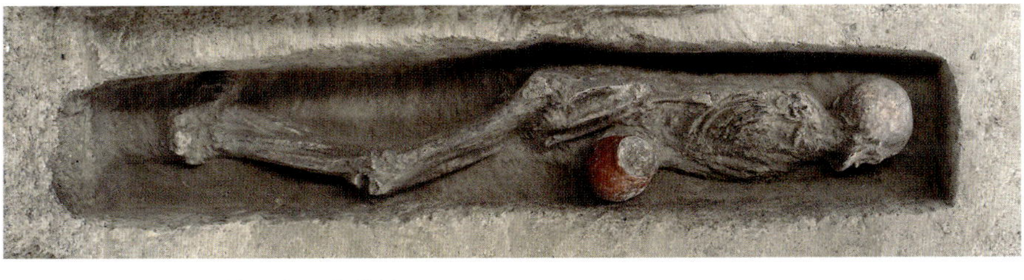

图2-3　义乌桥头遗址上山文化墓葬

① 浙江省文物考古研究所、浦江博物馆编著：《浦江上山》，文物出版社2016年版，第58页。

的提示作用。距今8000年左右的河北武安磁山遗址，出土过一批储存粮食的窖穴①，也有类似的分布特点，提示了另一种参考方向。再看距今6000—5500年左右的陕西，华县泉护村遗址中出土了大量的彩陶盆，亦多为灰坑出土，属于庙底沟文化。庙底沟文化的炊器是配套的釜灶，但在泉护村遗址中亦未见釜灶普遍出土。王炜林认为这些彩陶盆就具有礼器的性质②。目前，尚未有更精细化的考古手段来直接确认大口盆的功能，但根据情境得出的推论倾向于支持大口盆的象征意义大于实用意义。那么上山遗址，也就可能不仅仅是一处普通的居住址，而有可能是上山文化一处具有原始宗教意味的活动场所。

图2-4　上山文化双耳罐（引自《上山文化：发现与记述》）

1. 浦江上山 H226:20

2. 义乌桥头 T1919⑤:6

接着“不太实用”这个话题，有一类在上山文化中相当常见且特征性极强的双耳罐，也带着不太实用的附件（图2-4）。直口微微外侈，下接一个卵圆形的腹部，底部收成小平底或尖圜底。一对宽条状的器耳从口沿顶部或略偏下的部位连接至肩部。器耳泥条弧度小，与颈部贴得很近，部分双耳罐上的器耳已经贴紧至中孔完全退化，更有甚者仅仅只是在颈部对称处稍

图2-5　义乌桥头遗址出土细颈壶（引自《上山文化成果展》）

① 河北省文物管理处、邯郸市文物保管所：《河北武安磁山遗址》，《考古学报》1981年第3期。

② 王炜林：《彩陶与史前中国的文化融合》，《文博》2020年第3期。

加刻划。这种器耳并不能起到拎提的作用，很可能是这类陶罐上某种辅助用具的遗形。桥头遗址的此类陶罐，红衣色泽油润，器形线条格外流畅（图2-4-2），似乎桥头遗址的上山人，对器形的追求要比上山遗址的更为讲究。其更加杰出的作品如图2-5的两件喇叭口细颈壶。图2-5左，有一种堪比瓷器的光洁流畅感，而图2-5右，器腹制成平折肩，趣味又有不同。折肩在跨湖桥文化中有很大的发展，此是后话。

上山文化核心器物群的风貌，在位于灵江上游的下汤遗址，又发生了一定程度的变化，双耳罐出现折腹的趋势。比起桥头遗址多见的卵圆

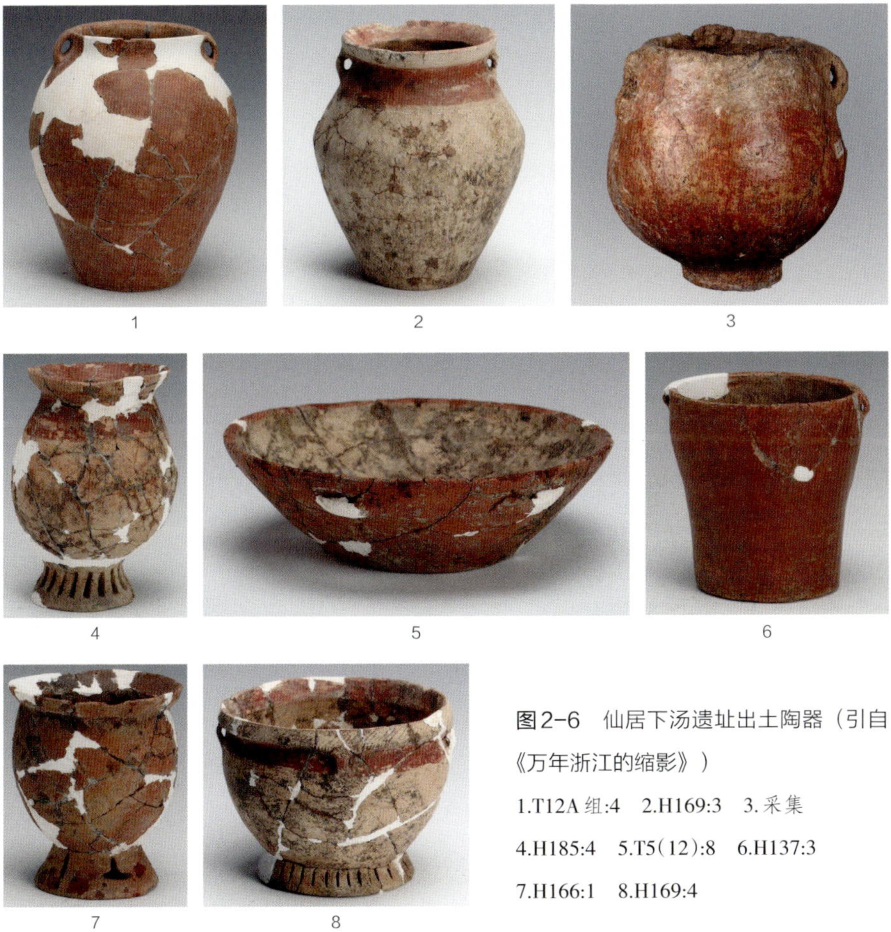

图2-6　仙居下汤遗址出土陶器（引自《万年浙江的缩影》）

1.T12A 组:4　2.H169:3　3.采集

4.H185:4　5.T5(12):8　6.H137:3

7.H166:1　8.H169:4

形，下汤所见的器物线条更有刚硬之感，如图2–6–2的这件双耳罐折腹尤甚，大有西北地区辛店文化的造型感。这种腹部造型的变化，在考古学文化中往往是相对年代的早晚或是地域性的差异所造成的。至于桥头遗址与下汤遗址同类器物的造型差异原因，尚有待对考古资料的进一步整理研究才可能得到。下汤遗址中对圈足的使用也颇为普遍，多见连续的三角形、细长倒“T”形、长条形镂孔等（图2–6）。一些小平底罐由于附加了圈足，稳定性增强，视觉上的装饰感也更强。与此相对应的是，下汤陶器还有在口沿部施加简单几何形刻纹的做法。下汤遗址中还有一种双耳筒形器（图2–6–6），尚未见于其他的上山文化遗址。其双耳是与双耳罐类似的遗形附耳，近似直筒的器腹，在下半部作了亚腰微微内收的处理，比起四平八稳的直筒形态，灵巧了许多。

比较上山、桥头、下汤这三个地点，共性中亦有突出的个性。同类型的器物总体上，越往西南山地越显现出较强的装饰感。当然，这是现有资料下得出的规律性认识，相信随着上山文化更多“新据点”的公布，会给未来更加深入的探讨带来新的方向。

第二节　谁是边缘?

学界认识跨湖桥文化早于上山文化。跨湖桥文化因萧山跨湖桥遗址的发掘而得名，但由于其当初展露的文化面貌过于先进，导致学界花了十年的时间论证其文化命名。“面貌先进”是相对于跨湖桥遗址超过8000年的碳十四测年结果而言的。当时，长江下游地区还没有发现测年早于早期河姆渡文化或早期马家浜文化的遗存。浙江境内，当时认识到的最早的考古学文化是河姆渡文化，可早于河姆渡文化的跨湖桥遗址，其物质遗存却丝毫不比河姆渡逊色。一时间，震动学界，疑惑四起。如今，距离跨湖桥遗址的发掘已经过去了二十余年，那些关于跨湖桥文化的基本问题，如文化面貌、生业形态、分布范围、谱系关系、衰落原因等，似已基本厘清，但又处处包含着耐人寻味的突破口[①]。

跨湖桥文化分布的钱塘江以南地区，还是个比较泛的区域概念，比起新石器时代中期，即距今10000—7000年间的考古学文化多呈聚集性分布的态势，跨湖桥文化的分布显得比较分散。结合遗址内涵、分布地域及地貌类型，依照《跨湖桥文化研究》中提出的“河口沼泽型”和“上游山地型”[②]，对跨湖桥文化的遗址进行分类，是比较准确的。事实上，令一众业内大咖深感文化面貌先进的，只是“河口沼泽型”遗址中的萧山跨湖桥遗址的出土遗存而已。如果不是跨湖桥遗址，而是“上游山地型”的跨湖桥文化遗址率先作了考古发掘，人们对跨湖桥文化的认识必定会走上不一样的道路。大量的跨湖桥文化遗址属于“上游山地型”，与前述上山文化遗址的分布范围基本重合。跨湖桥文化遗存叠压上山文化遗存的层位关系，自嵊州小黄山遗址[③]发掘以来，便已是一个不争的事实。也正是小黄山遗址的发掘，将学界对跨湖桥文化源头的判断转向了浙江本土。此前，由于跨湖桥遗址中出土了数量众多的绳纹圜底釜，学界不得不考虑跨湖桥文化与长江中游更早时期的考古学文化的亲缘关系。

“上游山地型”的跨湖桥文化遗址中，夹炭陶的比例更高，器表有施红衣的做法，双耳罐和大平底浅盘从上山文化中继承而来的序列非常明显。可以说，浙中南山地间（金衢盆地为主）分布的才是典型的跨湖桥文化，如果没有跨湖桥遗址在先的话，我们熟悉的“跨湖桥文化”很可能已被叫作了“小黄山上层文化”或其他。因为这一地区的跨湖桥文

---

① 蒋乐平:《跨湖桥文化研究》，科学出版社2014年版。

② 蒋乐平:《跨湖桥文化研究》，科学出版社2014年版，第170页。

③ 张恒、王海明、杨卫:《浙江嵊州小黄山遗址发现新石器时代早期遗存》，《中国文物报》2005年9月30日。

化遗存与其正源即上山文化，分布范围一致、序列相继，年代联系得也更紧密，这里更可能是跨湖桥文化的发源地。相较之下，萧山跨湖桥不仅与发源地存在一些地理上的隔离，文化面貌上更是出现了严重的脱节。人工栽培稻和独木舟的发现，为它的“更远、更强”作了极好的注解。回到核心器物群上，跨湖桥的彩陶继承自上山文化，但装饰感更强，这在第一章中已有论述。由于夹砂绳纹陶釜的出现，跨湖桥遗址中夹砂陶比例大大提高，整体陶色偏黑。但这种绳纹炊器传统，很有可能是受长江中游输入的文化影响所致，其风格特征可能仅仅是“拿来的”。而在非炊器类的器物上，为了进行绘彩装饰尚延续着以“化妆土”修饰器表的做法，陶色偏淡，这才是本土传统。然而，黑衣陶的出现，代表着跨湖桥人对陶色的一种主动选择，属于跨湖桥文化的一种原创风格。黑衣比灰白色的“化妆土”陶衣以及彩绘红衣的附着力都要强，不易脱落，细腻且光泽度很高，如陶色黑亮的跨湖桥T0411⑧A:103、T0411⑧A:121等双耳罐（图2-7）。这标志着跨湖桥文化先进的陶艺成就已经达成，新的色彩观念正在产生。以下对跨湖桥文化造型风格的讨论，主要针对的是跨湖桥遗址的出土器类。

双耳罐是跨湖桥文化的典型器，也是与上山文化核心器物群发生序

1　　2

图2-7　跨湖桥遗址出土黑亮的双耳罐（引自浙江省文物考古研究所、萧山博物馆：《跨湖桥》，文物出版社2004年版）

1.Cb型罐（T0411⑧A:103）　2.Eb型罐（T0411⑧A:121）

图2-8　跨湖桥遗址器物的折肩风格（引自《跨湖桥》）
1. 圜底釜（T0411⑧A:38）
2—5. 双耳罐（T0411⑦A:22、T0512⑨c:13、T0409⑨:1、T0412⑥A:10）

列关系的关键器类之一。在微侈的直口、宽条形附耳、稳定性较差的圜底或小平底上，均有上山文化的影子。上山文化中最接近跨湖桥风格的一件双耳罐，是下汤遗址的折腹双耳罐（图 2-6-2）。据此推测，下汤遗址的器类多少都带有一些折腹感，少了桥头遗址器类的圆润风格，这可能正是其与后续的跨湖桥文化年代更近的缘故。跨湖桥的双耳罐，除了折腹的样式，也保留了比较圆润的腹部线条，但更普遍的是流行折肩（图 2-8）。“折肩”在跨湖桥文化中是跨器类的一种风格特征，除了双耳罐外，其他的高领罐、盘口罐，甚至主流炊器——绳纹圜底釜上，都常见折肩的做法（图 2-8-1）。折肩增强了附耳的存在感，一些罐的双耳直接如拱桥般装在肩部，并且，折肩也是出现刻纹、绘彩的关键部位。双耳罐中折肩部位的绘彩是与一类特意制作的扁体双耳罐相匹配的（图 2-9）。此类罐为大直口，竖颈，体宽扁，尖圜底，颈下部往往饰有一周附加的细泥条花边，肩部的厚白彩图案十分统一，更多器例如第一章中的图 1-11。这一器类的规范模式，意味着其有可能是一类功能单一的专门用

图2-9　跨湖桥遗址的绘彩双耳罐 T0410⑤A:24（引自《跨湖桥》）

图2-10　跨湖桥遗址的圈足类器物（引自《跨湖桥》）

1.T0411⑤A:12　2.T0411⑦A:45　3.T0410⑧A:10　4.T0411⑨A:47　5.T0411⑧A:40　6.T0410⑦A:3　7.T0411⑥A:30　8.T0411⑦A:45

具。圈足类器物在跨湖桥文化中数量激增，尤其圈足盘、豆等在跨湖桥遗址中形式极其多样（图2-10）。圈足上最显著的特征是以镂孔为中心，装饰放射状线条。镂孔可以是圆孔，也可以是其他形状的孔。表现放射线的手段除了施厚白彩外，更多的是刻划。放射线容易令人联想到四射的光芒，结合中心镂孔，仿佛圈足内有个光源透过镂孔射出夺目的光线。也有一些圈足上饰有排列紧密的镂孔，有圆形、长椭圆形、“十”字形、横“T”字形等。这些镂孔的排列风格与上山文化中的相近，却又在试图将其展现得更为复杂。

如果说上述两类器物的造型风格、装饰风格对体现跨湖桥文化的源头方向有较强的指征性，那下面讨论的内容则是跨湖桥文化的造型风格在未来世界中的延续性。跨湖桥的钵、盆类器物和豆一样也有多样化的形态，敞口、直口和敛口与弧腹圜底、折腹圜底以及不同深浅的身筒相互组配。其中，有两种形态的钵造型比较特殊。一种是敞口折腹圜底（图2-11-3、图2-11-4），有的在折腹处附加锯齿状的花边泥条。此种形

图2-11　跨湖桥遗址钵、盆类器物与河姆渡文化陶釜造型对比（引自《跨湖桥》、浙江省文物考古研究所：《河姆渡——新石器时代遗址考古发掘报告》，文物出版社2003年版）

1.T0513⑥A:13　2.T0410⑥A:36　3.T0512⑧A:18　4.T0612⑤A:21　5.对照标本：河姆渡文化陶釜

态是跨湖桥陶钵的主流形态之一，其造型结构与后来河姆渡文化的一种敞口釜有异曲同工之感。当然，河姆渡文化这类陶釜的变形更加复杂，折腹多向身筒中部转移，且下腹部接圆圜底形成半球状。另一种是敛口平底钵，如T0513⑥A:13（图2-11-1），也有加了圈足的，如T0410⑥A:36（图2-11-2）。尽管原报告将后者命名为“盆”，但可以看出两者造型的核心设计理念是一致的。更巧合的是，将上述这两类钵的造型叠加，即在敞口折腹圜底钵上加一道附沿形的敛口，就与河姆渡文化釜的经典造型之一——敛口釜相当契合。此外，跨湖桥文化的釜流行一种折沿折肩且肩部以下饰绳纹的形态，如T0409⑥A:8（图2-12左），在河姆渡文化中也有十分类似的釜，如河姆渡T233(4B):133（图2-12右）。目前认为，跨湖桥文化与河姆渡文化之间尚有年代缺环，由于海侵导致的跨湖桥文化的没落也造成了当地文化谱系的断裂。但是，发展程度较高的河姆渡文化绝不可能是突然出现的，跨湖桥文化的器物造型中可以看出未来河姆渡文化的影子，也绝不仅仅是偶然。况且，海侵所影响到的是“河口沼泽型”的跨湖桥文化遗址，大量的“上游山地型”遗址还有待更深入、更全面的考古发现来揭示其面貌。

目前，在仙居下汤遗址中，已经发现了上山、跨湖桥、河姆渡三个

图2-12　跨湖桥遗址陶釜与河姆渡文化陶釜造型对比（引自《跨湖桥》《河姆渡——新石器时代遗址考古发掘报告》）

阶段的遗存。不妨推测一下，这三者可能存在着相似的起源地，即浙中南山地。我们所知的跨湖桥文化与河姆渡文化之间的断裂，只是浙北地区的情形，而在浙中南山地间，文化关系更加扑朔迷离。很有可能的是，在这片区域内，跨湖桥文化与河姆渡文化之间的年代缺环根本不存在。两者可以前后接续，甚至发生交错。无论是哪种情况，跨湖桥文化因素都可以向河姆渡文化内部渗透。

除了分布地比较分散之外，跨湖桥文化在大约相当于跨湖桥遗址第二期的时候，曾发生过更远距离的迁徙活动[①]。其中，有一支北上至淮河流域，遇到了当地的顺山集文化[②]，输出大量绳纹釜，导致了顺山集文化面貌发生突变，生成“顺山集三期类型”。另有一支西迁回长江中游，在距今7600年左右的时候回到了晚期彭头山文化中，带入了圈足器这类新因素，并促成了彭头山文化后继者——皂市下层文化的形成。而跨湖桥文化这种能改变迁入地文化面貌的超强迁徙能力，在浙江境内早已进行了演习。从浙中南山地间向外迁出的跨湖桥文化，将目前为我们所知的最辉煌的物质文化留在了旧湘湖谷地，并继续向外寻找广阔的天地。2020年，余姚井头山贝丘遗址的发掘，出土了一批明显带有浙中南山地跨湖桥文化因素的器物，说明此地有可能是迁出的跨湖桥文化的又一个据点。而井头山的位置又很特殊，恰好位于河姆渡文化的核心分布区。河姆渡文化的起源亦不明确，是跨湖桥文化的年代下限能继续往下走？还是河姆渡文化的年代上限能继续往上追？目前的考古材料还不能支持我们得出结论。按照井头山遗址的提示，河姆渡文化的起源很有可能已经深埋在海相沉积之下了，当然，也有可能像跨湖桥文化一样，散布在浙中南山地之间。如果是后者，那河姆渡文化是在走一条跨湖桥文化的老路，从山地向河口挺进，并在开阔的地带发展繁荣。而如果是前

① 朱雪菲：《江苏泗洪顺山集遗址第三期遗存文化性质分析》，《考古》2018年第4期。

② 林留根：《论顺山集文化》，《考古》2017年第3期。

者，那河姆渡文化退入山区的原因又是什么呢？

回到该小节开头的问题：谁是边缘？就跨湖桥文化现在的分布情况而言，是遗址数量更为聚集的浙中南山区，还是发展程度更高但遗址单一的旧湘湖谷地？或者换个问法，文化的边缘地带是更容易受到异文化影响而达到更高的物质与精神成就，还是会更多地保留本文化的典型性？跨湖桥文化是一个一直在“走出去”的文化，作为起源地的浙中南山区，并不是其文化内涵最为丰富的核心地带。在跨湖桥文化向外迁徙的途中，异文化的影响与更加适宜生存的自然环境激发了它的活力。我们期待着将来能再次与它相遇。

第三节　“碳黑河姆渡”：7000年前的高级感

按照学界通行的史前考古学文化命名的三大原则[①]，“河姆渡文化”算是个早产儿。1973年夏天被发现，当年11月至次年1月进行了第一次发掘，1976年召开的“河姆渡遗址第一期发掘工作座谈会”上，就有专家提出“河姆渡文化”的命名。1977年第4期《考古》上，夏鼐先生在《碳-14测定年代和中国史前考古学》[②]中，将河姆渡遗址第三、第四层所代表的那一部分遗存定名为“河姆渡文化”。当然，由于河姆渡遗址这部分遗存太特殊了，完全突破了当时主要基于黄河流域的考古发现而形成的关于史前时期文化面貌的认识，率先命名有其历史意义，即名正言顺地为钱塘江以南土生土长的考古学文化找到了代表。1978年第1期

① 夏鼐：《关于考古学上文化的定名问题》，《考古》1959年第4期。

② 夏鼐：《碳-14测定年代和中国史前考古学》，《考古》1977年第4期。

《考古学报》上发表的《河姆渡遗址第一期发掘报告》[1]，对“河姆渡文化”进行了“官宣”，重申了将河姆渡遗址第三、第四层所代表的遗存命名为“河姆渡文化”的这个认识。此后，关于河姆渡文化内涵的讨论，又在学界持续了相当长的时间，主要症结在于河姆渡遗址第一、第二层遗存的文化归属。当然，先有文化命名，再不断重新认识文化内涵，也是考古学界常有的事。目前，学界的主流意见是将河姆渡文化的第一至第四层遗存视作一个整体，代表河姆渡文化从早到晚的四个阶段，并依据第三、第四层与第一、第二层遗存面貌的显著差异，将河姆渡文化分为早晚两期。在这一认识的基础上，宁绍平原大量的史前遗址有了衡量文化属性的标尺，大都被划入河姆渡文化的范畴，尽管部分遗址中的河姆渡文化遗存，仅仅只与河姆渡遗址的晚期遗存相当，如慈湖遗址[2]、小东门遗址[3]、下王渡遗址[4]等。

对于河姆渡文化内涵的讨论，也始终伴随着对河姆渡文化与马家浜文化关系问题的讨论。正因为河姆渡遗址第一、第二层的遗存中包含了大量马家浜文化因素，夏鼐先生也就直接将第一、第二层的遗存认定为马家浜文化[5]，并认为叠压于其下的第三、第四层遗存是该地区马家浜文化的源头。随着材料局限的逐步突破，桐乡罗家角遗址[6]的发掘为马

---

① 浙江省文物管理委员会、浙江省博物馆：《河姆渡遗址第一期发掘报告》，《考古学报》1978年第1期。

② 参见浙江省文物考古研究所、宁波市文物考古研究所：《宁波慈湖遗址发掘简报》，浙江省文物考古研究所编：《浙江省文物考古研究所学刊：建所十周年纪念（1980—1990）》，科学出版社1993年版。

③ 参见浙江省文物考古研究所：《宁波慈城小东门遗址发掘简报》，《东南文化》2002年第9期。

④ 参见宁波市文物考古研究所、中国人民大学考古文博系、宁波市奉化区文物保护管理所：《浙江宁波市下王渡遗址方桥发掘区2017年发掘简报》，《考古》2019年第9期。

⑤ 夏鼐：《碳-14测定年代和中国史前考古学》，《考古》1977年第4期。

⑥ 参见罗家角考古队：《桐乡县罗家角遗址发掘报告》，浙江省文物考古研究所编：《浙江省文物考古所学刊：1981》，文物出版社1981年版。

家浜文化找到了新的源头，马家浜文化与河姆渡文化为两支平行发展的文化的观点得到学界共识。然而，马家浜文化与河姆渡文化平行发展，并不意味着河姆渡文化的遗存不能叠压于马家浜文化的遗存之上。偏早阶段的河姆渡文化，叠压偏晚阶段的马家浜文化，是完全符合逻辑的。偏早阶段的河姆渡文化，叠压深受马家浜乃至崧泽文化影响的偏晚的河姆渡文化，也同样符合逻辑。

如何看待河姆渡遗址第一、第二层与第三、第四层两大期遗存的关系，对于本章所要讨论的内容倒是没有太大影响。因为，独树一帜的美术风格集中见于以河姆渡遗址第三、第四层为代表的这部分遗存。

一、以夹炭黑陶为主的特殊陶系

根据部分探方的统计结果，河姆渡遗址第一期的陶器中，夹炭黑陶占比为79.9%[①]。夹炭陶是在绢云母质的黏土中加入大量的植物茎叶碎末或者谷壳等有机物烧制而成，一般火候较低，有机物碳化使得陶色发黑，胎质松软，胎壁厚，质量较轻。观察浙江境内新石器时代陶器的发展序列，更早的上山文化、跨湖桥文化中就流行夹炭陶，更晚的崧泽文化、良渚文化中则不见夹炭陶，多见夹砂陶。观察河姆渡遗址自身的陶器发展序列，第二期时夹炭陶比例已跌至56.93%，不仅个体数量下跌，有机质羼和料的含量也有所下降，使得陶色偏灰；第三、第四期时，夹炭陶数量更是只有7%—8%，且表面往往修饰陶衣，遮住原色。这说明，以植物类有机物为羼和料的做法在制陶工艺的发展史上具有一定的原始性。在更早的上山文化、跨湖桥文化中夹炭陶的器表普遍施陶衣，尤其是上山文化中的红色陶衣格外醒目。在河姆渡遗址第三、第四期时少量的夹炭陶器表亦施有陶衣。而河姆渡遗址第一、第二期时，夹炭陶偏偏

① 浙江省文物考古研究所：《河姆渡：新石器时代遗址考古发掘报告》，文物出版社2003年版。

以原色示人。这说明，在河姆渡遗址第一、第二期时，人们对于羼和了有机物而烧成的陶器成色即便不是相当推崇，也至少应该是喜爱的、欣赏的，不仅不施陶衣覆盖，更在黑灰色的器壁上刻画各类纹样、图案。可见，“尚黑”应是河姆渡遗址第一、第二期时陶器工艺刻意的追求。尽管河姆渡文化的源头暂时还不能完全追溯到跨湖桥文化中，但“尚黑”的色彩观念似乎可以追溯到跨湖桥文化的黑衣陶。

陶器所体现的颜色往往在烧制工艺与人为选择中达成一种平衡。比如氧化焰下的红陶与还原焰下的灰陶，是烧制工艺使然；而上山文化陶器普遍施加的红衣与良渚文化陶器普遍施加的黑衣，即是人为选择加强或改变了陶器表面所呈现的颜色。在浙江史前的考古学文化中，陶器器表呈色体现出一定喜好的，有“尚红”的上山文化、“尚黑”的河姆渡文化与良渚文化，其他考古学文化对器表呈色似乎并没有突出强调。河姆渡遗址第三、第四期时，夹砂红陶成为主流，是陶系上的一大颠覆，“尚黑”的传统并未延续。这很难视作由同一考古学文化一脉相承而至的文化面貌。因此，如果将河姆渡遗址第一、第二期视作较为单纯的河姆渡文化（为行文方便，以下称之为“典型河姆渡文化”），那么在第三、第四期时，遗存面貌的巨大差异，不应该是简单地解释为受马家浜文化、崧泽文化影响就能解释得圆满的。

在河姆渡遗址第一期遗存与罗家角遗址的早期遗存中，存在互见的器类。比如，河姆渡遗址中的多角腰沿敞口釜 T30(4):75（图 2-13-1），具有罗家角遗址早期阶段所代表的早期马家浜文化风格；而罗家角遗址中的盘口釜 T117(四):15（图 2-14），应属于典型河姆渡文化的遗物。这表明河姆渡文化与马家浜文化的互动发生较早，提示我们注意，在典型河姆渡文化所展现的艺术成就中，可能会有马家浜文化的贡献，反之，河姆渡文化的艺术风格亦可能进入马家浜文化范畴。这在逻辑上没有问题，但实际分辨起来却不是那么容易。当一种文化因素同时出现在马家浜文化与河姆渡文化的早期，回答谁是施予影响的一方、谁是受影响的

1

2

3

图2-13 河姆渡遗址中马家浜文化风格多角沿陶器（引自《河姆渡》）

1.F型T30(4):75 2.C型Ⅲa式T26(4):34

3.D型Ⅱ式平底盘T34(4)29

图2-14 罗家角遗址出土河姆渡文化盘口釜T117(四):15

图2-15 河姆渡遗址第四期的多角沿陶釜C型Ⅳ式敞口釜T214(1):1（引自《河姆渡》）

图2-16 马家浜遗址出土的多角沿盘豆M26:1（引自《马家浜》）

一方这个问题，一般来说，需要先判断这种文化因素在哪一方考古学文化中更普遍、发展演变序列更完整，这一方就是该种文化因素的原生文化。

以图2-13-1这件多角腰沿敞口釜为例，在器物造型上，“多角腰沿”是个显著特征。河姆渡文化中，多角沿的做法并不多见。图2-13-2是一件口沿做成多角沿的敛口釜，图2-13-3是一件折沿做成多角沿的平底盘，到了第四期时出现的如T214(1):1这样的多角折沿釜（图2-15），则并不似由早期的河姆渡文化直接发展而至的形态。

从器物的个例性到多角沿造型使用上的灵活性，“多角沿”这一文化因素，在河姆渡文化中是偶然的、即兴的。而在罗家角遗址的马家浜文化早期，多角腰沿在多类陶釜上普遍存在，到了马家浜文化晚期，如嘉兴马家浜遗址[①]出土的多角沿盘的豆仍是较为常见的典型器（图2-16）。由此可见，马家浜文化中多角沿的使用与特定类型的器物有着较为固定的对应关系，这是植根于文化内部的一种规则。两相对比，不难发现，“多角沿”应是马家浜文化的传统输出至河姆渡文化中。但图2-13-1的颈、腰沿之间以及腰沿面上却均是河姆渡风格的装饰纹样。考虑到这件陶釜的质地为夹炭陶质，有可能是河姆渡本地仿制的具有马家浜文化风格的器物。罗家角遗址早期遗存中，也出现了一批或刻画或戳印的装饰纹样，与河姆渡文化风格一致。虽然报告中刊出的拓片没有给出匹配的器物，但基本可以肯定，这批纹样应来自遗址中图2-14这类本就属于河姆渡文化的器物。马家浜文化在装饰上是比较朴素的，这并不是否认马家浜文化的工艺造诣，因为“朴素”也是当时人们追求的一种美的境界。这样一来，大抵可以区分开河姆渡文化与马家浜文化的美术风格了。

既然罗家角遗址反映出早期马家浜文化与河姆渡文化的密切互动，

① 参见浙江省文物考古研究所、嘉兴博物馆编：《马家浜》，文物出版社2019年版。

图2-17　罗家角遗址出土的湖南白陶标本

那么，以早期马家浜文化为媒介，河姆渡文化接触到长江中游地区以高庙文化为代表的流行刻纹白陶或白衣陶的美术传统，逻辑上就说得通了。

第一章中，已经抛出了对河姆渡遗址出土的几件彩陶残片艺术风格的疑惑。而罗家角遗址中这几件白陶（图2-17），似乎提供了思考这个问题的角度。首先是器表呈色，河姆渡文化传统尚黑，如果说要给夹炭陶器表施加白衣的做法寻个源头的话，一是纵向的，上溯源头进入跨湖桥文化；二是横向的，受了白陶的影响。对比强烈的黑白两色，对立统一，若不能相互吸引，恐怕容易相互排斥。试着想象，如果一个习惯了黑黢黢的日用器皿的人，突然看到一套白色的用具，大约会眼前一亮吧。

罗家角遗址中戳刻着繁缛而神秘纹饰的高等级白陶器具，是自长江中游而来的“进口货”。异色、异文化、异图像，对于7000年前的马家浜人与河姆渡人来说，若不是珍爱有加，大概就会恐惧厌弃。长江中游的主要是湖南境内的皂市下层文化、高庙文化、汤家岗文化等一系列距今7500—5500年间的考古学文化中，流行刻纹白陶、白衣陶，由于这些白陶特征性强，传播路径很容易被标记。在长江下游地区，除了桐乡罗家角，还有溧阳神墩、江阴祁头山这些马家浜文化遗址中，亦能见其踪迹。但目前还没有在河姆渡文化的遗址中发现有刻纹白陶直接输入的例子。这说明，以湖南白陶为代表的文化与马家浜文化已有比较全面的接触，但还只是偶然与河姆渡文化相遇。从这些马家浜文化遗址里白陶残片的出土情境看，其主要属于地层内遗物，和大量马家浜文化日用器具的处置方式一样。没有情境支持来阐释白陶在进入马家浜文化分布圈时承担着怎样的职能，是作为异文化的神器得到供奉？还是作为特殊财富被埋入了高等级贵族的墓中？抑或只是个别异乡客的随身之用？今人眼里如鬼斧神工一般的刻纹白陶，在马家浜文化中并未兴起半点艺术的水花。凭这一点推测，马家浜人没有与这类白陶发生直接的互动。那些戳刻着诡谲纹样的器具极有可能是一些顺流而下的"湖南人"的自用之物。

遗憾的是，河姆渡彩陶过于残碎，没有完整的构图来与白陶刻纹进行类比。仅凭彩陶残片上露出的局部看，着实与白陶图案构筑的场景不是一回事。个别残片，如第一章图 1–15 河姆渡文化彩陶片中的 77YMT211（四）B:523 上出现的黑彩点缀手法，有类似白陶上戳点纹的效果，但也依然构不成联系两者的依据。河姆渡彩陶与刻纹白陶可以称得上相似的，是一种很模糊的气质上的相似。比如，在装饰部位纵向区分不同的纹样带，布局紧凑；以宽幅为主图，主图以上有装饰性的纹饰带；纹饰带基本是连续纹样。从彩陶片 73YM T17（四）:9 和 73YMT16（四）:61 的局部看，虽类型各异，但均为多种构图元素的组合，前者显示出的横纵间断也是河姆渡文化器表刻纹的常见风格。而这种纵向区分装饰区间的构图手法，在黄河流域要到仰韶时代晚期才开始流行。总的来说，基于以下两种关联性的推测，河姆渡文化的彩陶可能是在对长江中游刻纹白陶创造性地模仿下产生的：关联性一，由于黑白对比色的强烈吸引，进而产生对白色器表的模仿行为，在典型河姆渡文化中，彩陶均施白衣；关联性二，经过刻意规划，分行且紧凑地安排图案与纹饰。河姆渡文化与长江中游同时期考古学文化如果确实发生接触，从考古资料层面上看，需以马家浜文化为中介，这可能就是两者关联显得不那么直观的原因。

一旦这个角度被打开，河姆渡文化的其他美术造诣，也有了同一个类比的方向。典型河姆渡文化中，釜、罐、盆、钵是陶器中的大类。这

图2-18 河姆渡文化装置有“附沿敛口”的器物标本（引自陈万里主编、河姆渡遗址博物馆编：《潮起东南——河姆渡文化图录》，浙江摄影出版社2018年版）

些器类在新石器时代各地考古学文化中都很普遍，除了钵多见敛口外，釜、罐、盆口部的角度普遍为直、侈至外敞。而河姆渡文化中，釜、罐、盆、钵均出现了占一定量的较夸张的敛口形态，这已然成为河姆渡文化的一大特色（图2-18）。这些敛口往往是由刻意制作的一道宽沿，贴附在口部形成的（下文统一称之为“附沿敛口”），使得沿面成为器身装饰纹样的主要部位之一。个别还有继续在附沿敛口之上再加制小侈口的做法（图2-18-7）。此外，还有个别的盉、盂、方体盂等，也有附沿敛口。湖南白陶的发端相较河姆渡文化更早，但最为盛行的时期基本

1　2　3

图2-19　湖南白陶装置有“附沿敛口”的器物标本（引自湖南省文物考古研究所编著：《凤舞潇湘：桂阳千家坪出土陶器》，故宫出版社2020年版）

1. 千家坪 H35:5　2. 千家坪 M52:1　3. 千家坪 T8⑤:11

与典型的河姆渡文化同时，白陶中也有一些不同种类的敛口器存在，但却不如河姆渡文化中的体系感强，似乎是习得的外文化传统。尽管不能确认附沿敛口一定是河姆渡人的原创并影响到了一些白陶器的造型，但这种关联又很难让人视而不见。白陶敛口器主要是不同种类的釜（图2-19），并且也有在敛口之上加制小侈口的做法（图2-19-2）。此外，附沿的下缘或者附沿上的小侈口边缘刻划成锯齿的做法，在两种文化中都是比较常见的。从沿面的具体纹饰来看，白陶的纹饰显然更复杂，不仅有较强的装饰性，其母题图案更是具有完整的象征体系，制作手法是戳刻结合。河姆渡文化中附沿敛口上的装饰，主要有两类：一是各类线条的组合，如环绕周身的直线、或戳刺或刻划的斜线段和以贝壳边缘戳刺形成的小锯齿线；二是花叶形状的线条的排列组合。尽管两种附沿纹饰的相似度不高，但可以看出，附沿上的所有元素均取自其各自的纹饰系统，附沿上的装饰不是简单的点缀，而是对纹饰系统的提炼。

从实用的角度来看，附沿敛口在物品取用上不如敞口，在密封性上比不了加盖的子母口，如果盛装液体、小颗粒的谷物或者烹煮了的食物的话，不便于倾倒或清洗。既然不好用，那制作这种夸张的附沿敛口目的何在？结合上述观点，笔者认为附沿上的纹饰是对考古学文化整体纹饰系统的提炼性表达，其目的应是为了表达某种象征意义。这种象征可能存在两个层次：一是直接象征屋檐，二是间接反映宇宙观。

图 2-20　田螺山遗址出土四脊陶盂（引自《潮起东南——河姆渡文化图录》）

河姆渡遗址出土了大量排列有序的木结构建筑构件，是考古上最早发现的干栏式建筑遗址。干栏式建筑在河姆渡文化发现之初，即被作为区别于以半地穴、地面式建筑为主要建筑形式的黄河流域考古学文化的重要特征，是多雨、多山、多湿地、少平地的南方地区常见的一种建筑形式。河姆渡文化、马家浜文化以及白陶所代表的那些考古学文化，很可能共有这种建筑形式。尽管这种干栏式建筑的屋顶结构在遗址中已不可辨认，但其形式都应是不同角度倾斜的斜面。田螺山遗址出土的四脊陶盂（图 2-20），开口狭小，其附沿上对称的两组附加泥条如同屋脊，则加强了这种象征的意味。在陶器上以附沿敛口象征倾斜的屋檐，也是天顶的写照。湖南桂阳千家坪遗址 H35:5 这件白陶釜的敛口沿面上所戳刻的图像被公认为是神鸟与兽面的组合（图 2-19-1），该母题在高庙文化中具有原始崇拜的意义，本书中不作过多阐释。反观河姆渡文化中附沿敛口上的“花叶”纹（图 2-13-2），如果将其理解为稻谷粒的话，其象征性就更强了。河姆渡遗址中的水稻遗存极其丰富，有地层中的茎叶稻壳、陶釜内底的“锅巴”残余、陶胎中的谷壳、器壁上的稻穗纹图案、耕种用的骨耜农具等，甚至在 2020—2021 年余姚施岙遗址的发掘中，还发现了河姆渡文化的稻田。从实物遗存到精神世界，稻米这一重要的生计来源在河姆渡文化中亦是意象的中心。朝向天顶的附沿敛口上，刻绘满排列整齐的米粒，信仰的意味是相当浓厚的。毕竟，谷物的信仰在原始民族中普遍且客观地存在着。

河姆渡遗址中还出土了一件刻纹陶盆的孤品 T29(4):46（图 2-21-1），其一侧的刻纹常被用来与良渚文化的“神徽”图案进行类比研究。确实，两者构图、元素之相近很难让人不作联想。但如果放在与河姆渡文化更接近的时代，湖南地区的刻纹白陶就有大量与之雷同的母题——“中间的兽面＋对称的鸟”（图2-21-2）。令人称奇的是，白陶上此类图案的模式化程度极高，既抽象又繁复，与良渚文化玉器上的“神徽＋双鸟”异曲同工。这样不断重复出现又相对稳定的构图，是一种模式化的结构，其精神内涵被不断地强化直至基本固定。而河姆渡文化T29(4):46的刻纹，比起高庙白陶与良渚玉器来，却显得幼稚且潦草，在河姆渡文化中也不成体系。可以推断，其要么是这一模式最初的“蓝本”，要么是这一模式在传播过程中一次被记录下来的中转。

以高庙文化为代表的刻纹白陶，堪称新石器时代晚期庙底沟文化彩陶艺术浪潮兴起之前，属于新石器时代中期的陶器艺术的高峰。当时的史前中国，各地考古学文化中虽不乏陶器艺术杰出的表现，但精巧而规范的图案编排加上高度模式化的意象却绝无仅有。综上所述，从白陶的装饰风格，到附沿敛口器的制法与象征，再到白陶的模式化构图，这三种联系的绞合，从美术的视角，直指刻纹白陶与河姆渡文化美术体系的互动。

目前来看，拉近两者关系的材料是融入了白陶因素的桐乡罗家角遗址，这是个属于马家浜文化分布边缘与河姆渡文化外围圈的一个小小交集。文化的地理边缘总在发生一些奇妙的尝试，地理的核心往往由于其

1

2

图2-21　河姆渡、千家坪戳刻纹对比（引自《河姆渡》《凤舞潇湘》）

1.河姆渡遗址T29(4):46　2.千家坪遗址T3G1②:67

深厚的文化传统而很难轻易地接受改变，边缘地带却是敏感而脆弱的。河姆渡文化的源头不详，很有可能就是因为多元文化交叉影响带来的那些意想不到的创造，形成了一地文化持续发展的新动力，从而修饰了土著文化的本来面貌，蒙蔽了那些汲汲追索河姆渡文化谱系的考古人的眼睛。

二、风格统一的刻塑体系

河姆渡文化的刻塑体系是其美术思想的集中体现。表现形式多样，有以戳刻形成图案、捏塑或雕刻成形体、戳刻图案与塑形结合等，涵盖了陶、石、木、骨、角、牙等不同质地的器物。总体风格趋于统一，整体感强、稚拙可爱、生气勃勃。

仿生，是河姆渡文化美术灵感的来源。和其他许多考古学文化一样，河姆渡文化中也包含一些小型陶塑（图2-22），其中一部分可能用于贴塑，含兽类、禽类、两栖类、水生动物类，还有一些可能表现人面的造型。这些陶塑的制作大多比较粗糙，仿生的形象在神而不在形。人面也都比较写意，仿佛很不经意地赋予了这些陶块表情。用今天的标准来看，不算丑也不算美，算是比较滑稽。这些陶塑，像是信手的操作，没有严格的标准与规范。但如果因此就小看了河姆渡文化的美术造诣，那就错得离谱了。

信手拈来的陶塑比较随意，可一旦将动植物形象刻画到器表就需要遵照一定的规范了。目前，考古发掘所见的动物刻画纹，多见于陶器、木器、骨器器表，唯独以鸟类为对象进行的创造，有其自成体系的一套围绕着“蝶形器”而展开的刻塑形象。以下将要讨论的内容，主要涉及河姆渡遗址和田螺山遗址出土的相关图像资料。由于考古资料的局限，大量支离破碎的图像残块上所刻画的形象很难辨认，本书也就无法面面俱到。

首先看动物纹。河姆渡遗址方体陶钵T243（4A）:235、残陶块T221（4A）:125、刻纹骨片T212（4A）:53，田螺山遗址刻纹木板1、刻纹木板

图2-22　河姆渡文化的仿生陶塑（引自《河姆渡》与浙江省文物考古研究所内部资料）

2、异形陶盉上出现了一批刻画手法非常类似的动物形象，如图2-23至图2-26，考古学家释读出猪、鹿、象、犀牛等动物种类。不可否认，其中一些动物形象的具象程度很高，但就这些刻画图像而言，形式的雷同大于动物种类的差别。似乎河姆渡先民要表达的不是猪、鹿等动物的写生，而是它们的一种共性特征。为了与下文将要讨论的鸟形象相区别，以下统称这些动物为“四脚兽”。四脚兽的共性特征反映在图像上主要有以下几点。第一，所有四脚兽都是侧面形象。第二，头部以同心圆作为眼睛。第三，以双线勾勒的体侧或规整或潦草地填满图像元素，

图2-23　河姆渡遗址刻画动物纹标本（引自《河姆渡》）

1. 河姆渡 T243(4A):235　2. 河姆渡 T212(4A):53　3. 河姆渡 T221(4A):125

图2-24　田螺山遗址刻纹木板1

图2-25　田螺山遗址刻纹木板2

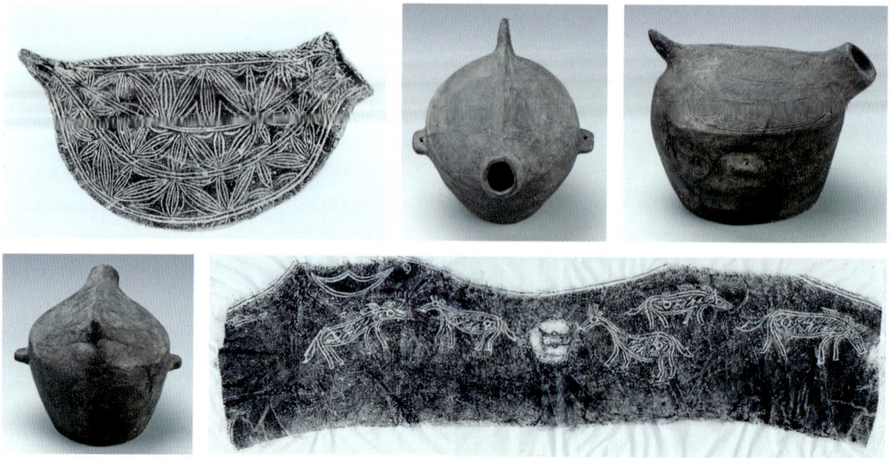

图2-26　田螺山遗址异形陶盉

且无论规整或潦草，腹部均有一个清晰可见的同心圆或螺旋图案。第四，在腹部的圆形图案外侧，围绕着一些以弧边三角形、交替的斜线为元素构成的图案，有种类似填绘于空白之处的地纹的效果，即使刻画得较为潦草，也依旧能够符合这种形式。至于腹部的同心圆有何象征意义，后文的讨论会给出推测。河姆渡兽形陶块T223(4A):106（图2-27），是将这种刻画与形体结合了起来，其形体的具象性较差，但共性特征一一符合。

图2-27　河姆渡遗址T223(4A):106（引自《河姆渡》）

再看鸟纹。河姆渡文化的鸟纹自成体系，这个体系的中心是一种被称为“蝶形器”的用具。现今看来，“蝶形器”的称谓使得意象有点混淆，下文将改称其为“鸟形器”。河姆渡与田螺山遗址中，均出土有数量可观的鸟形器。其木质者相对体量较大，石、骨、牙质者相对体量较小。木质者以田螺山镂雕鸟形器对图像的阐释最为明朗（图2-28）：一对相背的侧视鸟，鸟喙下勾，鸟首上刻画圆形的眼睛，鸟身也简化成了刻画着同心圆的圆形，鸟尾简化成一个连着鸟身的五边形，背上的鸟翅尖尖相

图2-28　田螺山镂雕鸟形器

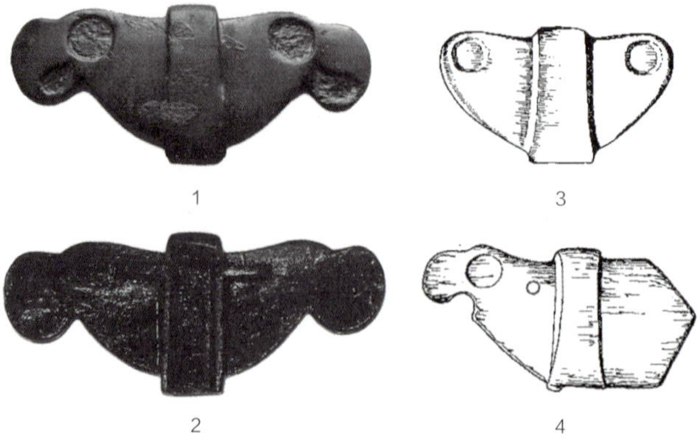

图2-29　完整与不完整的木质鸟形器

1、2. 田螺山 T406⑧:14（正面、背面）　3. 河姆渡 T17④:37　4. 河姆渡 T17④:91

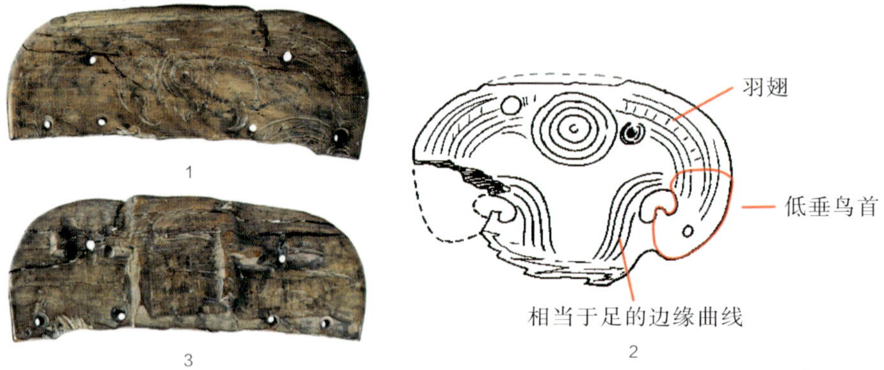

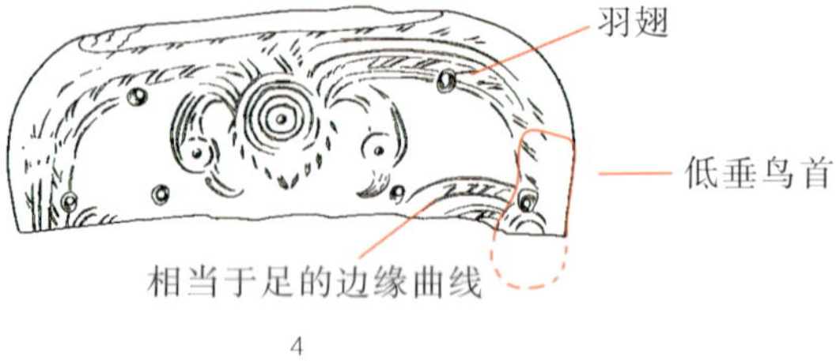

图2-30　河姆渡遗址非木质类的鸟形器

1、3、4. 河姆渡 T226(3B):79

2. 河姆渡 T224(3B):82

对形成一个“⌒⌒”形，鸟身与底座的联结可视为并拢的足部。这个鸟形器是某种器物组件的一个部分，背面可见鸟首之间附加的木条两端各有一个切口，底座的背面有三个卯孔。

相比之下，其他鸟形器的规格更为统一，完整者如田螺山鸟形器 T406⑧:14（图2-29-1、图2-29-2），一对鸟首相背、鸟喙下勾、其余纹饰省略。中部木条上端凸出，亦与“‿⋀‿”形吻合，背后带用于组装的凹槽。不完整者是有意为之的，如河姆渡T17（4）:37（图2–29–3），省略了两侧的鸟喙，T17（4）:91（图2–29–4）则省略了其中一侧的鸟。形体较小的石、骨、牙质鸟形器，则以河姆渡T226（3B）:79对图像的阐释最为明朗，但由于其下半部残缺，需结合T224（3B）:82的形状来理解（图2–30）。

T226（3B）:79的两侧外轮廓与T224（3B）:82其实是一致的，类比田螺山鸟形器T406⑧:14会发现，两者的两侧外轮廓其实都是透雕的鸟首，只是低垂的程度不同。鸟身是共用一个同心圆，即T226（3B）:79和T224（3B）:82的中部同心圆。低垂的鸟首与中部同心圆间，沿着边缘用双线勾勒了弧形带状图案，并填刻了短斜线，此应为鸟的颈部到身体部分；用短斜线所表示的，类比田螺山镂雕鸟形器，应是对羽翅的刻画；而下缘的几道曲线，则相当于足部。至于T226（3B）:79中部同心圆两侧又加刻的鸟首，正是对石、骨、牙质鸟形器造型的最好注解，也是对这一造型思想的强化。石、骨、牙质鸟形器由于体量较小，除非残缺，造型上尚未见有像木质鸟形器那样省略局部的做法，其繁简不一主要表现在了刻画图案上。尽管目前还没能还原鸟形器的组装方式，但可以推测其应该是作为一种组合用具的顶端插件使用的，具有一种特殊的、表示象征意义的功能。如此看来，鸟形器分大小两套，造型完全一致，可能是使用场合或使用方法有差异；完整、省略的程度不一，可能是某种等级的体现。

除了实物以外，鸟形器也有以图像方式出现的例子，如河姆渡刻纹骨匕T21（4）:18（图2–31）。其中部刻绘有两组相背的侧视鸟，各个局部均可与实物鸟形器类比。

而通常被认为是“蚕”形刻绘的河姆渡象牙盖帽形器T244③B:71（图2–32）一周的图案，其形体趋势与鸟形器相符。其单体中部刻画成凸出的榫头，与鸟形器中部的装柄槽也十分相似，只是总体上表现得过

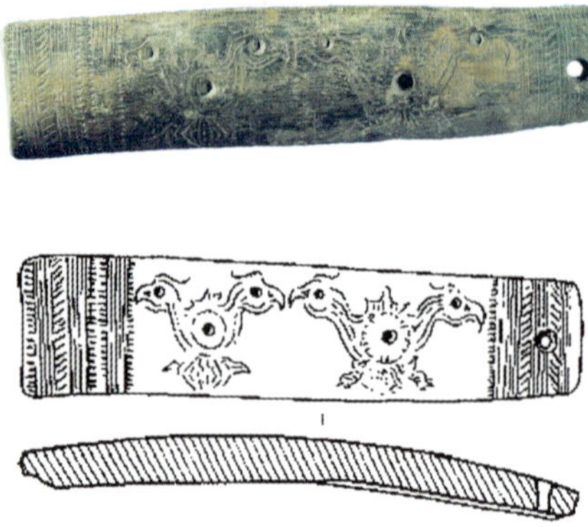

图2-31　鸟形器的图像化

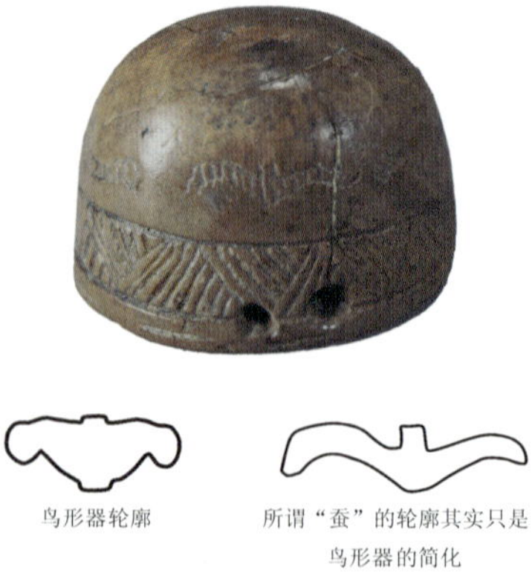

图2-32　鸟形器图像的简化

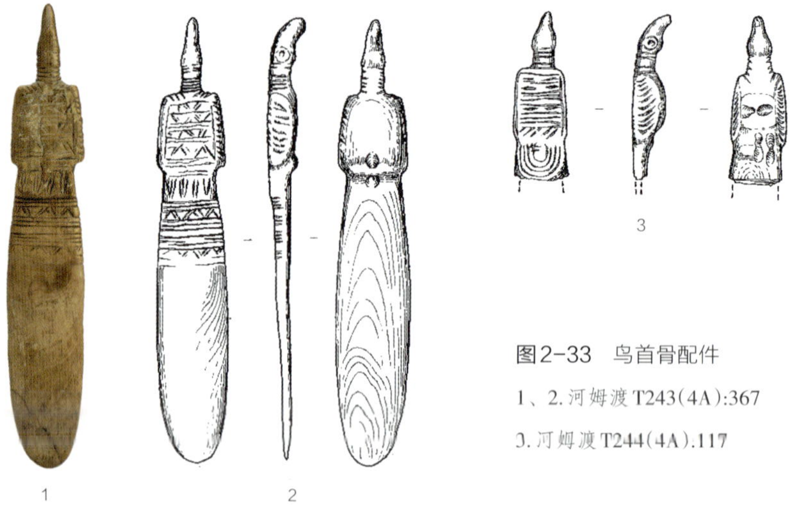

图2-33　鸟首骨配件

1、2.河姆渡T243(4A):367

3.河姆渡T244(4A):117

图2-34　鸟形陶器

1.傅家山T143⑧:2

2.田螺山出土

分省略，不太直观而已。

鸟的形象也有一些超出了鸟形器的范畴。如河姆渡T243(4A):367、T244(4A):117这一类骨匕形器（图2–33），一端制成圆雕的鸟形，正面、背面与侧面都十分具象。正面为鸟腹，腹部有隧孔，由此可知，此类器物应为其他器物的部件，改称为“骨配件”更合适。

傅家山遗址①出土的一件鸟形陶豆T143⑧:2，豆的周缘附加鸟首、鸟尾和羽翅，是难得的孤品，如图2–34–1。受此启发，仔细观察田螺山遗址出土的一件椭圆形残盘，如图2–34–2，一端有类似鸟尾的折沿，有可能其本身也是鸟形的。

对比河姆渡刻塑体系中的鸟与四脚兽，不难发现鸟更高一等的地位。田螺山遗址的刻纹陶盉（图2–26）充分说明了这个问题。陶盉整体呈飞鸟形，管状流表示鸟首，对称处有翘起的鸟尾。鸟翅已在盉顶部被刻画了出来，像T226(3B):79那样，以双线勾勒的区间表示。区间内填绘的花叶纹，其实更应当理解为“米粒纹”。体侧有五个四脚兽刻绘和一个“”形图案。四脚兽有的有鬃毛、有的有角，四脚兽尾巴都被刻绘成了“”形（图2–35）。关于“”形图案，良渚文化、大汶口文化中也都很常见。良渚文化中，“”形基本被公认为与鸟有关。大汶口文化中“”形的解读更复杂些，有鸟、火等说法。河姆渡文化中，“”形从趋势上与鸟形器非常相似，田螺山镂雕鸟形器背上的“”形、河姆渡刻纹骨匕T21(4):18鸟背上的“”形，很明显具有“”形图案的主要特点。在这件陶盉上，若以管流为前方，“”形恰好是刻在了整件器物的正后方，其与陶盉背部中脊突出，两侧下凹的造型特征完全吻合。这件陶盉大约并非实用的器具。带管状流的器物多为水器，此陶盉却并无进水口，假如要灌水，即

① 参见宁波市文物考古研究所编著：《傅家山：新石器时代遗址发掘报告》，科学出版社2013年版。

图2-35　田螺山异形陶盉尾部刻绘特写

使从口部倒灌，也不是那么容易的。结合图像——飞鸟、米粒、动物来考虑，联系到鸟在原始崇拜中，因为会飞、离天最近，通常被认为是沟通天地、沟通人神的神物，这件陶盉似乎背负着超越实用器的象征意义。

河姆渡遗址出土筒瓦形残块T33(4):98上的复杂刻绘，也极有可能表达着类似的主题（图2-36）。虽然残缺严重，整体布局不详，但图像元素中可辨认出“”形鸟纹及其周边类似云气状的图案。两侧尚保留有同心圆与其周围填刻的图案，这是四脚兽身体纹饰的特征，并且残存图案上亦能辨识出四脚兽的头部。其他图案关联性信息太少，暂不讨论，但“四脚兽＋‘’形鸟纹”的图案组配关系，与田螺山异形陶盉一致。再看其造型，虽说具体形态不详，但至少可以肯定，其局部应为中空的筒状结构，“中

图2-36　河姆渡筒瓦形残块T33(4):98

空＋‘’形鸟纹”，说明其象征意义在很大程度上也可能与田螺山异形陶盉一致。

再来看看植物纹。河姆渡文化的植物纹，主要围绕着水稻这一母题。

最为具象的水稻，如河姆渡陶钵T221(4B):232（图2-37）上的稻穗形象。中间一株直立向上，两侧的分别倒向两边。这是一种不太自然的情景，应是一种包含了特别观念的美术表达。其侧面残缺的图案显示，原应有四脚兽刻绘。

类似的稻穗纹还见于田螺山T204出土的一件残钵（图2-38-1），钵体侧应有对称的两组图案。其中一侧可辨，中部是与T221(4B):232相似的稻穗图案，两侧刻绘相对的四脚兽。四脚兽图案均有局部残缺，形象不完整。同样的组合在河姆渡陶盆T29(4):46的另一侧（图2-38-2）也有表现，只是稻穗和一对四脚兽的图案都简化了。

图2-37　河姆渡刻纹陶钵T221(4B):232

残缺的动物形

注：夹炭黑陶，器壁内外均经打磨。敛口，斜壁，平底。上腹部微向内凹，下腹刻画有两两相对的同类图像。较完整者为稻穗形图像，一株稻穗居中，直立向上，两侧的稻穗带着谷粒向下低垂。稻穗形图像两侧原应有动物纹，因残缺而不得见其全貌。器型较大，口径28厘米，高16.8厘米。

完整“稻穗形”图像

1

2

图2-38　“稻穗”与动物图案的组合刻纹标本

1. 田螺山T204残体：“稻惠形”与两侧相向的动物

2. 河姆渡T29(4):46另一侧：简化的稻穗与动物

另一类，马鞍形残块T213(4A):84上的大叶型植物，下部的方块使其看起来仿佛一株盆栽，见图2-39。

河姆渡砖形残块T33(4):90正面的图案、筒瓦形残块T33(4):98一端残缺了一半的图案、陶碗T32(4):38底部图案，均与之相似（图2-40）。

其实，这种大叶型植物，遵照了与稻穗纹相同的构图，主要也是中部直立，两侧向外弯折的形象。这说明两类图案很可能就是一体的，两者象征意义一致。作为水稻的另一种形态，大叶型植物表现的应该是禾苗的形象。

还有一类植物图案，即上文提到的米粒纹（图2-41），其几何感很强，可以认为其已经成了装饰元素之一。从米粒的角度进行阐释，是结

图2-39　河姆渡刻纹陶块T213(4A):84

注：马鞍形扁方陶块，一方形框上刻五片叶形图案，居中的叶片直立向上，另外四叶分布于两侧。高19.5厘米，残宽18厘米，厚5.7厘米。

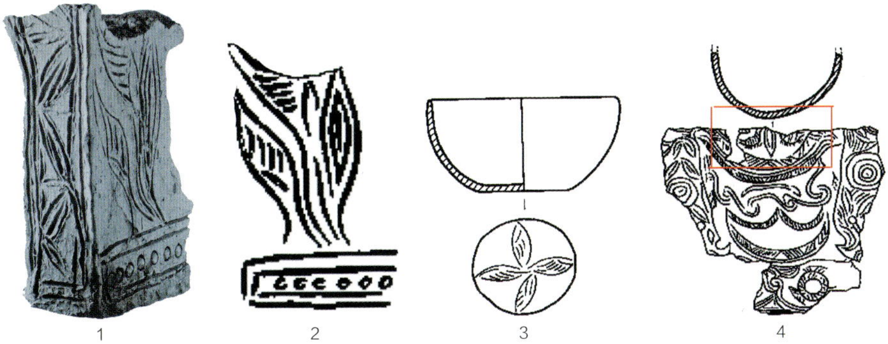

图2-40　“禾苗纹”标本

1、2.砖形残块T33(4)90　3.陶碗T32(4):38　4.筒瓦形残块T33(4):98

图2-41　元素化的“米粒纹”与弧边三角的关系示意图

合了河姆渡文化图像系统中出现的稻穗、禾苗等形象，河姆渡文化中发现的稻作遗存以及耜耕农业在其生业形态中的重要地位进行的一种选择。同时，米粒纹的刻画与弧边三角形的形成，是一对相辅相成的关系。在封闭的条带状或不规则小块状区域内填绘图案，米粒纹形成的短弧线自然会分隔出弧边三角形的区间。正如第一章中所述，典型的绞索纹会分隔出“三角·圆·三角”的区间，两者是同样的道理。

在讨论了四脚兽、鸟、植物图案之后，是时候审视一下动物腹部同心圆的象征意义了。刘斌在阐释良渚文化精神信仰的论述中，直接将河姆渡时期出现在腹部的同心圆图案解读为“眼睛”，认为其代表的是“神眼”，并为良渚文化所继承[①]，这一点通过良渚“神徽”图像中，兽眼与鸟腹部图案的关系就能得到证实。但在河姆渡文化所处时期，具有一定程度模式化的图像体系刚刚形成，尚未达到良渚文化那种经过严谨设计后的规范程度。这种腹部同心圆的象征意义，是否从良渚时期倒推即可得到，是值得仔细斟酌的。蒋乐平在《浙江史前鸟像图符的寓义及流变》[②]一文中，主要解读了河姆渡文化中与鸟形象有关的同心圆图案。从生殖崇拜的角度将同心圆与蛋卵、宇宙之初的模型、太阳这几种意象联系起来，以太阳的周而复始、“鸟生蛋、蛋生鸟”的永生循环，作为这类图案的立意所在，将生殖崇拜、创世神话以及原始的宇宙观，纳入了同一个象征体系。

其实，将这一立意的表现形式稍加拓展，我们会发现，河姆渡文化的图像，大多可以囊括进来。以图2-23至2-27为例，无论是“四脚兽”还是鸟，腹部的同心圆几乎与表示眼睛的同心圆形式相当，认为其意义相当，也是合理的。而把“眼睛”给于腹部，相当于落入腹中。腹中的眼睛，显然属于腹中的生命，意味着生命之卵。新的生命会破卵而出，生生不息、代代相迭，是新生，也是重生。而作为植物的稻米也符合这一立意，从禾苗的生长到稻米的成熟，周而复始的耕耘，周而复始的收获，与动物孕育新生的周期性情况是一样的。在原始人类的理解中，它

---

① 刘斌：《神巫的世界》，杭州出版社2013年版；浙江省文物考古研究所编著：《良渚王国》，文物出版社2019年版。

② 蒋乐平：《浙江史前鸟像图符的寓义及流变》，浙江省文物考古研究所编：《浙江省文物考古研究所学刊》，长征出版社1997年版。

们都是生命之卵，有着高度一致的象征意义。

此时再看图2-35陶盉以及图2-36筒瓦状残块上的刻纹，均叠加了鸟、稻米与孕育着新生的动物，这几乎是河姆渡文化图案系统中最为重要的三大意象。其中，鸟所占据的位置最突出，是画面中的引领者。这与鸟在整个河姆渡文化图像系统中的地位相匹配。很多原始民族都认为鸟可以通神，它们能够飞翔，飞去神居住的地方，它们是具有神性的。而当具有神性的鸟，融合了画面中象征着生命循环的稻米和动物，河姆渡人的宇宙观就更加清晰了。他们相信大自然中生命的周期性循环是神创造的，他们敬畏生命的循环，更敬畏神。这里可能有对丰产的盼望，但又绝不仅是，或者说并不主要是对丰产的盼望，而更像是一种对于像鸟一样能够沟通天地人神、获得重生或者是永生的能力的期待。而在河姆渡文化中，图像与具体的人的个体很难进行关联，不妨认为河姆渡图像的创作与使用，尽管遵循了一定的法则，但是占有者或使用者中还没有出现森严的等级。因此，可能有很大一部分的河姆渡人群体，普遍有着这样的理想。

除了仿生造型，刻塑体系中最常用的图案，是边界性或整体性的刻划与戳刻。两者在操作手法上有区别，刻划是动态的，每一道线条都需要靠刻划工具的走笔。戳刻，基本是静态的，以贝壳、动物骨管或植物茎秆等为工具，下笔需要在意的是位置。戳刻也会将笔道带起，形成一头粗一头细的短斜线。习惯上，往往称这些为“装饰纹样”，实际上，其完全可能同样具有象征意义。刻划与戳刻的装饰纹样通常呈几何形，多使用于陶、骨、牙、角、木器上。陶器以口沿部位最多，其次为腰部以上，亦有部分直至底部。骨、牙、角、木器上的装饰纹样多远离使用端，或见于仿生类图像的边缘。单从正面视角看，陶器刻纹与骨、牙、角、木器刻纹风格一致。

刻划纹主要包括直线系与曲线系的纹样。直线系的纹样有长直线、短斜线组。长直线即陶器上环绕器身的弦纹，相当于骨、牙、角、木器上多用作边界线条、分隔线的直线，也有的直接以弦纹或疏或密布置成组，体现装饰效果的做法。短斜线较为灵活，单根或成组地进行各种组合，构成波折线、“人”字形、方格形、交叉网格状（图2-42）等。曲线系的纹样有短弧线组、“S”形曲线。短弧线组通常两两相对，形成“米粒”的形状，一些构图会在空当里形成“弧边三角形”。“S”形曲线首尾联结形成波浪线，或者首尾错开形成“绞索纹”（图2-43）。

在四脚兽以双线勾勒的身躯甚至腿部区间内，同时填刻的除了短弧线组成的米粒纹，还有短斜线组交叉组合成的不同图案，如图2-23-2、图2-25等。除了装饰性之外，短斜线组是否也具有一定的象征意义呢？首先，部分短斜线，占据的是四脚兽躯干部位米粒纹所占据的位置，此类短斜线纹，应视作米粒纹的简化，尤其是在图案较潦草或画面空间较窄小的情况下。需要注意的一点是，“稻米＋动物”的意象叠加，很容易令人联想到稻作农业与家畜饲养，但填刻米粒纹的四脚兽，又并非全是家畜。事实上，产食经济确实是河姆渡文化图案系统产生的经济基础，但这并不等于河姆渡人需要在精神世界中去表达他们的生计模式。

此外，更多的短斜线，是对编织的模拟。如第一章所讨论的那样，浙江境内土著考古学文化的美术造诣体现在庞大的刻纹体系上。刻划纹饰的起源一般被认为与编织有关，第一章中已有较详细的阐述。既然从编织纹样中可以提炼出部分刻划纹饰，相应地，部分刻划纹饰也应可以代表编织物。河姆渡文化中的编织技艺是发达的（图2-44），芦苇编织物、绳子等有机质遗物均有所发现。

戳刻纹根据戳刻工具本身的特征主要包括点、线两类。点即形成比较集中的图形，如骨管形成的圆孔、实心茎秆形成的圆点、贝壳正面形成的印痕等。线即形成比较发散的图形，主要可见贝类的口缘戳刻形成的细曲线，或横或纵，往往成组出现。还有一些戳刻印痕较深，但通常不是为了表现印痕本身，而是为了使陶器口缘或腰沿等部位形成锯齿形

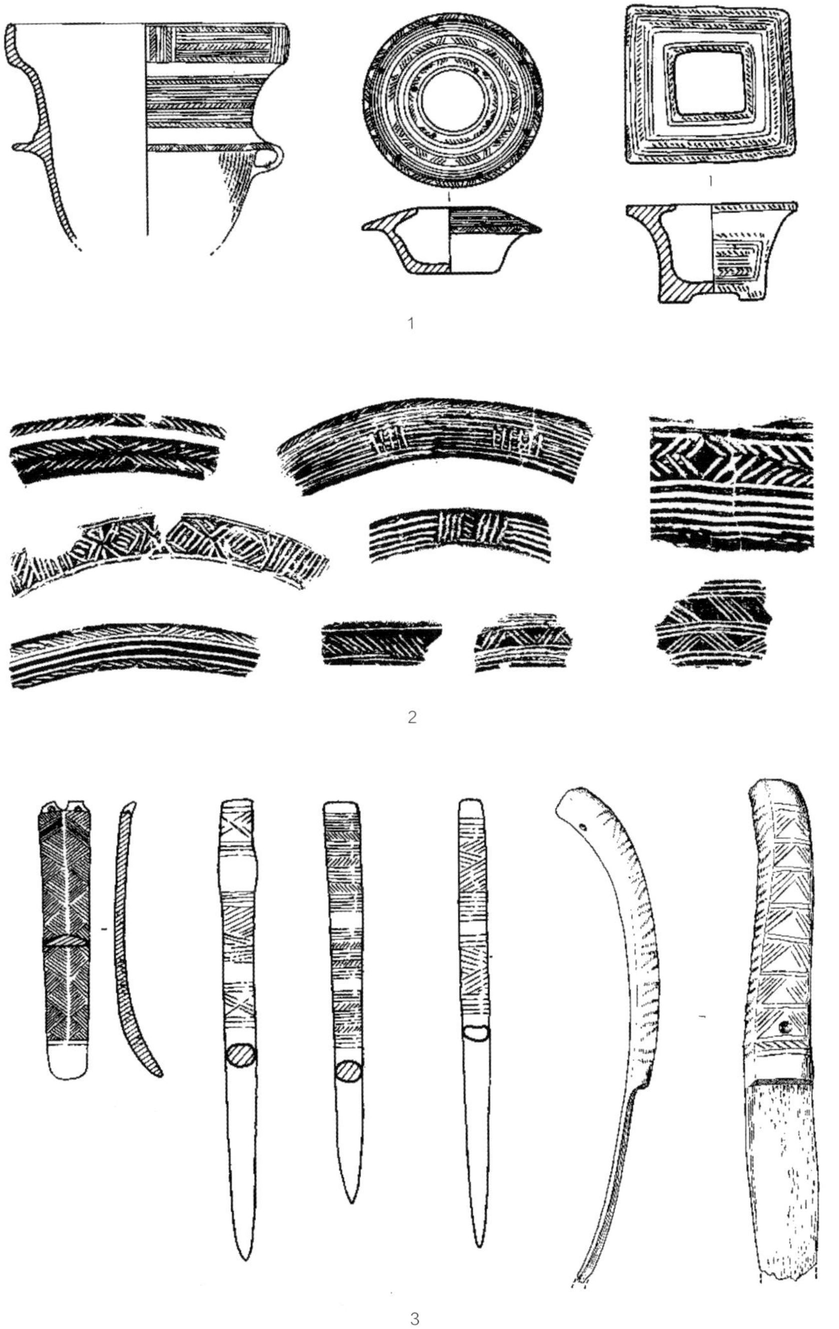

图2-42　直线系刻划纹

1.直线系刻纹陶器　2.陶器刻纹拓片　3.直线系刻纹骨器

图2-43　曲线系刻划纹

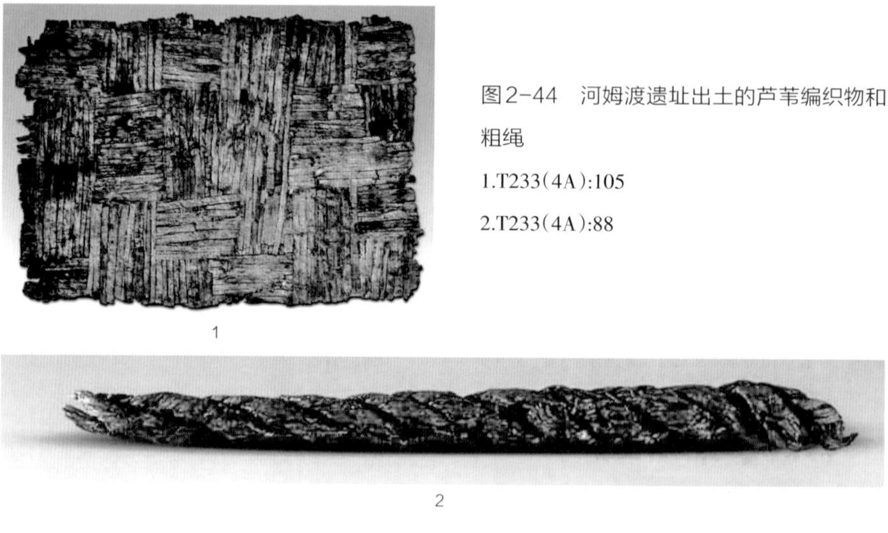

图2-44　河姆渡遗址出土的芦苇编织物和粗绳

1.T233(4A):105

2.T233(4A):88

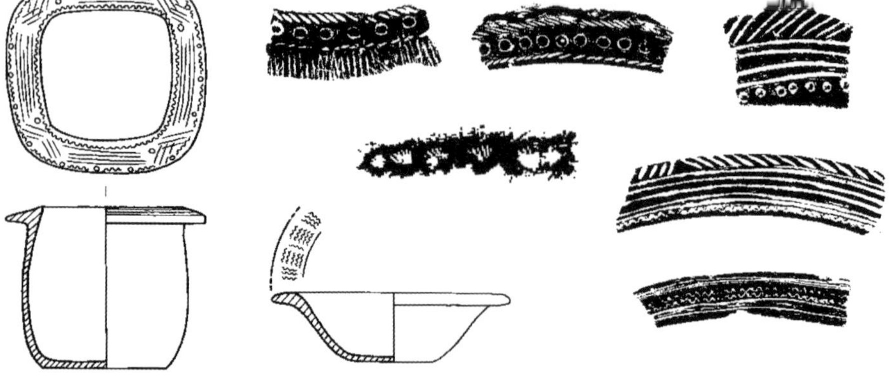

图2-45　各类戳刻纹

图2-46　刻“”形纹陶钵

的花边效果（图2-45）。

在以刻划与戳刻的元素组合而成的图案中，“”形图案最具有代表性，其在河姆渡遗址、田螺山遗址中均有出土，位于钵或盂的口沿部位，以“”为单体，环绕一周（图2-46）。笔者曾撰一小文对此图案进行了阐释[①]，认为下部的“”形来自于鸟形器的造型，而上部的“”形是从田螺山镂雕鸟形器背部鸟翅形成的尖角形状中剥离出来的。并且，参考了宋建《河姆渡文化的冠冕及鸟鱼纹饰》[②]一文中的解读，认为“”形具有“冠帽”的象征意义。在重新审视了系列鸟形器，并结合了对“”形图案的理解，笔者认为“”形图案极有可能只是“”形的一个复杂版本。“”形同样来自于鸟形器的造型，并且其象征意义可能仅仅是鸟的翅膀。在钵、盂类的口沿部，刻绘“”形的空间比较宽裕，而在与其他图案组合构图的情况下，刻绘“”形显得烦琐而局促，于是才简化成了“”形。因此，无论是“”形、“”形、“”形、“”形，依照这

① 朱雪菲：《关于河姆渡文化两种造型模式的讨论》，《文物》2020年第12期。

② 宋建：《河姆渡文化的冠冕及鸟鱼纹饰》，山东大学东方考古研究中心编：《东方考古（第8集）》，科学出版社2012年版。

图2-47　来自河姆渡的微笑

些形状来造型的，在很大程度上都围绕着“鸟”这一中心母题。

还有一类刻划与戳刻的结合，偶尔会戳刻穿透，常常出现在器物的某些显眼部位，多似微笑（图2-47）。比如横着的器耳、外撇的圈足、支脚的弓背等，由于脱离了具象的实体，这些表情反而更加生动、空灵。因此，完全没有必要去解释这些表情所要表达的是人面还是动物的面部。

通过以上对河姆渡文化美术造诣的观察，可见河姆渡时期的思想观念里存在着成型的宇宙观。鸟、四脚兽动物和稻米形象的表达，早已脱离了即兴的创造，遵循着一定的模式。然而，刻画有最具神性的鸟的大量器物，出土于生活废弃堆积中。尚没有情境证明其是否为特殊重要场所中的偶像或圣物。“鸟形器”背后的接榫口也显示出其较强的实用性。由此可知，河姆渡文化图案的载体，大多数还都是实用器。人们普遍有通神的理想，有永生的愿望，但是尚未形成对“神”的“身相”的刻画。这就意味着，河姆渡时期的“神”不是具体的，它没有形象，无法描述，却又存在。

第三章

仓颉的印记

史前符号，可能就是书画之前的“书画”，但把符号纳入史前美术的范畴，自然不是要把它当成书法艺术来研究的。符号在史前物质文化体系中，最接近于原始的人类思维的直接表达，因此，它也是美术思想起源的土壤。研究者们之所以热衷于在符号与文字之间，寻求沟通两者的逻辑关系，除了文字在文明起源问题上的标志性作用外[①]，就是因为这些符号“看起来”太像文字了。尤其是山东邹平丁公遗址和江苏高邮龙虬庄遗址出土的两件刻符陶片（图3-1）：前者的刻符呈现出如同文本一般横纵整齐的排列；后者则如罗塞塔石碑[②]一般出现了两类似乎可以互译的书写体系。

史前考古学文化中可见的符号，主要有彩绘与刻画两类。彩绘符号在彩陶发达的黄河流域，如半坡文化中比较常见。而更多的符号属于刻画符号，以陶器上所见最多，石器、玉器等其他质地的器类上也

① 长久以来，学界都用一个通行的标准来衡量文明起源问题。“文字”始终是其标准之一。夏鼐先生通过殷墟的考古成果，将都市、文字、青铜器作为文明的一般性特点，并强调了以文字最为重要。事实上，在世界范围内，文明起源的模式是多样化的，比如印度河流域的哈拉帕文明，其文字亦未被破译。因此，以文字作为判断中国文明起源的标准之一，受限于对一定历史阶段的考古发现的认识与总结。如今，随着大批新石器时代晚期大型聚落遗址的发现，人们意识到彼时社会的复杂化程度已远非氏族社会可容纳。文字这一文明标准，反而成为了判定文明起源的人为瓶颈。

② 罗塞塔石碑，刻于公元前196年，为记载有古埃及国王托勒密五世登基及相关事迹的大型玄武岩石碑。石碑上以三种不同文字刻写了同样的内容，其中最上部是古埃及象形文字、中间是当时埃及平民使用的世俗体文字、下部是希腊统治下所要求的希腊文译版。这种三语对照的独特写法，成为解读埃及象形文字的关键。

图3-1 邹平丁公遗址（左）、高邮龙虬庄遗址（右）出土陶文（引自夏勇、朱雪菲：《图画与符号：良渚原始文字》，浙江大学出版社2019年版）

有发现。符号“看起来”像文字，是因为它们具有了类似单字一般的形式。然而，想要破译这些符号，尽管不是天方夜谭，也不是一件轻松的事。

浙江境内史前考古学文化中出现的符号，多为刻画符号。如果把上山文化中那些绘于红衣表面的白色点彩也视作符号的话，则可以认为，在较早的时期，同时出现了彩绘与刻画符号。与白色点彩聚集性地出现于义乌桥头遗址的情况不同，上山文化的刻画符号目前发现较少[①]，公开发表的资料有龙游荷花山遗址东区的两件标本：T2③:5和T2⑤:10（图3-2-1、图3-2-2）。前者是比较标准的“田”字形结构，后者在该结构上有所延伸，虽从形式上看，两者不完全相同，但基本上都反映了一种对区间的分割。无独有偶，跨湖桥文化中也出现了“田”字形的符号[②]，见于双耳罐T0410⑤A:24的双耳正面（图3-2-3、图3-2-4），为白色厚彩的彩绘符号。而如第一章图1-10中的“太阳”形、“十”字形、“米”字形等图案，在形式特点上也与符号接近，但其整体的装饰效果较上山文

① 参见蒋乐平主编、浙江省文物考古研究所：《上山文化：发现与记述》，文物出版社2016年版。
② 参见浙江省文物考古研究所、萧山博物馆编：《跨湖桥》，文物出版社2004年版。

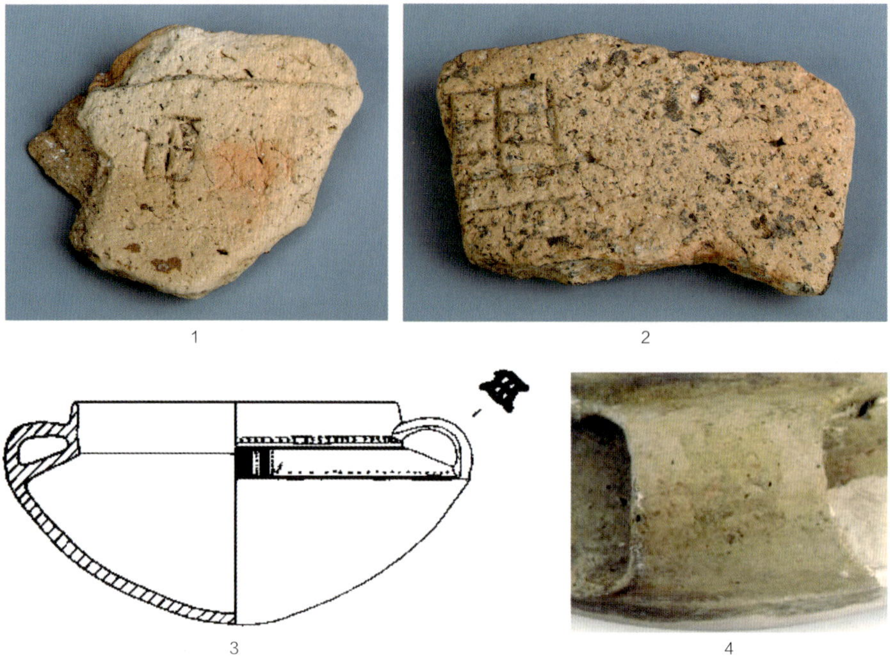

图3-2　上山文化、跨湖桥文化中的区间分隔形符号

1.荷花山东区T2③:5　2.荷花山东区T2⑤:10　3、4.跨湖桥T0410⑤A:24

化更强，应是从早期符号系统中发展而来，并开始向装饰纹样转化。目前，跨湖桥文化中尚未有任何刻画符号见诸发表。至河姆渡文化，刻纹艺术占据主流地位。与跨湖桥文化彩绘图案的情况相似，河姆渡文化的刻纹也兼具装饰性和象征意义，这在上一章中已有所说明。与典型河姆渡文化大致同时的罗家角遗址，出土了一批刻纹鹿角（图3-3），颇具有计数符号的意味[①]。崧泽文化时期，刻纹艺术进入大发展阶段，大量出现的“编织纹”装饰性极强且具有高度一致的象征意义，反而具有独立意义的符号单体十分罕见。良渚文化时期是史前浙江的最后一个伟大时

① 罗家角考古队：《桐乡县罗家角遗址发掘报告》，《浙江省文物考古所学刊：1981》，文物出版社1981年版。

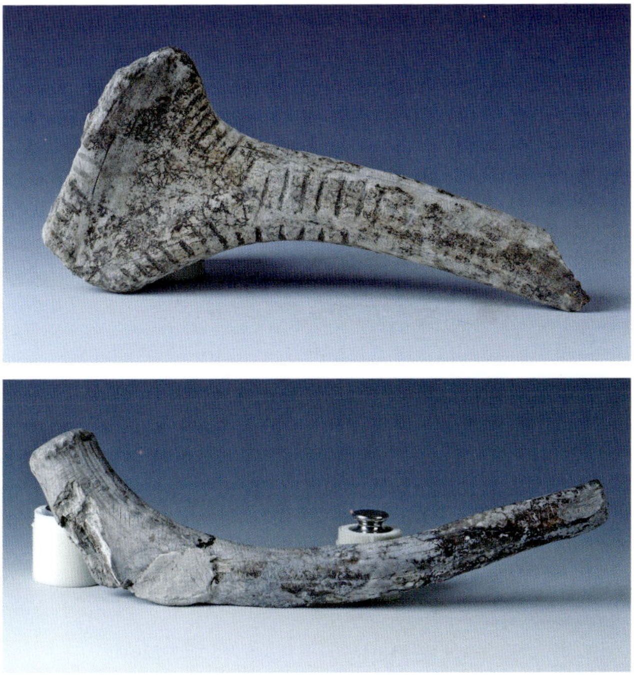

图3-3　桐乡罗家角遗址的刻纹鹿角

代，形式独立的刻画符号数量爆发式增长。回顾史前浙江几千年间，尽管文化谱系参差错杂，符号的发展似有其独立的规律。尽管都具有象征意义，但符号从来就代表着一支可以独立于装饰纹样以外的思想体系。随着社会复杂化程度的加深，符号与装饰体系共生，最后在达到文明国家水平之时，又从装饰体系中分离出来，形成更加独立且丰富的符号系统。

第一节　文字，似而不是

符号“看起来”像文字，说到底是一种形式的相似。但是不是一定要努力地从文字的角度去解释它、论证它，则还是有待材料累积，而不应该强求。今天我们用文字来记录语言、传递思想、抒发情感，文字是工具也是艺术。将现代汉字书写体系追溯到最早，是商代中晚期大量出现的系统性强、语汇较丰富的商代文字，距今已有3000多年传承有序的历史。除了世人所熟知的甲骨文以外，青铜、玉石、陶、骨、角等也能作为文字的载体。但最为主要的文字载体材料还是甲骨和青铜器。不同的需要，致使文字选用不同的载体，形成了甲骨文与金文两套文字体系。甲骨文集中出土于殷墟，它的创作源于宗教活动——占卜的需要。占卜在统治阶级政治生活中占有重要地位，对它的使用是由王族垄断的。甲骨卜辞的内容包罗万象，其结果直接为王族的活动提供依据。然而，这些对于研究商代历史意义重大且不可多得的商代时期当世文献，却只是宗教活动的“副产品”。与作为宗教道具的甲骨文不同，商代刻铭铜器作用范围广泛，其主要内容为族徽、先人庙号、作器者名等[①]，至商代晚期开始出现10字以上的记事性铭文，这些铭文的内容主要是关于赏赐[②]。而赏赐也是一项政治活动，是由上而下地体现统治阶级对财富、对权力的控制与支配。由此可见，现代汉字这一书写体系在初创之时，具有以下几大特点：仅仅服务于统治阶级的政治生活，处于垄断状态；根据不同的需求区分为不同的使用体系；不同的文字使用体系对应不同的物质载体；结构形式具有一定的规律。

我们今天的“文字”概念，指的主要就是“现代汉字”这一书写体系。“六书”[③]是其结构形式具有的规律。它的发展从等级上看，是由上及下的。以商代中晚期为基点向前追溯，如果存在着与现代汉字一脉相承的年代更久远的文字，其应当最有可能出现在当时最高规格的物质文化遗存中。为了行文的便利和表述的流畅，暂时以“初文字”的概念来指代这批可能存在的早期文字，我们可以将其视为现代汉字的源头。尽管我们不能确定“初文字”的形成是否完全取材于和它形式最为接近的史前符号，但可以肯定的一点是，它绝不可能一夜之间凭空出现。为便于和真正的文字相区别，文中将这些可能启迪了文字产生的符号资料，暂定名为“造字符号”。可以认为“造字符号”“初文字”和“现代汉字”三者之间已不存在缺环。其中，首尾两个阶段是现实存在的，而

① 苗利娟：《全国出土商代有铭铜器概述》，《殷都学刊》2009年第3期。

② 严志斌：《商代赏赐金文研究》，《南方文物》2008年第4期。

③ 六书，汉代学者对汉字构造规则的概括与归纳，指的是“象形、指事、会意、形声、转注、假借”这六种规则。

"初文字"则是一种弹性设计，为的是在史前时期的刻画符号与成熟的商代文字之间留有余地。

浙江境内，最有可能出现"初文字"的史前时期最高规格的物质文化遗存，当属距今5300—4300年间进入国家文明的良渚文化。良渚文化中，最高规格的物质文化遗存是一套等级严格、形式规范、功能齐全的用玉制度，具体以造型、细线刻纹和少量的刻画符号来进行等级与功能体系的表达。形式上接近文字的，是数量有限的几种刻画符号，通常表现为高等级玉礼器——玉琮、玉璧上出现的"立柱形""台阶形""圆形""鸟形"等主要图形或简或繁的单独形式或复合形式。复合形式也往往是单体图案的结合。与商代文字相比，这些玉器刻符未见数个排成行列的情况，其是否具有记述事件的功能，抑或更接近于铜器上族徽这类没有特别含义的专有名词，还需进行具体分析①。毕竟，这些已是浙江史前刻画符号中在形式上最接近于"初文字"的了。

可即便是"仓颉造字"，也不是闭门造车。传说中，鸟兽行迹、天象变化等自然迹象，都是他造字的取材方向。这样看来，那些由史前人类创作的、本来就表达着一系列象征意义的"书写绘画"遗迹，更加具有直接参与造字的可能。史前时期，书写绘画体系是客观存在的，可能正是由于缺少了像文字一样的表音功能，在辗转流传中容易发生变异和散失，也就无法自动地形成标准化的记录体系。史前的"书写绘画"遗迹，属于史前美术的范畴，包括符号与装饰图案这两大类，大概可以相当于"书"和"画"。由于史前美术源于功利性的需要，今人难以在其中剥离出纯粹的美术设计，因此，符号与装饰图案都具有象征意义，两者均有可能成为诞生"初文字"的土壤。相比符号与装饰图案的发展过程，符号在良渚文化中的爆发式增长，突破了以往其混同于装饰时所承担的功能，呈现出特殊的地位，象征意义得到充分的强化。因此，在史

---

① 曹大志：《"族徽"内涵与商代的国家结构》，《古代文明（辑刊）》2018年第1期。

前“书写绘画”遗迹里，从符号，尤其是良渚文化的刻画符号中，更有可能提炼出“造字”的规则。下文对于符号的讨论，均采用良渚文化的材料。

一些研究者会在良渚时期的刻画符号究竟是不是文字这个问题上争执不下，其症结之一在于文字的表音属性。这固然是衡量文字属性的重要标准，但针对史前时期的物质文化遗存，实在不必过分苛求。其实，回答“刻画符号究竟是不是文字”的前提，在于如何对“文字”进行定义，是严格按照现代汉字一脉相承的书写体系，还是放宽对“文字”的理解标准，而这在学界不同研究者的不同研究方法下，并未达成共识。而那种将良渚文化的刻画符号直接视作“原始文字”的观点①，虽具有极高的前瞻性，却无意中简化了从“造字材料”到“初文字”的转化过程，模糊了符号与文字的界限。

按照上文所举的一系列限定条件，良渚文化几种类型较为固定的琮璧刻符脱颖而出，较其他刻画符号而言，它们更接近于“初文字”。由此上溯，与之相当的，同是以最高规格物质文化遗存所承载的，却并不是什么刻画符号，而是高等级玉器上一系列由细线刻工艺雕琢而成的、以“神徽”为主题的图案。作为良渚文化统一信仰的标志，“神徽”图案具有宗教道具的性质。它是一种复合图像。目前所知最为完整的“神徽”形象，见于余杭反山墓地M12出土的大玉琮M12:98上。根据不同需要，比如体现等级高低、彰显族群差异、适应不同功能等，不同玉器造型上的“神徽”图案在核心主题不变的情况下，衍生出大量造型各异、繁简不同的式样。这种高度统一的图案模式，代表着绝对集中的社会权力，反映出统治阶级寄希望于用神的力量来建立社会秩序。可以说，尽管与“文字”或“符号”从形式上比差异较大，但本质上，“神徽”系

① 牟永抗：《良渚文化的原始文字》，余杭市政协文史资料委员会等编：《文明的曙光——良渚文化》，浙江人民出版社1996年版。

统是与甲骨刻辞地位相当的政治手段。可能在“初文字”尚未诞生之际，“神徽”这一图案系统是一种替代品。

而良渚文化更多的刻画符号见于陶器与石器，是与“神徽”这一图案系统共同发育的另一种形式的象征体系。在“神徽”具有“初文字”替代品的地位之时，这些刻画符号可能还远未具备“初文字”的性质。但是，不排除在文字诞生的过程中，这些刻画符号成了统治阶级根据一定规律进行造字的材料。不妨将其视作一个“字符库”。“字符库”的分布较为分散，载体也似乎更加随机。但从出土情境来看，这些“造字材料”也大有一种向高等级遗址集中的倾向，比如汇集了大量刻画符号的良渚古城——钟家港河道遗址与卞家山遗址。这就有可能说明，“造字材料”的积累并不一定是民间自发的、随性的行为结果。我们今天所看到的分散分布局面，只能表示刻符器物的散播结果，而并不等于刻符行为的起点。观察目前汇编得到的“字符库”内的刻画符号[①]，虽然不如“神徽”图像系统和玉器刻符那般，有令人容易分辨的、比较明确的构造规律，但也呈现出一定的规律性，只是往往一种规律仅能涵盖有限的几个符号。这或许暗示着“字符库”的产生，是大量不同人群集团合作的结果。根据各自集团内部需要，制定一系列符号，随着人群的流动，不同系列符号间又发生了交叉乃至融合。

而无论其如何发生、发展与演变，有层次地进行分类研究始终是必要的。在整个刻画符号系统中，器物载体是第一层次。刻画符号对器物上的刻画部位有一定的选择，但又相对随意，布局的规律性较差。目前发现刻画符号最多的是陶器，其次是石器与玉器。以这三类器物为例，陶器、石器、玉器的功能性差异很大，其上的刻画符号应是为了应付不同场合的需要。

制前刻与制后刻是第二层次。当然，只有陶器才有区分制前刻与制

---

① 张炳火主编、良渚博物院编著：《良渚文化刻画符号》，上海人民出版社2014年版。

后刻的必要，石器、玉器均属于制后刻。陶器的制前刻即烧前刻，刻画是生产流程的一个步骤；制后刻即烧后刻，在生产流程结束后，直接刻画于成品表面。尽管有些烧前刻的符号与烧后刻的符号，形式上相近甚至一致，但烧前与烧后是完全不同的话语体系。烧前刻的符号是载体陶器的属性之一，这些符号是生产过程的产物，却又不是每件陶器必须经过的制作步骤，往往出现在器底、圈足内侧、鼎足靠下部等并不显眼的位置，以单独出现的符号为主，成组出现的较少，成组中的单独个体数量也较少。并且，烧前刻的符号结构简单，可观赏性较差，抽象程度高。这意味着其作为陶器属性的符号，是不以主动传播信息为目的的，它们可能象征着与生产者、占有者、使用者或陶器本身有关的信息。可以认为，烧前刻的符号是一类具有标记性质的符号。排除一些可能本来是烧前刻，因遗忘而烧后补刻的情况，烧后刻的符号在陶器上往往出现在器物的肩部、腹部、盆盘类的内壁、颈圈的内壁等显眼部位，常见组合刻符，并包含一定量的具象图案，具有一定的展示性，其目的显然是用以传达某种信息。可以认为，烧后刻的符号是一类具有“图说”性质的符号。

到了第三层次，才轮到我们讨论符号的具体形象。因为我们不能确定在第二层次中，烧前刻的一个“X”形符号与烧后刻的一个“X”形符号，究竟是否象征着同样的意义。为了避免在不经意间混同，不如先在上级分类层次中将它们分开。而在这一层次中，还有两个不同的概念需要事先指出，一个是符号的具体形象，一个是符号的象征内容。符号的具体形象是直观可见的，通常所说的“具象”和“抽象”都是具体形象范畴内的概念。然而，具象和抽象的分界并不清晰。比如，图3-4中第一排的鸟、鳄鱼、钺、房屋等，属于我们比较容易辨识的对象，而图3-4中第二排的形象，只能作动物、植物这样笼统的区分，具体的物种没有第一排那么明确。再看图3-4中第三排那些形似箭、镰刀、锸、盾牌等工具的形象，根本不具象，此时，对符号的解释更无法实证。事实上，更多符号的具体形象，都是无法实证的，而关于符号的象征内容，

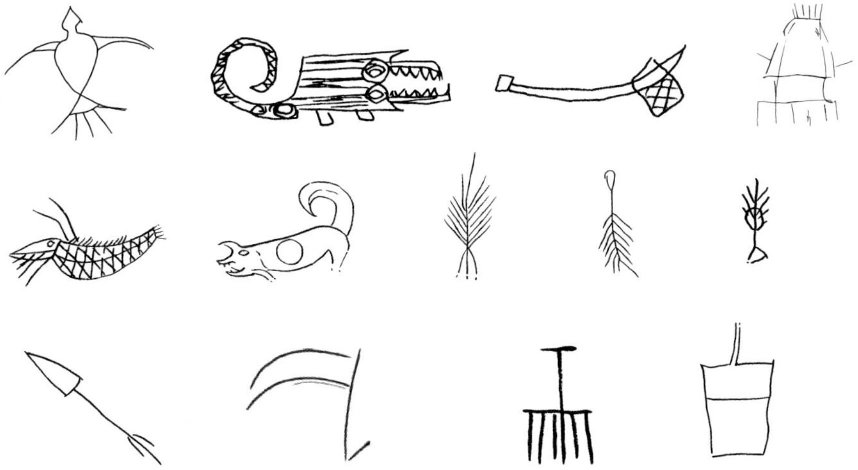

图3-4　具象程度不等的各种符号

则比起具体形象来更难解释。鸟形象的符号，象征的可能并不是鸟本身。我们缺失的是史前人类创造这些符号的规则，象生状物固然可以是规则之一，但不能代表规则的全部内容。就是造字的“六书”法则中，表象形也只是一个方面。因此，想要破译史前符号，读懂史前人类的精神世界，找到完整的规则体系是必要的前提，也是我们应该尝试努力的方向。而创造符号的规则体系是由当时的人类所构建的，尽管我们不能直接获得，但应该相信他们的规则体系必定脱离不开生产生活的需要。因此，今天的我们依然可以通过对物质文化遗存的认识和分析，来构建一种规则体系，以实现我们的理解。

第二节　简单的重复与模式的重复

“重复”是我们认识事物规律性时最需要引起注意的现象。“重复”可以跨质地、跨器类、跨遗存形式、跨文化、跨时代、跨意识形态地发生在任何情境下。前两章中讨论的连续纹样就是一种重复，发生重复的是连续纹样中的一个个单体，截取单体的不同，会导致理解的不同。河姆渡文化“鸟形器”造型是一种重复，有不同质地的同类器物造型上的重复，也有图案与造型的重复，重复中又求同存异地发生着一些变化。文字的构造也是一种重复，同样的偏旁象征着类似的意义。上述良渚文化高等级玉器上的刻画符号、“神徽”主题的细线刻纹，都通过重复来体现统一信仰与集中权力。社会是由不同种类的规则和秩序构成的，而“重复”就是表现规则和秩序的最直接形态。

一、计数式样的简单重复

在良渚文化的刻画符号系统中，“重复”是普遍存在的。最容易注意到的是一种简单的重复。比如，有着计数式样的符号。这类符号在刻符系统中占有一定的量，多为烧前刻，也有一些为烧后补刻，主要特点是位于底部、鼎足下部那些不显眼的位置。这类符号的“重复”体现在两个方面：一是单体通过不同形式的重复构成符号本身；二是同类符号在不同器物上重复出现。

这里首先要讨论的单体，是刻符中最简单、最常见的单体：一条直线段，如图3-5。只要想象力够丰富，它可以有无限多种类的象征意义。即使其象征计数中的“1”，也往往不像字面上那么单一纯粹。而当这个单体重复一次、重复两次之后，成为两条或三条线段组成的图案，也同样频繁地刻画在一条直线段经常出现的那些部位，如图3-6、图3-7。这说明，以上三种符号意义相当。分别由一条、两条、三条线段组成的“一”“二”“三”字形符号，其计数的象征意义十分明显。

以上标本，“一”“二”“三”字形的刻画均较为规范，保持了线条间排列的整齐与基本的平行。也有一定量的一、二、三道线段的刻画出现各种变形的情况，通过改变长短、角度、弧度等，改变了符号的直观形状。不能排除其中有些是刻工潦草所致。但线段变形后，与笔

图3-5　不同器物上的“一”字形刻符（引自《图画与符号：良渚原始文字》）

1. 罐（庄桥坟M112:2，符号刻于罐底，烧前刻）　2. 贯耳壶（花城H6:29，符号刻于壶底，烧前刻）　3. 双鼻壶（庄桥坟M100:2，符号刻于圈足底，烧前刻）　4. 残圈足（塔地TS3E3(11):49，符号刻于圈足内壁，烧前刻）　5. 鼎足（庄桥坟T201④:18，符号刻于足侧，烧前刻）　6. 把手（庄桥坟T201⑤:9，符号刻于把手外侧，烧前刻）

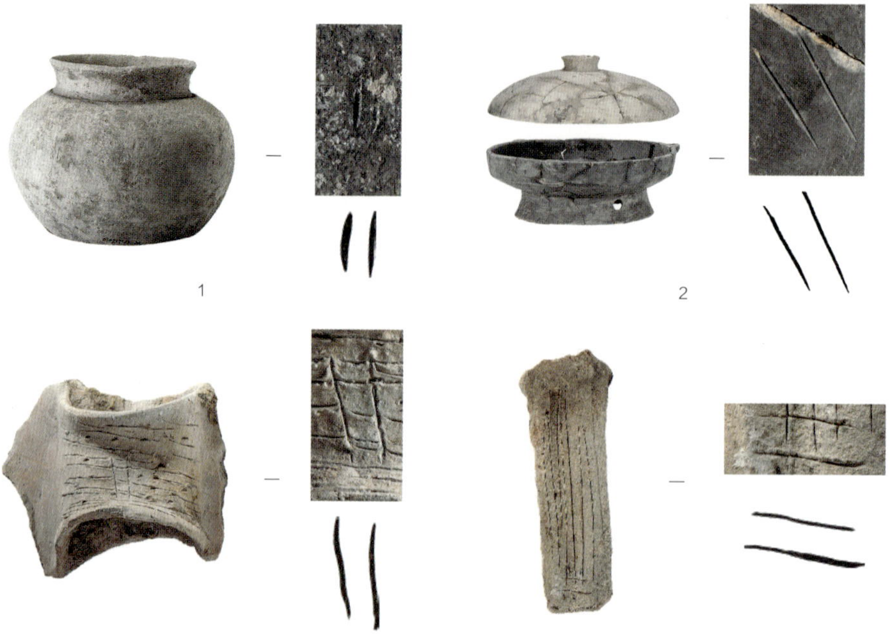

1　2　3　4

图3-6　不同器物上的“二”字形刻符（引自《图画与符号：良渚原始文字》）

1. 罐（庄桥坟M162:20，符号刻于罐底，烧前刻）　2. 带盖簋（金石墩M3:8，符号刻于圈足底，烧前刻）　3. 把手（塔地TS3E4⑧:76，符号刻于把手外侧，烧前刻）　4. 鼎足（庄桥坟T303⑨:19，符号刻于足正面，烧前刻）

1　2

图3-7　不同器物上的“三”字形刻符（引自张炳火主编、良渚博物院编著：《良渚文化刻画符号》，上海人民出版社2014年版。下文引用的刻画符号照片与线图，若不作特别说明，均出自此书）

1. 鼎足（庄桥坟T201②:13，符号刻于足侧面，烧前刻）　2. 盖鼎（高墩M1:19，符号刻于盖钮顶部，烧前刻）

道较工整的那些相比（图3–8），其象征意义应该已经超出了象征计数的范畴。

回到“一”“二”“三”字形的序列中，继续递增的话，就该是由四条及以上线段组成的平行线段符号了。但是，四条及以上的线段组符号不仅个体数量锐减，且基本不见如图3–5、图3–6、图3–7中那么规范的排列了，而是如图3–9。这说明，按照类似计数的递进关系理解“一”“二”“三”字形符号，如果计数继续递增，符号可能会以某种变形来体现。比如，汉字的“一、二、三、四”与罗马数字的“Ⅰ、Ⅱ、Ⅲ、Ⅳ”，都在递进至“四”的环节发生了变形。

线段的交叉是产生规律性重复的一种变形，与“一”“二”“三”字形序列对应的，有三种以另一条线段贯穿“一”“二”“三”字形形成的符号，如图3–10。这些符号也是烧前刻，出现部位与“一”“二”“三”字形的刻画部位高度一致，并且也是具有递进关系的序列。

由于我们并不了解良渚时期人们的数字观念，也就无法按照现在的进制去硬套“一”“二”“三”字形和“十”“卄”“干”字形代表的数量关系。但是，按照这种重复、递进的构造规则，还能找出两组具有递进关系的序列。如图3–11，以“十”字形为单体，“卄”形符号是单体的一次重复，“卅”形符号是单体的两次重复，后两者也出现在与“十”字形相当的部位，三者的递进似乎有了一种倍数关系。如图3–12，同样以“十”字形为单体，另一线段重复、递增地出现在其四个夹角之间，形成“十”“╳”“⊿”“⋈”“⊠”这一组五个符号的递进序列。

至此，以“一”字形与“十”字形为基础，经过一系列的重复，我们可以串联起四组相互之间有关系的递进序列。第1–3组序列都出现了三个符号，说明递进数列在“三”上有所停顿，“三”代表着某种比较特殊的关系。第4组的“╳”“⊿”“⋈”“⊠”可以独立成为一组关系，从一边到四边，说明出现了“四”的概念。加入了最初的“十”，亦可以成为一组关系，从零到四边，出现了“五”的概念。

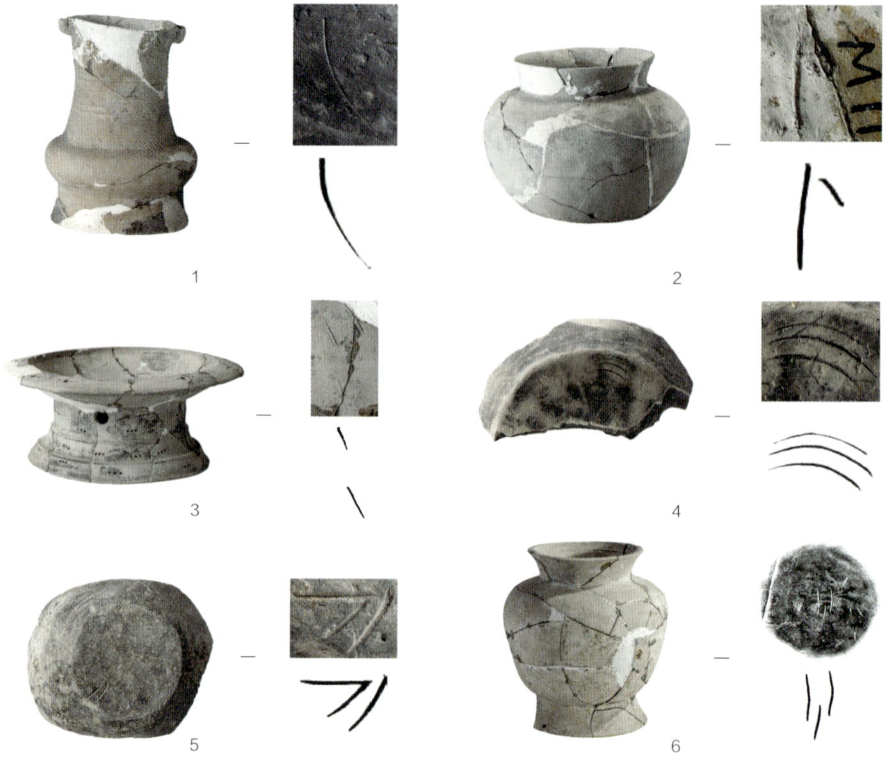

图3-8 “一”“二”“三”字形线段的变形符号

1.双鼻壶（庄桥坟M110:1，符号刻于壶底，烧前刻） 2.罐（庄桥坟M71:18，符号刻于罐底，烧前刻） 3.豆（庄桥坟H31:1，符号刻于底部，烧前刻） 4.罐底（庄桥坟T202⑥:11，符号刻于罐底，烧前刻） 5.罐底（庄桥坟T303⑧:17，符号刻于罐底，烧前刻） 6.尊（塔地M54:9，符号刻于底部，烧前刻）

图3-9 由四条或五条线段组成的符号

1.鼎足（庄桥坟T203⑥:12，符号刻于足正面，烧前刻） 2.罐（庄桥坟M107:2，符号刻于内壁，烧前刻）

图3-10　不同器物上的“十”“乂”“丰”字形符号

1. 双鼻壶（卞家山 G1①:137，符号刻于底部，烧前刻）　2. 罐（庄桥坟 M6:7，符号刻于罐底，烧前刻）　3. 鼎足（庄桥坟 T303③:15，符号刻于足正面，烧前刻）　4. 把手（庄桥坟 T201②:12，符号刻于把手外侧，烧前刻）　5. 鼎足（塔地 TN4E5⑤:39，符号刻于足正面，烧前刻）　6. 豆（塔地 M54:11，符号刻于底部，烧前刻）　7. 残杯底（庙前 T0506⑥:61，符号刻于底部，烧前刻）　8. 罐（庄桥坟 M268:1，符号刻于底部，烧前刻）

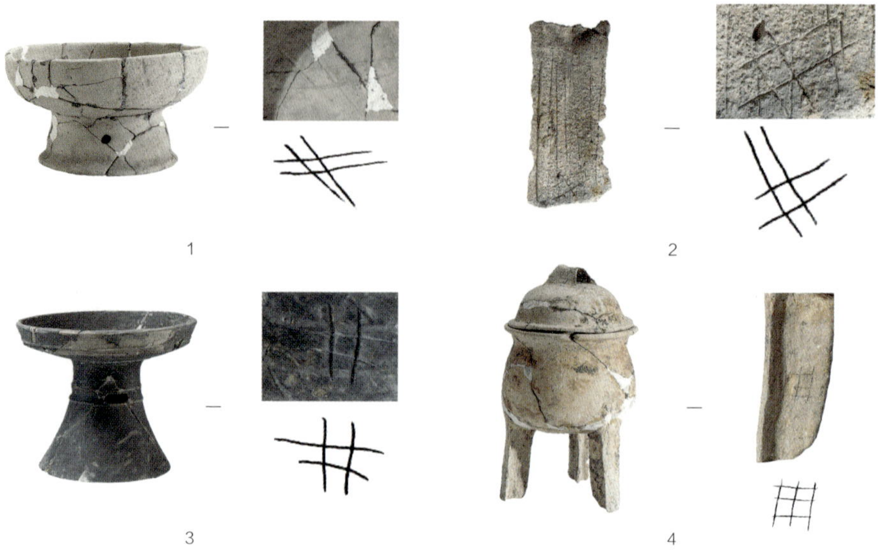

图3-11 “卄”“田”形符号（引自《图画与符号：良渚原始文字》）

1. 豆（仙坛庙M156:8，符号刻于底部，烧前刻） 2. 鼎足（塔地TN4E3⑧:76，符号刻于足正面，烧前刻） 3. 豆（玉架山M337:6，符号刻于圈足壁内侧，烧前刻） 4. 鼎足（金石墩M9:10，符号刻于足侧，烧前刻）

图3-12 “X”“∤”“⊠”“⊠”形符号

1. 鼎足（卞家山G2①:174，符号刻于足侧面，烧前刻） 2. 双鼻壶（庄桥坟M75:12，符号刻于壶底，烧前刻） 3. 缸（广富林H93:57，符号刻于口沿内壁，烧前刻） 4. 单把杯（庄桥坟M270:3，符号刻于杯底，烧前刻）

1. “一”“二”“三”

2. “十”“”“”

3. “十”“”“”

4. “十”“”“”“”“”

当然，由于所见符号资料的局限，这四组序列还有续写的可能。但就目前可见的这四组递进关系来推测，或许在良渚人的数理逻辑中，“一”“三”“四”“五”和倍数的观念，具有突出的地位。

陈雍先生在《解读良渚文明：中国早期国家形态特征及其研究路径》①一文中，创造性地运用了“勾股定理”来解析良渚古城聚落的空间布局。将凤山、前山、汇观山三点与瑶山、前山、荀山三点分别相连，形成了两个直角三角形构成的区间。前者使用了汇观山观象台，是包含有莫角山宫殿区与反山王陵区的最高等级遗址群落。后者使用了瑶山观象台，是包含有瑶山墓地、荀山墓地的次一级遗址群落。文中引用了《周髀算经》的记载：“商高曰：‘数之法出于圆方。圆出于方，方出于矩，矩出于九九八十一。故折矩以为勾广三，股修四，径隅五。既方其外，半之一矩。环而共盘，得成三四五。’”从以上四组递进关系中得到的良渚人数理逻辑，恰好出现了“三四五”的观念，想来并不是巧合。良渚人成熟而高超的观象之法和营建之术，应该是基于大量数学原理的科学技术发展的结果。这么说来，良渚人很可能早已将“勾股之术”运用自如了。

二、联系的重复

单看庄桥坟M133:5罐底的这道弧线符号，或者单看庙前T103②:11簋形器的圆形符号，直观上说，的确是两个完全不同的符号（图3-13）。

① 陈雍：《解读良渚文明：中国早期国家形态特征及其研究路径》，《南方文物》2021年第1期。

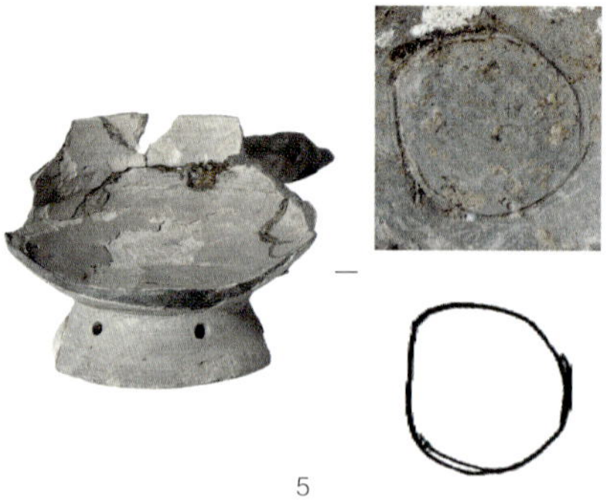

图3-13 可能与月相变化有关的系列符号

1. 罐（庄桥坟 M133:5，符号刻于罐底，烧前刻） 2. 罐（庄桥坟 M79:9，符号刻于底部，烧前刻） 3. 罐（庄桥坟 T302⑦:11，符号刻于颈内壁，烧前刻） 4. 罐（塔地 TS3E1⑥:65，符号刻于底部，烧前刻） 5. 簋形器（庙前 T103②:11，符号刻于底部，烧前刻）

这两类符号常见于器底，为烧前刻。如果在两者之间依次填入同样多为烧前刻的庄桥坟 M79:9、庄桥坟 T302⑦:11、塔地 TS3E1⑥:65 上的三个符号，则这一符号序列恰如半个月的月相变化。月相的变化本来就是自然规律，虽然符号各不相同，但本质上是月相的重复。这是一种模式的重复，不如简单的重复那么直观，而是需要发现符号间潜在的联系，才能将其串联。

在上述计数式样的序列中，构成“十”“╳”“⊀”“⊠”“⊠”这一序列的符号，通常为器底的烧前刻符。但是，其中某些，如“⊀”形符号，亦常作为烧后刻符出现在器物肩部或盘内等显眼部位，如下家山 G2②:181（图3-14-1），这意味着“⊀”形符号还承担着一套不同于递进序列的象征意义。图 3-14 中，卞家山 G1②:330 豆盘内面残留的“⋈”形符号，原本亦有可能是“⊠”形。而“⊠”形可以看作是两个“✗”形的重复。同样为两个“✗”形重复形成的符号，还见于澄湖 74WchJ127:1 贯耳壶上的“⧗”和“✶”（图 3-14）。“⧗”与“⊠”的重复形式类似，属于两个“✗”形单体的扣合；而“✶”与“⧗”的重复形式不同，是两个“✗”形单体的交叠，从而形成了一个“八角星”的形状。再看上海马桥遗址出土的 M204:3 宽把杯，把手外侧的刻符是由“十”字形符号两正两斜地重复了四次得到的。由于其属于显眼部位的烧后刻符，与上述递进序列的象征体系不同，遂将其归为由四个“✗”形单体重复形成的符号。至此，“✗”“⊠”“✶”“✡”这一序列，可以看作由“✗”形单体的重复所构成，其中蕴含的联系是“二、四、八”这一组倍数关系，似乎暗合了《易经》中“太极生两仪，两仪生四象，

图3-14　可能象征着良渚文化宇宙观的系列符号

1. 残豆盘（卞家山 G2②:181，符号刻于盘面，烧后刻）　2. 豆柄（卞家山 G1②:330，符号刻于盘面，烧后刻）　3. 贯耳壶（澄湖 74WchJ127:1，烧后刻）　4. 宽把杯（马桥 M204:3，图案刻于把手外侧，烧后刻）

四象生八卦”的“创世”规律。实际上，“两仪”“四象”“八卦”并不是过分玄妙的东西，而恰恰是对自然规律的一种提炼。“两仪”指的是二元对立，正如男女、阴阳、天地等，二元对立的关系是生成万物的直接基础。“四象”则是万物赖以运行的规律，比如四方、四时等。“八卦”可以视作对规律的进一步细化，渗入日常生产生活的各个方面。由此看来，“”“”“”“”这一序列，代表着良渚时期人们朴素的宇宙观，有着揭示自然规律的象征意义。

三、对立的重复

在上述“”“”“”“”这一序列中，透露出来的二元对立的观念，本身也是构成重复的一种形式。例如，庄桥坟 T204⑤:16 和庄桥坟 M243:3 这两个罐底上各有一个烧前刻的符号，两者的构图框架类似，唯有中间的短竖线方向不同（图 3-15）。巧合的是，庄桥坟 T204⑤:16 的符号刻于罐底的内壁，也就是朝上的方向，而庄桥坟 M243:3 的符号刻于罐底，也就是朝下的方向。两者的二元对立关系十分明显，或许有着区分上下或者内外的象征意义。

庄桥坟 T101②:10 石钺上有两处对立的重复。一处位于 A 面（图 3-16），尽管石钺顶部残缺，但这纵向的一列共六个符号，布局完整，周邻没有别的线条或符号的干扰。可以认为这一组符号具有相对完整的意义。这六个符号分为两种类型，自上而下，第一、第三、第五个是“甘”字形，第二、第四、第六个是夹角符号。其中，“甘”字形的符号是纯粹的重复。而第二、第四个夹角符号和第六个夹角符号，差别体现在向左“”或向右“”的方向上，形成了一组对立关系。在这列符号中，“甘”字形与夹角符号的组合重复了三次，表明这种组合不是偶然形成的，而是一种相对固定的模式，模式的重复有着比简单的重复更为稳定的象征意义。因此，“”与“”符号的对立，也是“甘”字形与夹角符号这对组合的左右对立。但这一组合，尚未见到更多的

1　　　　　　　　2

图3-15　具有对立关系的一组符号

1. 罐（庄桥坟T204⑤:16，符号刻于器底内壁，烧前刻）　2. 盆（庄桥坟M243:3，符号刻于罐底，烧前刻）

图3-16　庄桥坟T101②:10石钺A面

例证。

而单是夹角符号却并不罕见，多为器底等隐蔽处的烧前刻符，如图3-17。此类夹角符号往往是两笔构成，顶点并不连接，由于刻画于圆形的器底，并不容易了解符号的正置形态。参照庄桥坟T101②:10石钺上夹角符号的形态与方向，将较长的一边横置，则图3-17中的这些夹角符号，也出现了向左或向右的对立关系。既然以“左右”这组对立来建立这类符号的联系，那么，图3-18中这些两边呈垂直相交的符号，就又可能是另外的象征意义了。

图3-17　向左或向右的夹角符号

1. 器底（庙前H3①:148，符号刻于器底，烧前刻）　2. 器底（庙前T1②:33，符号刻于器底，烧前刻）　3. 罐（庄桥坟M71:18，符号刻于器底，烧前刻）　4. 壶（玉架山M185:1，符号刻于器底，烧前刻）

图3-18　直角符号

1. 罐（庄桥坟M94:3，符号刻于器底，烧前刻）　2. 圈足盘（庄桥坟M143:6，符号刻于器底，烧后刻）　3. 罐口沿（卞家山G1①:49，符号刻于颈部外壁，烧后刻）

庄桥坟T101②:10石钺的B面（图3-19）右上角出现了一对上下对立的符号，即“”和“”形符号。两者的右侧有一个“”形符号。再往右下侧有一个“”形向右的夹角符号。从位置上看，“”上、“”下的组合与“”形并列，而“”形符号在位置上不与另外三个符号成排或成列，但却与“”形在形式上均含有指示右侧的象征意义。由此推测，“”上、“”下的组合意味着“”形的象征意义中包含二元对立，而“”形符号则是对“”形指示意义的补充。并且，B面的“”形与A面呼应，意味着A、B两面的刻画很有可能意义相关。A面的三个夹角符号，就好像成了B面的“”形符号的对照组。按照这种理解，A、B两面的符号，有可能是为了某种活动进行的一次占卜记录①。

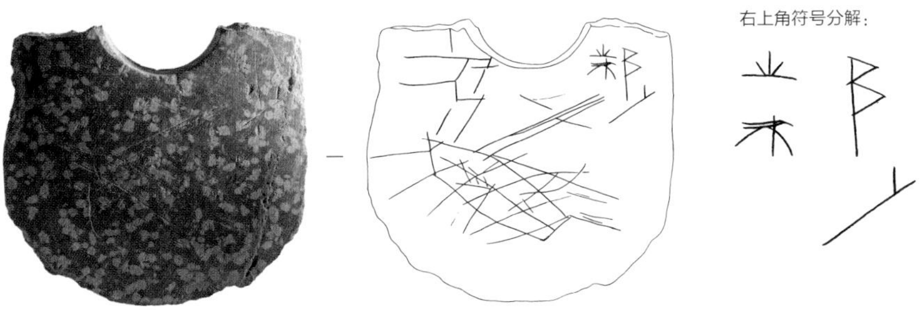

图3-19　庄桥坟T101②:10石钺B面

B面大面积的刻画线条比较杂乱，没有表现出符号的特点，反而像一种涂鸦式的绘画。其有可能表现了需要依靠占卜来抉择的活动。右上角的四个符号，可能恰是对应的“占验”。除了进行象形的类比，我们暂时还没有别的方法去理解B面的涂鸦有可能表现哪种活动。凭借直观印象进行推测，B面涂鸦的内容似乎是一艘带木桨的船。如此一来，对

① 夏勇、朱雪菲：《图画与符号：良渚原始文字》，浙江大学出版社2019年版。

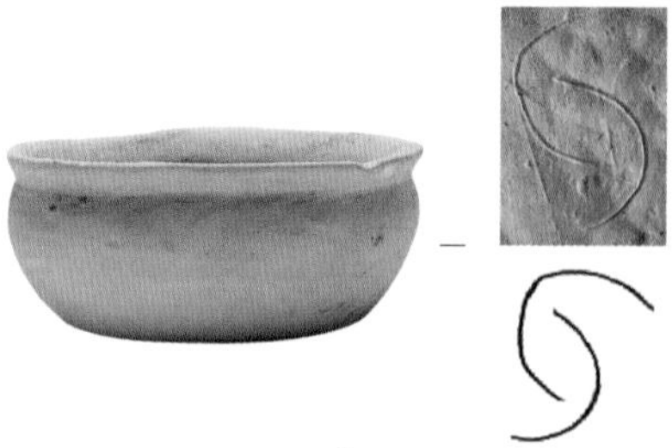

1

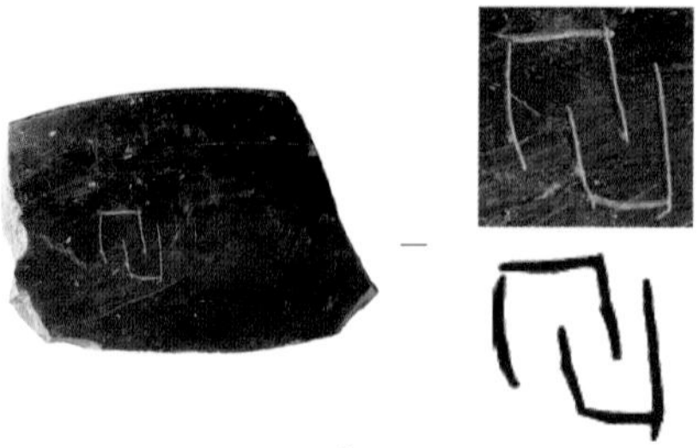

2

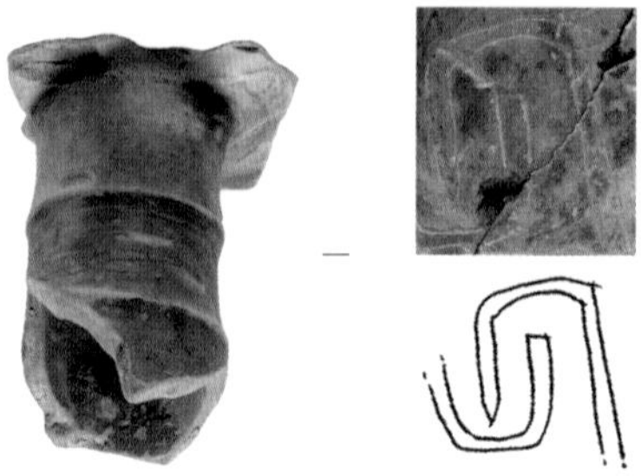

3

图3-20 “对旋”符号

1. 盆（戴墓墩M3:10，符号刻于底部，烧前刻） 2. 豆（卞家山G2②B:41，符号刻于外壁，烧后刻） 3. 豆（卞家山T4(12):64，符号刻于豆盘内侧，烧后刻）

1

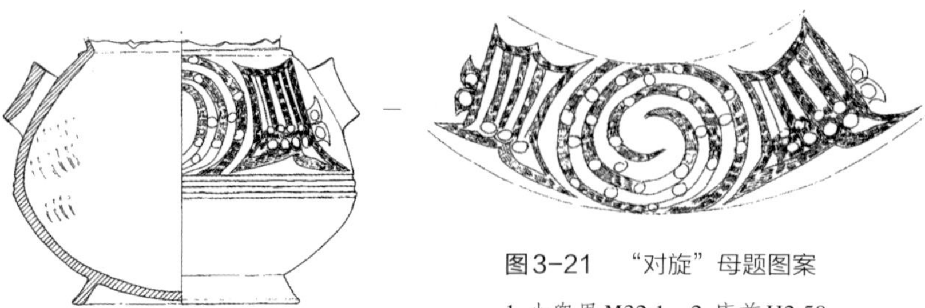

2

图3-21 “对旋”母题图案

1. 小兜里M32:1 2. 庙前H2:50

航程的选择，或是对航行的安全，抑或是对渔获的期待等，都值得卜上一卜。

还有一种二元对立，来自符号本身，如图3-20。此类符号是一种“对旋”结构，如同连续的编织纹样上的一个单元。此类符号发现得并不多，兼有隐蔽处的烧前刻与显眼处的烧后刻。从戴墓墩M3:10的“弧线对旋”和卞家山G2②B:41的“折线对旋”可以看出，“对旋”结构本身已经成为一种模式，不断重复出现。

除了体现在各类编织纹样及其变体上，良渚文化的“对旋”结构还是高等级美术创作中重复出现的母题。与陶器相关的是一类细线刻纹黑皮陶，如海宁小兜里贯耳壶M32:1[①]、良渚庙前双耳罐H2:50[②]（图3-21）等，都以繁缛的细线刻呈现出“对旋”母题。并且这两件器例均为水器，甚至被认为属于更高等级的水器——酒器，那么，“对旋”母题出现的背景是否与这些器具的功能有直接联系？用水波的旋动或是酒后的眩晕解释“对旋”母题的象征意义，似乎都浮于表面。因为，“对旋”母题是经典的二元对立结构，是太极所生之“两仪”。“对旋”符号与“”符号，在解释二元对立关系上最大的不同在于动态感。“”符号在形式上倾向于静态，可以理解为二元对立的概念，比如阴和阳；而“对旋”符号在形式上倾向于动态，可以理解为二元对立的实践，比如阴阳交合。由此可见，“对旋”符号象征的是二元对立的运动过程，是化生万物的动力。这也就是“对旋”符号得以升级为“对旋”母题的图案，出现在更高等级器具上的原因。

① 参见浙江省文物考古研究所、海宁市博物馆编著：《小兜里》，文物出版社2015年版。

② 参见浙江省文物考古研究所编：《庙前》，文物出版社2005年版。

第三节　是什么？为什么？

上文讨论的内容基本都围绕着刻画符号“是什么”。尽管“是什么”无法得到实证，但从构造逻辑推导其象征意义的过程，都是在“是什么”的问题下展开的。事实上，关于刻画符号的另一个问题，也同样重要，那就是“为什么”。为什么器物在烧前要在隐蔽的部位留下记号？又为什么烧后要把一些符号刻在器表？“是什么”和“为什么”是两个性质完全不同的问题，但如果能了解其一，无疑对了解另一方面大有裨益。因此，认识刻画符号，可以从这两个问题角度同时切入。

第二节中，基于“重复”这一构造规律提炼所得的几组符号，有可能回答了“是什么”的问题。比如，作为器物记号使用的有：计数的递进序列、计时的月相演变、占卜记号、方位或朝向之类的对立概念；作为展示的符号有：基于二元对立的创世纪规律及运行法则、占卜活动记录。

回答器物自带记号的“为什么”，比较困难，因为其中推测的成分更多。例如，计数的递进序列作为“编号”的可能性大于直接“计数”。陶器生产中如果进行生产编号，可以记录烧之前陶坯的数量，也可能分类或者不分类地记录批次。并且，生产编号是一类无关展示的信息。当然，编号可以指代陶器本身，也可以指代人。比如，生产环节中，几号陶工或几号作坊的产品；分配环节中，供几号家族、几号群体或几类等级的人所使用等。由于带符陶器往往出现在废弃的场景中，或者分散地出现在随葬品中，与不加编号或不同种类记号的陶器共存，难以还原编号系统及其意义。陶坯编号对于成品的计数是起不到作用的，计数反而是一种需要被查看到的信息，比如，图 3–3 罗家角遗址刻纹鹿角上

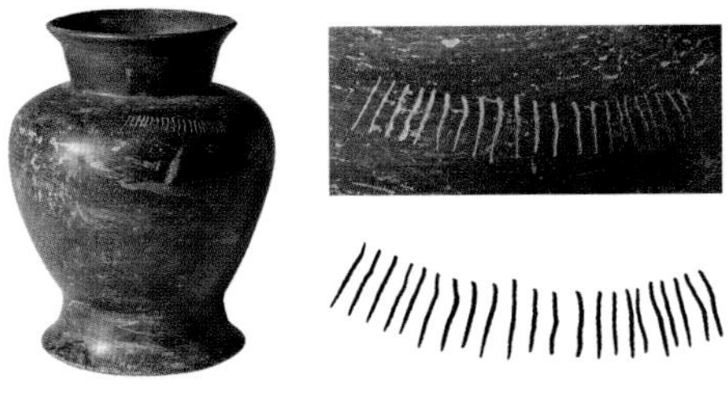

尊（南湖87CS-660，符号位于肩部，烧后刻）

图3-22　类似刻纹计数的符号

连续的刻道更有计数的意味。在陶器上的刻符中，南湖87CS-660陶尊连续的多道线段（图3-22），刻在肩部，便于记录与查看，更像计数的形式。

计时的月相演变作为器物自带的记号，很有可能是记录日期或者时间的。一些器物需要在特殊的日子制作，或是为了某些特殊的日子而制作，可以视作另一类编号系统。而数字编号与时间编号，也是我们今天在工作、生活中最方便、最有效的编号方法。良渚先民有能力从事较为发达的稻作农业、修建大型的土木工事，表明他们在哲学、数学、自然科学等领域已建立了相当完备的知识体系。因此，器物自带的记号，体现出数字、历法等抽象思维的概念，在逻辑上是说得通的。而产生了“科学”的概念，自然就有“不怎么科学”的概念，科学与伪科学也同样是二元对立的。原始的占卜可算是伪科学的一种，以占卜记号作为器物自带的记号，有可能是民间私下进行的一项宗教活动。因为，良渚贵族大墓中的陶器反而十分朴素，亦罕见此类符号。而良渚的平民阶层毕竟不可能像贵族那样拥有通神的玉礼器，于是，将小小的愿望偷偷刻在器底，伴随着火焰的灼烧，希望神明知晓。

回答器表显眼刻符的“为什么”，相对容易。因为，至少第一层次的原因是肯定的——需要被看到。由此衍生出两个基本问题，“需要被谁看到”和“为什么需要被看到”。烧后刻符的器物，多为考古上惯称的“实用器”。在对比出土刻符较多的庄桥坟、卞家山与钟家港三处遗址后可知，随葬器物中更容易发现位于隐蔽处的记号刻符，而显眼处的烧后刻符更集中地出现于河沟类遗迹中，并且，卞家山的灰沟与钟家港河道都与良渚最高规格聚落有关。澄湖刻符贯耳壶74WchJ127:1，如图3-14-3出土于水井中；而余杭南湖刻符陶罐87C3-658，如图3-35，虽为采集品，但要保持如此完好的品相，显然不会是日常使用后随意弃置的，也很有可能本属于灰坑、窖藏、水井之类的遗迹。由此可见，烧后刻符的器物，很有可能对应着一种有意识的瘗埋行为。如果刻符的最终结果是为了埋起来，那这些符号就不是给人民群众看的了，其目的并不是在群体中传递信息、交流沟通。那么，“需要被谁看到”的答案呼之欲出——需要被神明看到。同时，“为什么需要被看到”也就不再难以捉摸了。人神的沟通，是原始宗教的核心内容，上文中认识到的“”“”“”“”序列符号和“对旋”符号，象征着二元对立的创世规律，是良渚人宇宙观的反映。而神是二元对立之上的存在，如同“太极”“道”这类概念。良渚人将宇宙观诉诸神，大概也是认为有一种更高的存在创造了世间规律、主宰着万物运行。而这，也是诞生统治阶级军权神授、神王合一等政治理念的思想基础。

一、具象、不怎么具象与抽象

关于具象与抽象的关系问题，第一章中已有所说明。处于文明前夜的新石器时代考古学文化中，人们的逻辑思维能力已经相当成熟，具象与抽象，不过是为了表达不同象征意义时的不同选择。

良渚刻画符号中，具象的符号，甚至更应称其为“图像”，是最容

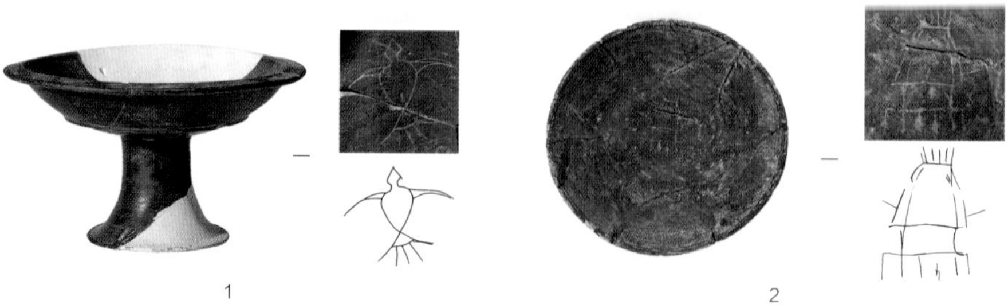

图3-23 具象的符号

1. 豆（美人地T4046房基2B-2A出土，图案刻于盘面，烧后刻） 2. 器盖（仙坛庙M52:22，图案刻于盖内壁，烧后刻）

图3-24　不怎么具象的显眼处符号

1.残豆盘（美人地T3945房基2B-4A，符号刻于盘面，烧后刻）　2.残豆盘（美人地T3346⑨，符号刻于盘面，烧后刻）　3.罐残片（卞家山G2⑩:190，图案刻于外壁，烧后刻）　4.豆残片（卞家山G2⑩:191，图案刻于盘面，烧后刻）　5.罐残片（新地里G1②:117，图案刻于腹上部靠近折肩处，烧后刻）

易回答“是什么”的。比如美人地出土豆盘底面刻画的鸟、仙坛庙M52:22盖内刻画的房屋，在形象上具体到一目了然的地步（图3-23）。

图3-24中美人地的两件标本，似乎刻的是箭与盾牌，但也像玉器上的框形符号。卞家山的两件标本，似乎刻的是多齿装柄的工具。新地里G1②:117刻的是类似鹿或羊的动物。我们并不能否认这些符号是具象

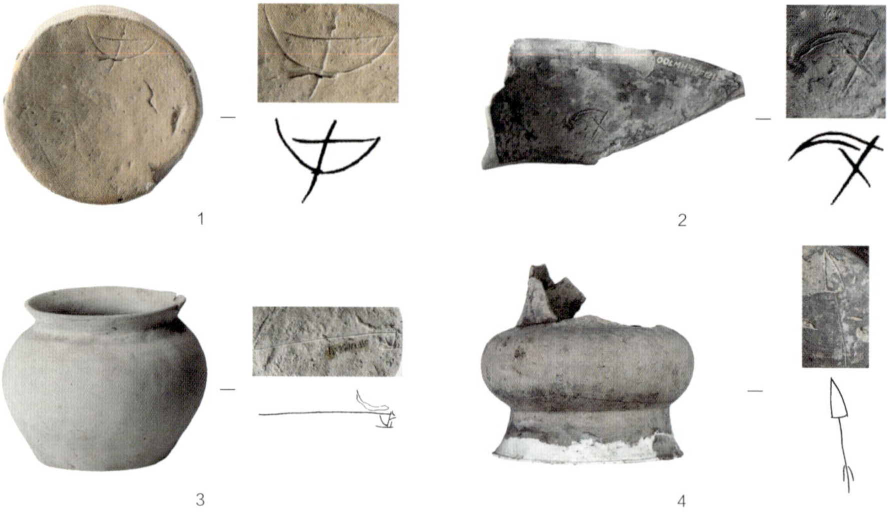

图3-25　不怎么具象的隐蔽处符号

1. 杯（庙前T0909②上:6，符号刻于底部，烧前刻）　2. 罐（庙前H3①:121，符号刻于口沿内壁，烧前刻）　3. 罐（庄桥坟M58:11，符号刻于底部，烧前刻）　4. 双鼻壶（庄桥坟M93:4，图案刻于底部，烧后刻）　5. 圈足罐（仙坛庙M156:1，符号刻于底部，烧前刻）

的，但要说明白它“是什么”又有一定的难度，因为其又处于一种“不怎么具象”的状态。

与前五例位于显眼处的符号所不同的是，一些隐蔽处的记号，也呈现出“不怎么具象”的状态。图3-25中的五例较为典型，庙前T0909②上:6的符号似带箭的满弓，庙前H3①:121似锄、镰之类，庄桥坟M58:11似钩戟，庄桥坟M93:4似箭。而仙坛庙M156:1的符号，是庄桥坟M93:4符号的箭头部分，也可能以偏概全地象征同样的意义。

一些不怎么具象的符号，需要进行相互补证，以便我们进行理解。例如，植物的形象是史前美术中的一种常见母题，但体现在刻画符号上的一些，形如董家桥J8:1、新地里H36②:72、新地里T305④、庄桥坟M155:1（图3-26）的符号，虽呈现出枝枝杈杈的形状，但意义的指向性不明确，即使假定与植物有关，那么符号在表示树木、秧苗、叶筋、柴草等不同具体形象的情况下，象征意义也有很大的差别。另外，此类符号的正置方向，也是影响其象征意义的重要因素。通过对董家桥J8:1壶颈部图案和新地里T305④残鼎足足尖部图案的观察，正置的方向应如这两者所示。而刻在器物内外底部，或刻在口沿下圆鼓的肩部的图案，其正置方向会受到俯视或仰视情况下360度观看角度的影响。在植物类的象征意义中，神树的观念深入人心。且树、建筑、山的形象作为图案母题，往往用来象征沟通天地、人神的“天梯”。受到图3-23仙坛庙M52:22房屋形刻符的启示，象征意义相当的树形、建筑形符号在良渚文化中，很有可能已被同时采用了。这样，这些“枝杈形”符号就可以从“不怎么具象”划归为“具象”的一类。

再看一个例子。图3-27中南湖单把杯把手外侧刻符，也没有明显的意义指向性，与钟家港出土的两件残豆圈足外壁相似的符号进行类比，显然属于同一类型。2017钟家港C0C0D区T0619（11）D出土残片上的符号最为具体，是一件带圈足的器皿置于架子上的场景。从刻画上看，此类圈足器为深腹，形如簋，可能表现了一种用食物献祭的活动。

在有些情况下，一些抽象的符号，比“不怎么具象”的符号有更明确的象征意义。因为，抽象的符号总有其具象的原型，比起“不怎么具象”的符号而言，反而更容易令人知晓它“是什么”。当然，前提是知道其原型，才能确定哪些符号是由原型抽象而来。图3-28中的这些符号，均为鸟的抽象。

通过以上对图案具象程度的分析，再来补充“是什么”这个问题的答案。首先，作为器物记号使用的符号，往往具象程度不高，多处于“不怎么具象”的状态。其中占比较大的是一类很可能表示生产工具或武器的符号。而以工具或武器作为记号，可能象征着某些专门职业，比

图3-26 互相补证的树形符号

1.双鼻壶（董家桥J8:1，器盖和颈部分别有一个符号，烧后刻） 2.残鼎足（新地里T305④，符号刻于足正面，烧前刻） 3.罐残片（新地里H36②:72，符号刻于肩部，烧前刻） 4.盘（庄桥坟M155:1，符号刻于底部，烧后刻）

图3-27 圈足器形符号

1.单把杯（南湖，余杭博物馆藏，图案刻于把手外侧，烧前刻） 2.残豆圈足（2017钟家港COCOD区T0718（11）A、2017钟家港COCOD区T0619（11）D，符号刻于外壁，烧后刻，引用自浙江省考古研究所内部资料）

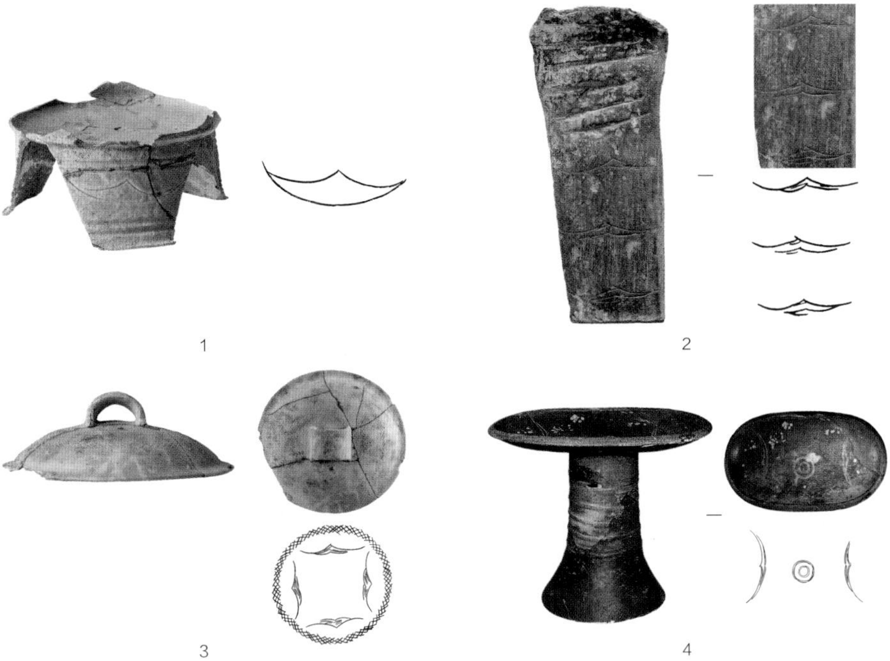

图3-28　抽象的鸟形符号

1. 三足盘（庄桥坟M50:10，各足外侧分别刻有一个相同的符号，烧前刻）　2. 三足盘残足（新地里G1②:118，足外侧刻有三个连续的相同符号，烧前刻）　3. 器盖（戴墓墩M2:1，器盖顶上四个相同的符号两两相对，烧前刻）　4. 豆（北湖89C3-723，符号刻于盘面，烧后刻）

如农人、猎人、战士、弓箭手等。这些记号所对应的器物，则有可能是专门为特定职业的人群定制的。而器物显眼处具有展示作用的符号，目的在于沟通人神。其中出现的鸟兽类动物形象、借以通天的道具、祭祀献食的场景等，使得一系列与原始宗教活动有关的要素渐渐清晰。

二、组合符号与成组的符号

“组合符号”与“成组的符号”是两个完全不同的概念。组合符号是由两个及以上比较明确的单独符号拼合而成的一个符号；而成组的符号是由两个及以上比较明确的单独符号排列而成的一组符号。从目前的材料掌握程度来看，无论是组合符号还是成组的符号，都与单独的符号之间存在模糊的界限。载体的残缺不全是主要原因之一。另一个更为重要的原因，是我们现在对单独符号的判定有一定的局限性。一般来说，我们认为的一个单独符号，是笔道相对紧凑、边界清晰且周围有较大范围空白区的符号。成组符号的不同符号间（三个及以上的情况），出现了有规律的空白间隔。如图3-29，这种间隔为一至两个单独符号所占的空间，以这种不太远的间距维持这些符号间的关系。而如果同一件器物上的符号相距太远，则有理由将其视作两个单独的符号。

以类似的间距衡量那些可能只是两个符号的情况，如图3-30所示，可以认为其是成组的符号。而那些间距更窄的，如图3-31所示，更有可能只是组合符号。图中所举之例，是一些出现在完整的器物或相对完整的局部的符号，比如，完整的器底、单一的鼎足、把手等位置的符号。尽管无法确证其含义，但至少可以肯定这些符号处于一个相对完整的语境中。

组合符号与成组符号的象征含义，都未必是其中每一个符号意义的

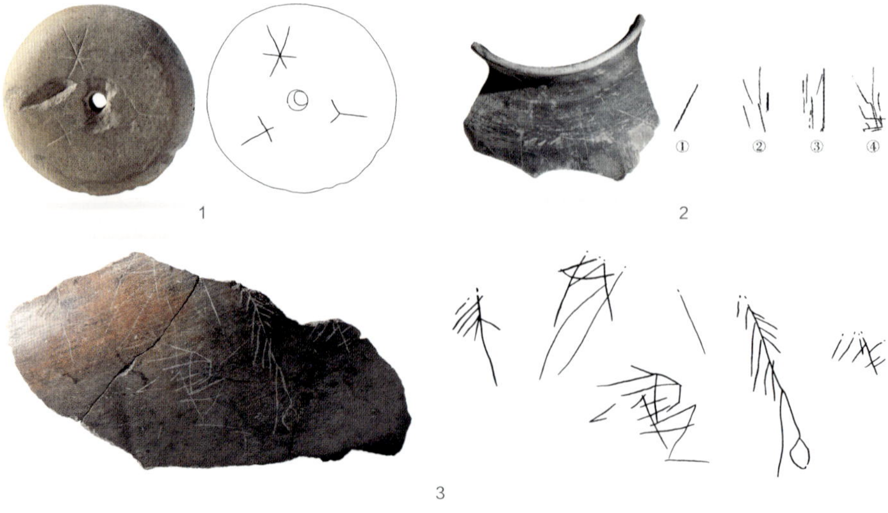

图3-29　三个单独符号及以上成组的符号

1.纺轮（大观山74C3-28，符号刻于纺轮一面，烧后刻）　2.罐口沿（庙前H16:17，肩部残见四个符号，烧后刻）　3.残腹片（卞家山G1⑥:333和G1④:335，符号刻于外壁，烧后刻）

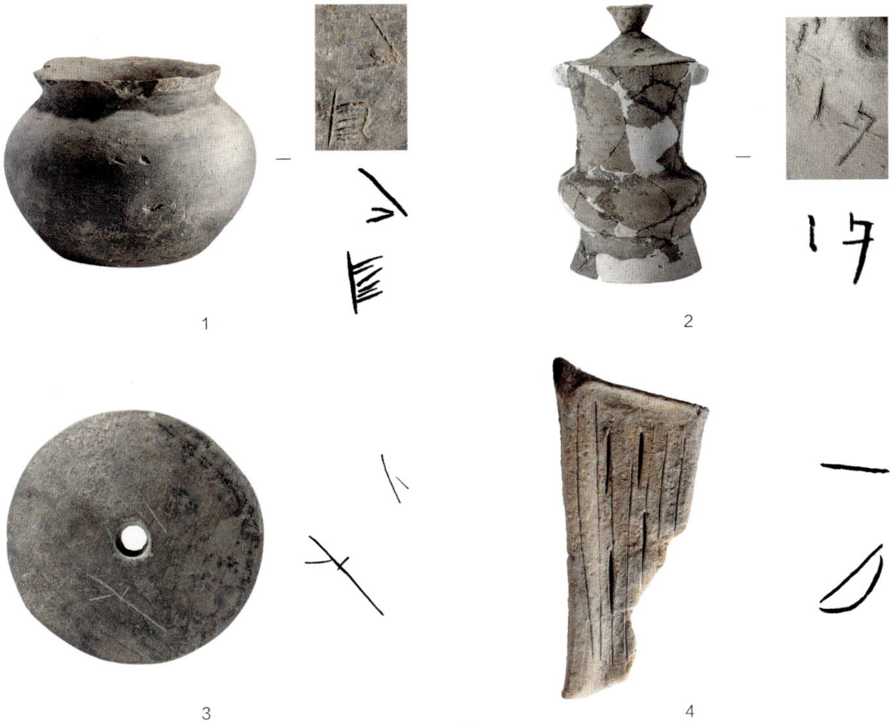

图3-30　两个单独符号组成的成组符号

1.罐（戴墓墩采集，此图为罐底的两组刻符，烧前刻）　2.双鼻壶（庄桥坟M284:18，符号刻于盖内壁，烧前刻）　3.纺轮（大观山出土，符号刻于纺轮一面，烧后刻）　4.鼎足（庄桥坟T203④:9，符号刻于足正面，烧前刻）

叠加。这就使得我们理解组合符号与成组符号更加困难。其中的规律性可能存在于组合符号或符号组内部，也可能存在于组合符号与组合符号之间，以及符号组与符号组之间。比如，前文对庄桥坟T101②:10石钺A面六个符号的解读，就是基于符号组内部单体之间显露的规律。可以肯定的是，组合符号与成组符号的出现，进一步加深了造字符号与后世文字的联系。汉字也是由单字组成词语、词语组成句子、句子组成段落、段落组成篇章的，从良渚文化时期开始，符号也已经出现了形式上十分类似的组合规律，这足以说明，除了作为简单标记之外，符号也具有了

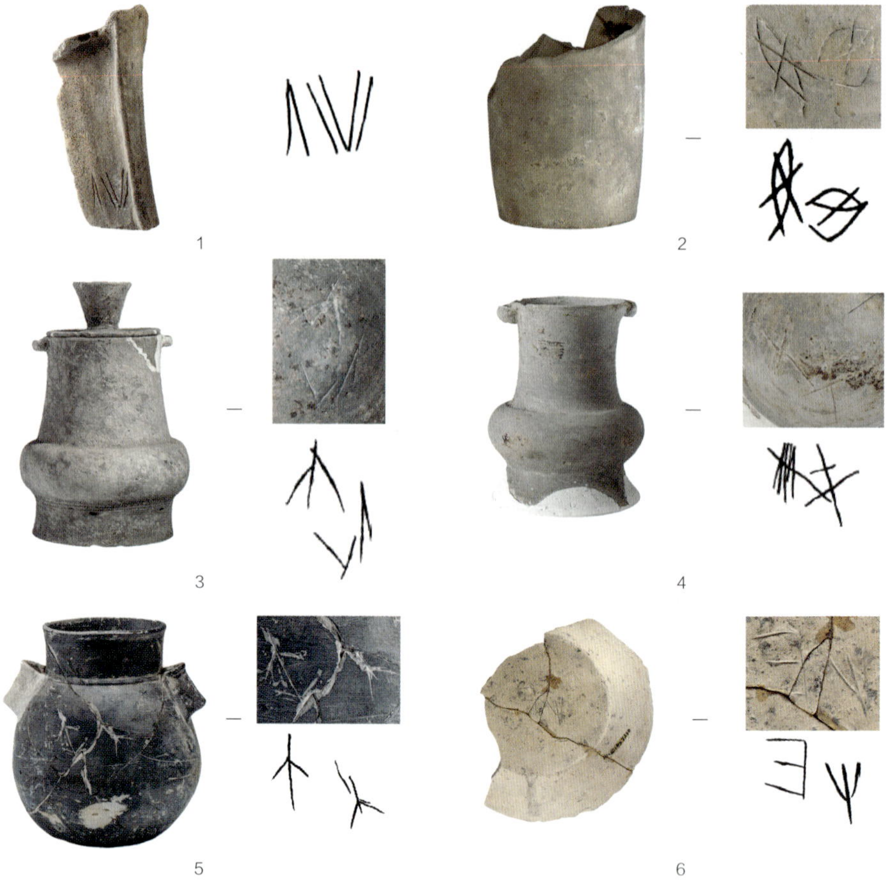

图3-31　有可能属于单独符号拼合而成的组合符号

1. 鼎足（庄桥坟T301⑤:9，符号刻于足侧面，烧前刻）　2. 杯（庙前T203③:1，符号刻于底部，烧前刻）　3. 双鼻壶（庄桥坟M100:9，符号刻于底部，烧后刻）　4. 双鼻壶（戴墓墩2001.11.17采集，符号刻于底部，烧前刻）　5. 贯耳壶（太史淀TJ4:1，符号刻于腹部，烧前刻）　6. 罐（新地里G1②:111，符号刻于底部，烧前刻）

表达较为复杂的思想的功能，这也许就是叙事的开始。

三、"图说"

具象符号组合的出现，为学界所喜闻乐见。因为，比起那些不可名状的符号，图画般的具象符号，给予了意义阐释一个明确的起点。宋建

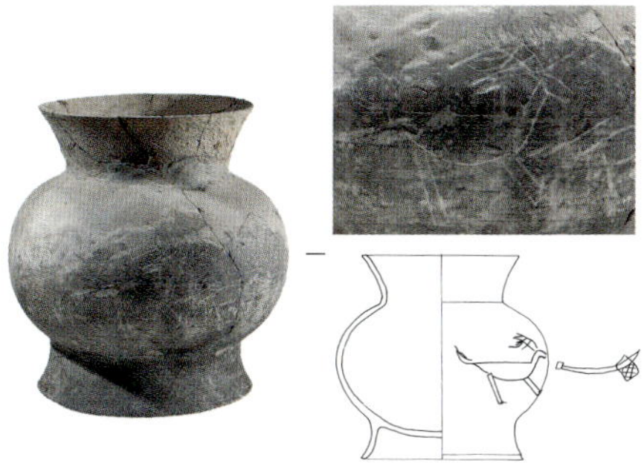

图3-32 广富林遗址“梅花鹿石钺”陶尊

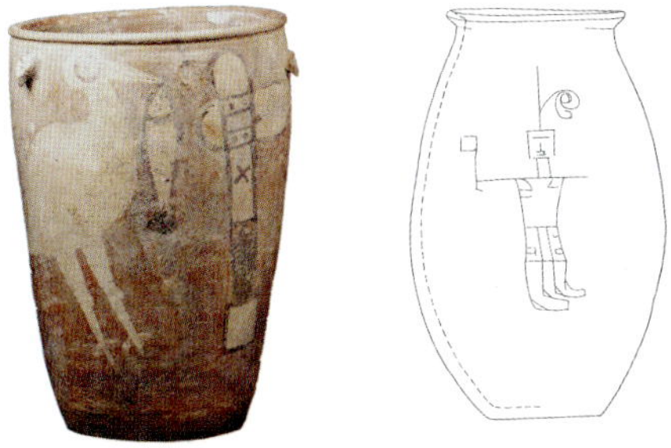

图3-33 石钺的图画形象示例

图3-34 上海吴家场墓地出土象牙权杖（引自浙江省人民政府、故宫博物院：《良渚与古代中国：玉器显示的五千年文明》，故宫出版社2019年版）

的《广富林考古新发现——梅花鹿石钺图》[①]中涉及了三件带有“图说”性质符号组合的器物，分别为广富林出土陶尊M24:2（图3-32）、南湖出土陶罐（图3-35）以及澄湖出土贯耳壶（图3-37）。

将广富林陶尊上的两个符号认为是梅花鹿和石钺的形象，在学界得到了普遍的认可。毕竟，如果认为不是梅花鹿，而是麋鹿或是其他带角动物的形象，在本质上并无太大的差别。值得注意的是，该陶尊上的石钺安装了一个曲柄，这与很多出土的带直木柄石质工具的装柄方式不同，也与一些陶制或玉制的直柄小钺模型不同。在史前图像中，作为图画或符号出现的石钺形象，大多是直柄（图3-33），比如，河南临汝阎村遗址出土的鹳鱼石斧图彩陶瓮棺、湖北肖家屋脊遗址出土的人物执钺刻符陶罐。其中，

① 宋建：《广富林考古新发现——梅花鹿石钺图》，《上海文博论丛》2002年第2期。

刻符类的石钺形象年代较晚，刻画得并不太具体，这可能是因为其实际应用得更普遍、更频繁，符号化程度加深的缘故。

无独有偶，这样的曲柄安装方式，却被上海福泉山吴家场墓地[①]发现的M207:61象牙权杖（图3-34）所证实。而象牙质的柄，之所以为曲柄，是因遵循材料本身的形状。这说明，广富林M24:2陶尊上的钺表示着一件无法制成直柄的钺，有可能就是这种象牙质的钺。这使得M24:2陶尊“图说”符号的象征意义发生了微妙的变化。该“图说”符号，以一件牺牲与一件罕见的象牙权杖，除了可能记录了“一次大型的由氏族首领亲率的集体活动。……可以是一次狩猎……也可以是一次祭祀”[②]之外，按照前文对显眼部位烧后刻象征意义的推断，其所有者或许是想借刻符替代珍贵祭品和代表特殊能力的权杖，达到通神的目的。

环绕南湖87C3-658刻符陶罐器身的十二个烧后刻成组刻符，是目前所见良渚文化符号界的“最长篇巨著”。从1号、2号、12号树形符号与5号钺形符号为倒置的形态推测，对于此器刻符的观看方式，应为俯视，也就是说其原意是给神明从天上往下观看的。3号、4号这对符号意义相关，有点类似占卜符号。9号是一类可以象征任何带有编织特征的事物的符号，比如网、柴堆、架子等。而剩下来的五个符号中，内圈符号为6号、10号和11号，外圈符号为7号和8号。其中，内圈的6号与外圈的8号相似，内圈的11号与外圈的7号相似，两两成组、内外呼应，当非偶然。以6号、11号为一组，7号、8号为一组，与内圈中的10号图案类比可知，这两组符号中，各有一个符号代表了10号动物躯体部分的纹饰，另一个符号代表了10号动物的躯体，也就是说，“6号＋11号”与“7号＋8号”是两组对10号动物的分解，其可能对应将动物剥皮以及用

① 上海博物馆：《上海福泉山遗址吴家场墓地2010年发掘简报》，《考古》2015年第10期。

② 宋建：《广富林考古新发现——梅花鹿石钺图》，《上海文博论丛》2002年第2期。

图3-35　南湖87C3-658刻符陶罐

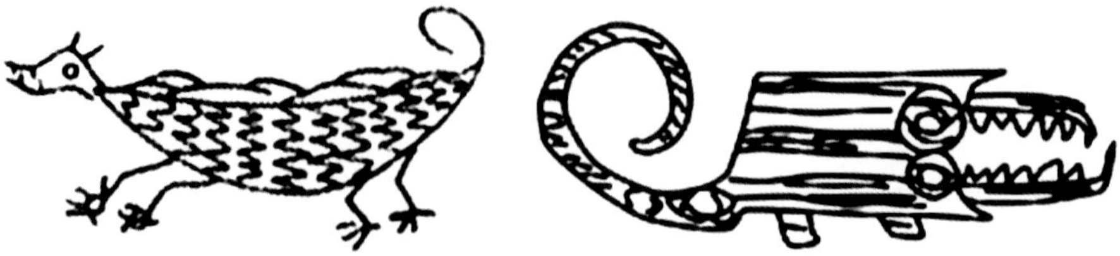

图3-36 南湖刻符陶罐、葡萄畈宽把杯鳄鱼图像对比

某种方式处理动物躯体的活动。基于笔者对萨满教的一些粗浅理解，萨满能力的获得需要历经肉身的毁灭，通过重生获得法力[①]。这种活动在信奉萨满的人群看来是极其神圣的，将之施加于神物或牺牲的身上，也是寄希望于这些动物获得通神的能力。10号动物的形象其实并不具体，与良渚古城葡萄畈遗址T0303⑨:9出土宽把杯上的刻画动物（图3-36右）相比，有着相似的模式：对扣的双排式牙、圆眼和卷尾。葡萄畈这一刻符被解读为鳄鱼，从形象上来说比较贴切。虽然葡萄畈刻符只用双腿来表示侧面，但实际上有着与10号动物一样的四肢。从鳄鱼水陆两栖、身强力壮、凶恶残忍等特征来说，其值得作为一类容易引起史前人类敬畏之情的神物。如此，南湖这件陶罐上的刻符，与其说是对一种仪式的记录，不如说是对这种仪式的模拟。在不需要实践的情况下，通过刻画的方式告知神明他们进行了降神活动，以祈求通神。如此一来，十二个刻符的意义可以相通：在一个编织而成的神坛周围，有三棵通天的神树，通过巫师或某种神职人员的占卜或祝祷后，用钺这类工具和三条神圣的鳄鱼进行模拟毁灭肉体又重生的活动，而真正的活动或许并未开展，只是需要详细地描述一下，糊弄糊弄神明而已。

① ［美］米尔恰·伊利亚德：《萨满教：古老的入迷术》，段满福译，社会科学文献出版社2018年版。

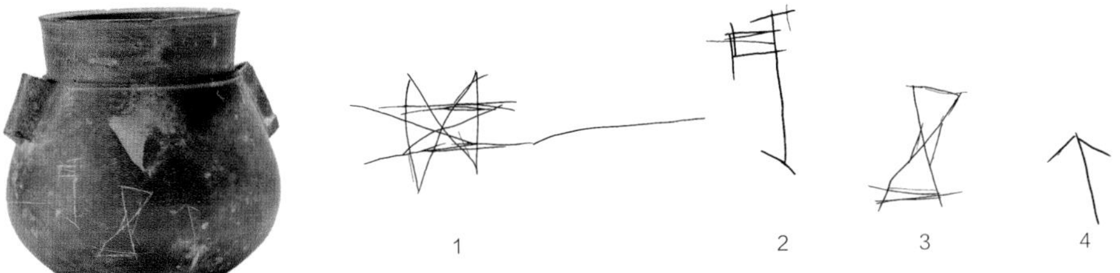

图3-37　澄湖刻符贯耳壶

关于澄湖74WchJ127:1贯耳壶的刻符，董楚平①、高蒙河②、夏勇③等人从不同方面进行了解读。从刻符类别上来说，与广富林陶尊、南湖陶罐的“图说”所不同的是，该贯耳壶上只有钺的形象较为具象，其他符号没有图画感，不是典型的“图说”。从钺的放置方向看，载体陶壶的正置方向就是刻画符号的正置方向。这一排五个符号的排列略带弧拱，3号钺形符号居中且位置最高，象征着其在整排符号中有着某种特殊地位。其两侧的符号各成一组，1号与2号为一组，4号与5号为另一组。按照上文的理解，1号与4号象征意义一致，是类似于“四象”这类代表宇宙运行规律的抽象思维符号。2号和5号因为过分简单，反而难解。虽然按照前文的理解，2号符号可以代表数字“一”，5号符号可以是箭的抽象，但在完整的符号组中，单体符号的象征意义当随着语境有所衍生。假如，1号和4号象征的规律主要关于四时、四方的话，与此规律有关的活动即与天文历法有关。这很容易令我们联想起瑶山、汇观山这类观象台遗迹所承担的职能，其中利用圭表设施观测日影的活动可能已经成形。恰好2号与5号符号是一对横纵关系，即水平的圭与竖直的表的关系。因此，这组符号的内容，可以这样理解：中间的石钺表

① 董楚平：《“方钺会矢”——良渚文字释读之一》，《东南文化》2001年第3期。

② 高蒙河：《良渚文化“个”形刻画符号释意》，《上海大学学报（社会科学版）》1998年第5卷第2期。

③ 夏勇、朱雪菲：《图画与符号：良渚原始文字》，浙江大学出版社2019年版。

示了观象活动的神圣性，两侧符号没有实际的叙事意义，而是表达了通过观象活动掌握了由神所创造的宇宙运行规律，特此刻录以表感怀。

四、玉器刻符：一个高级的模式

良渚文化玉器尤其是玉礼器，广义上说，也是一种符号，象征等级、权力、信仰甚至财富。符号上再加符号，意义更为特殊。下文所涉及的良渚玉器之刻符，尽管不是全部，也已是目前见诸各类著录、出版物中的绝大多数。玉器上的刻符是一个奇妙的集合，某些特定种类的符号，比如立鸟、立柱、台阶形方框、框内符号等，会以特定的方式组合起来，而当我们自觉掌握其组合规律之时，又不得不面对这一组合发生的种种变化。不可否认的是，玉器上的刻符有着相互间紧密而特殊的联系。比较玉器刻符与陶器、石器上的刻符，上述几类标志性的玉器刻符在陶器或石器上并不常见，但随着2017—2018年间对良渚古城遗址位于莫角山台地以东钟家港古河道遗址的发掘，一些刻画有典型台阶形方框符号的黑皮陶残片出土，如图3-38-1、图3-38-2。或许，在不久的将

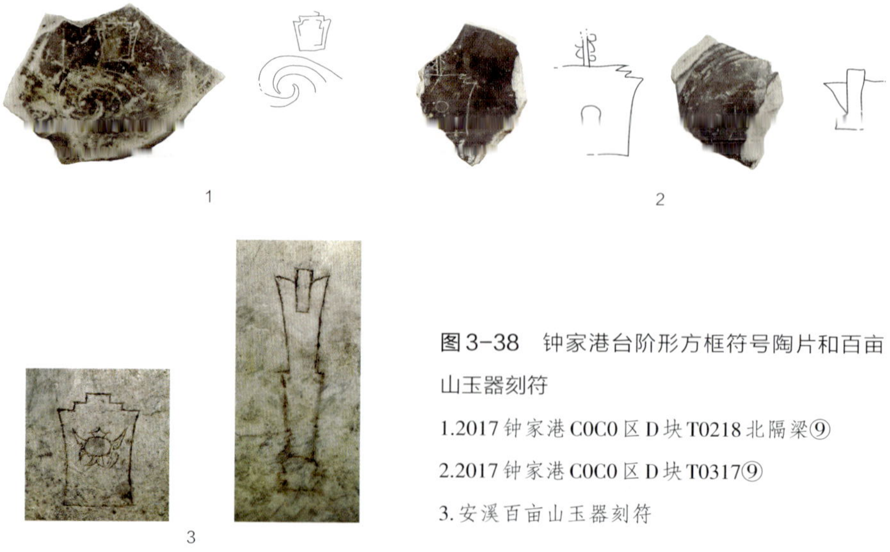

图3-38　钟家港台阶形方框符号陶片和百亩山玉器刻符

1.2017钟家港C0C0区D块T0218北隔梁⑨

2.2017钟家港C0C0区D块T0317⑨

3.安溪百亩山玉器刻符

来，更多的玉器刻符也会有相应的陶器或石器载体被发现。因此，玉器刻符应是整个良渚文化符号体系中基于某种需要而被选用的一小部分。

对比2017钟家港C0C0区D块T0317⑨出土的这件盘底正反面的符号（图3–38–2）与安溪百亩山玉璧两面的刻符（图3–38–3），不难发现，正面的台阶形方框和百亩山的台阶形方框是同一类符号，底面的“”形符号与百亩山的“”形符号亦是同一类符号，只是长度有所不同。本来，陶器上刻画与玉器上相似的台阶形方框符号，就是一种模式的重复，绝非偶然，更何况器底正反两面的符号与玉璧两面的符号完全对应。这种模式的重复意味着此类陶器与玉器有着类似的象征意义。另外，通过陶器上台阶形符号位于正面，而“”形符号位于底面的情况，玉器似乎也可以根据两面刻符的不同，区分正反面。因此，无论出土情形如何，玉器上刻画台阶形方框符号的一面，应是人们观念中的正面。那些仅见正面刻符的玉器，很有可能是把反面的刻符省略了。再看2017钟家港C0C0区D块T0218北隔梁⑨出土的这件刻符陶片（图3–38–1），在台阶形方框符号的下方，有一个“对旋”图案，由于磨损和残缺严重，无法确定是符号还是某种纹饰的局部，但可以看到“对旋”图案比台阶形方框符号面积更大。这说明台阶形方框符号可以存在于某种语境中，而将其独立地刻画于玉器上时，其本身可能带有原来整个语境的象征意义。

台阶形方框的变形之一，是临平玉架山遗址出土玉璧上的方框形式。如图3–39–1。其单纯的“”形方框符号与塔地TN6E4H8:11圈足罐器腹所见相似，如图3–39–3。而将其方框与侧面的枝杈形符号拼合来看的话，与钟家港C0C0区D块T0417⑨、美人地T3346⑨、美人地T3945房基2B–4A出土者属于同类符号，如图3–39–2、图3–39–4、图3–39–5。该符号的完整形态至少应有三个部分，即方框、贯穿方框的箭形符号以及侧面的枝杈形符号。

台阶形方框的变形之二，是最简单的束腰长方形的形状，如图3–40。

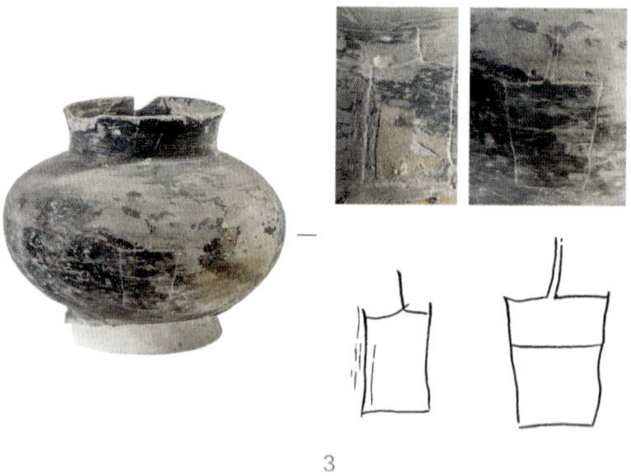

图3-39 台阶形方框变形之一

1. 临平玉架山 M16 刻符玉璧 2. 2017 钟家港 C0C0 区 D 块 T0417⑨（符号刻于盘面，烧后刻） 3. 圈足罐（塔地 TN6E4H8:11，两个图案一上一下分布于罐侧，烧后刻） 4. 残豆盘（美人地 T3945 房基 2B-4A，符号刻于盘面，烧后刻） 5. 残豆盘（美人地 T3346⑨，符号刻于盘面，烧后刻）

图3-40 台阶形方框变形之二

昆山少卿山刻符玉璧（美国弗利尔美术馆藏，馆藏号 F1919.58）

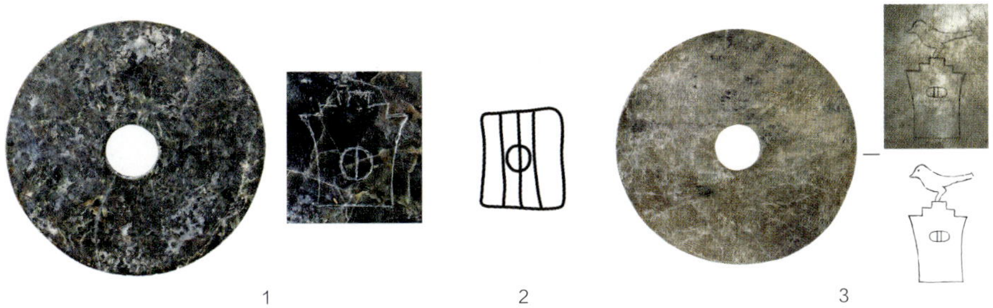

图3-41　台阶形方框内填充符号之一

1. 兴化蒋庄刻符玉璧 M36:2

2. 草鞋山玉璧刻符（引自《吴中文物》，上海科学技术出版社2004年版）

3. 上海博物馆馆藏刻符玉璧

4. 美国弗利尔美术馆（馆藏号 F1917.346）

目前，关于台阶形方框符号，在有了瑶山、汇观山这类分台阶逐级向上的观象台类遗迹作为类比的情况下，学界普遍认为其就是观象台（早年被称为“祭坛”）或土筑高台类建筑的象征。然而，由于考古发掘的局限以及早年因盗掘导致的玉器流散等原因，带有台阶形方框符号的玉器出土地点，并不能一一落实。不能依据台阶形符号认为其载体玉器一定与土筑高台有联系，或者说，一定是在高台上进行某种仪式活动的必需品。

台阶形方框内填充的符号，目前有三种基本样式。第一种是简单的圆形，如图3-41，区别在于贯通圆形的竖线数量。

第二种，有专家指出其为“负日的阳鸟”①，形态比较统一。以中部圆形为基础，向上有一尖顶的冠形结构，两侧像翅膀一样伸出，下部

① 邓淑苹：《良渚玉器上的神秘符号》，台北《故宫文物月刊》第117期。

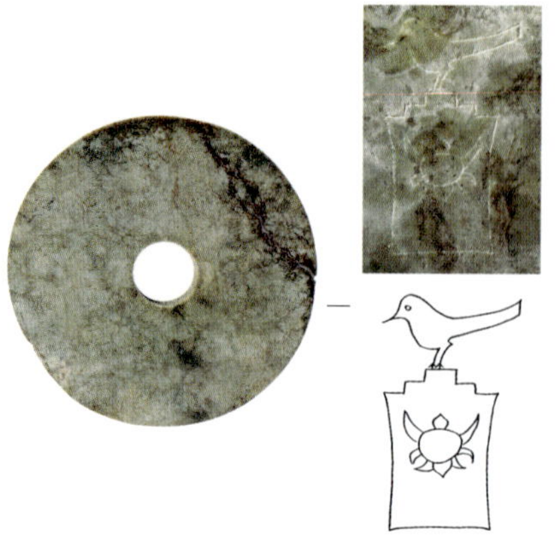

1

3

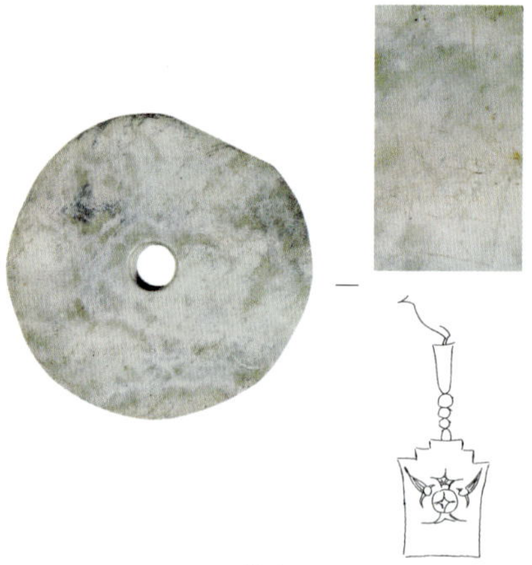

2-1

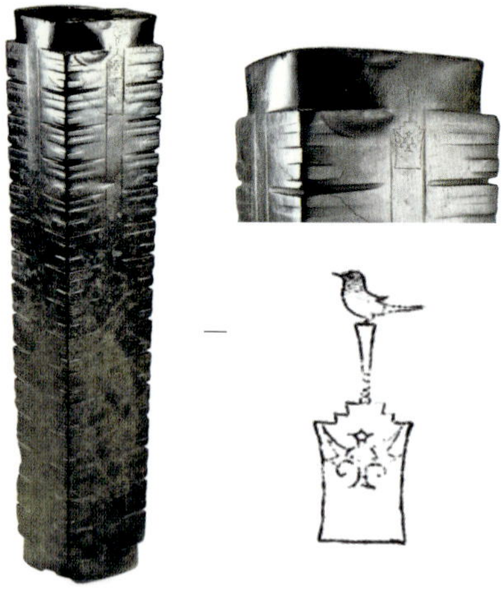

4

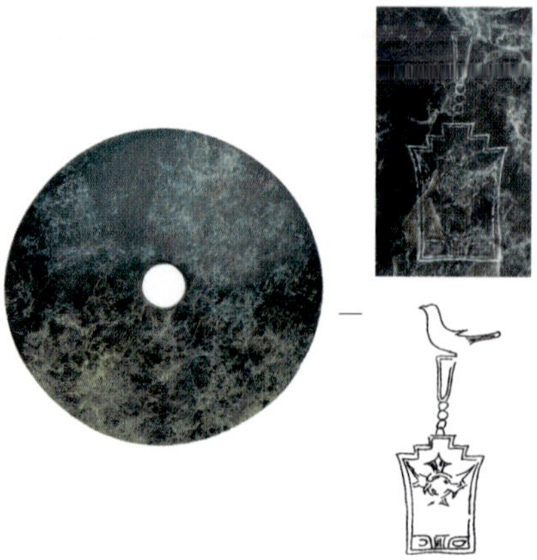

2-2

图3-42 台阶形方框内填充符号之二

1. 良渚博物院院藏刻符玉璧（馆藏号2232） 2-1. 台北故宫博物院院藏刻符玉璧 2-2. 美国弗利尔美术馆馆藏玉璧（馆藏号 F1917.79） 3. 法国吉美博物馆馆藏刻符玉琮 4. 首都博物馆馆藏刻符玉琮

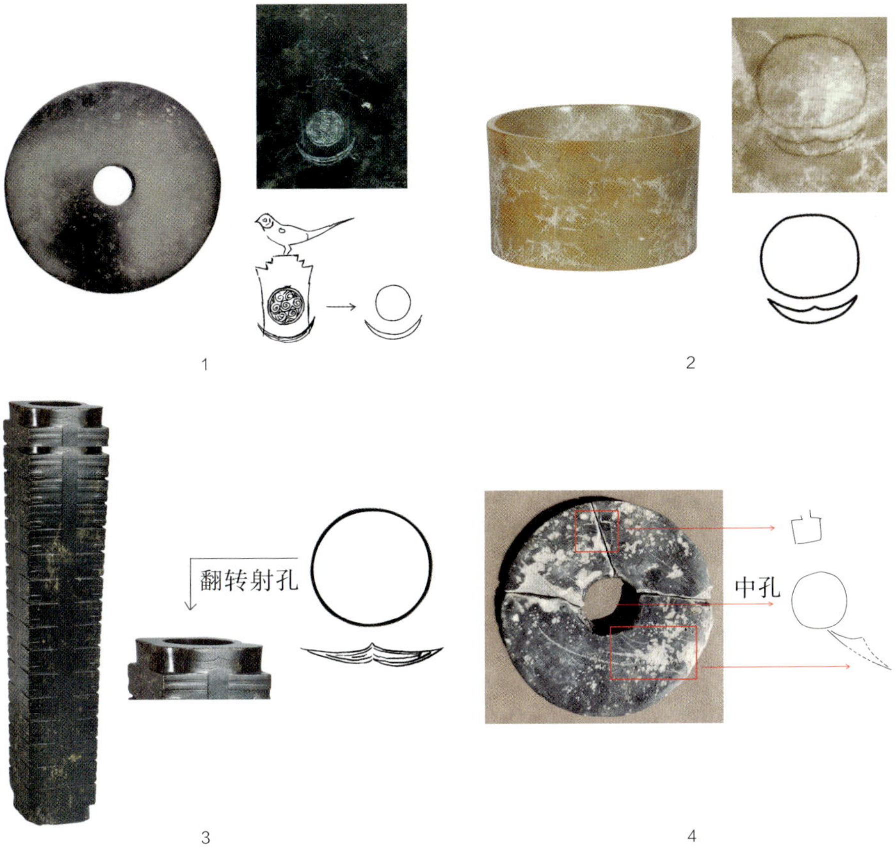

图3-43　玉器刻符中显示的“◯”形结构

1.美国弗利尔美术馆馆藏玉璧（馆藏号 F1917.348）　2.美国弗利尔美术馆馆藏玉璧（馆藏号 F1917.385）　3.上海博物馆馆藏刻符玉琮　4.2017 钟家港 C0C0 区 N 块 T2034⑥c 出土刻符陶璧

像鸟尾，为了行文方便即暂称其为“负日阳鸟”，如图 3-42。

第三种，也是一个简单的圆形。但圆形内部不是贯通的竖线，而是填刻满了类似云气的“旋涡”纹，如图 3-43。在美国弗利尔美术馆 F1917.348 这件玉璧的刻符上，这个圆形符号与下部的弯月形符号相配。这一组合形式与该美术馆收藏的一件刻符玉镯上的“◯”形符号结构一致。因此，推测这个弯月形符号，实质上就是“◯”形符号下的“◡”鸟形符号的再简化。同样的结构在上海博物馆馆藏玉琮上也有所表现，

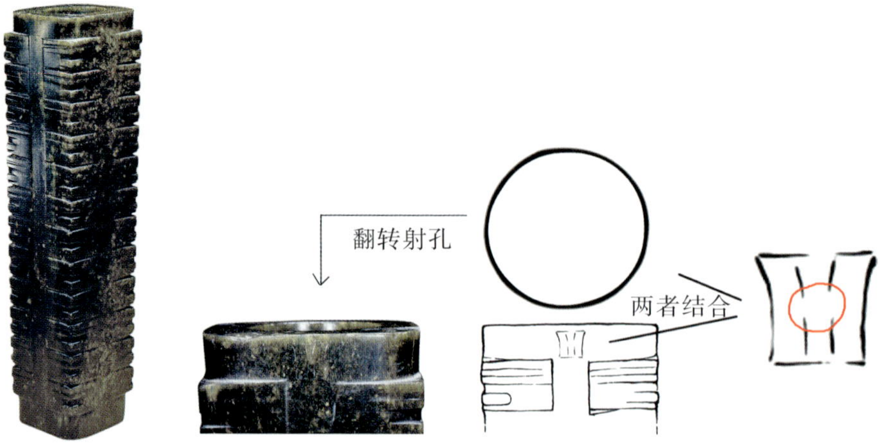

故宫博物院院藏刻符玉琮

图3-44　以器物中孔代替圆形符号的器例

与其上射口处鸟形符号对应的圆形，就是该琮上下贯通的中孔。如图3-43-3解析所示。钟家港遗址出土的一件刻符陶璧，一面有贯通中孔的“十”字形刻符，另一面则汇集多个符号，如图3-34-4，其中可辨认者恰为方框符号和飞鸟，而代替圆形符号的，也应为其中孔。尽管陶璧上的方框符号、圆形、飞鸟布局比较分散，但这种共存关系出现在不同的载体上，绝非偶然。这种以器物中孔部位代替圆形符号的做法，还见于故宫博物院院藏的一件玉琮上（图3-44），上射口处的符号属于第一种式样，完全可以用玉琮的中孔，来填补方框中缺失的圆形。

结合方框内这三种不同式样的符号，“方框＋框中圆形”的组合，才是这个符号在形式上稳定不变的内核。既然玉琮、玉璧的中孔可以代替圆形符号，那么，圆形符号所要表现的也应是玉琮或者玉璧中贯通的中孔。那圆形外的方框——一个与圆形中孔配套出现的方形，自然表现的就应是玉琮本身而并非其他。这就是为何此类符号上部的台阶形状可以简化也可以省略的原因，因为台阶的形状并非特指某种实体，只是为了表达上闻于天的愿望，在形式上使用了台阶形来进行加强。按照张光直先生的解释[①]，玉琮是沟通人神的法器，上下贯通的中孔象征着天梯，或者精神层面上一种与神沟通的途径。因此，玉琮上的这个刻符其实就是对玉琮本身象征意义的诠释。

符号上的鸟就更容易理解了，有位于方框底部的，有位于方框中部的，也有位于方框顶部的，位于不同部位的鸟具有不同的造型，可能也与鸟在沟通天地活动中不同阶段的象征意义有关。比如，以符号底部的简化的形象象征在人间的鸟，以符号中部的正面的形象象征通神过程或通神仪式中的鸟，以符号顶部的侧面立鸟的形象象征在神界的鸟或者直接代指神。鸟类天生具有的飞翔能力，使之成为良渚玉器上沟通人神的使者。

在对符号理解的基础上，再来看载体玉器本身。带有刻符的玉器主要是高节玉琮与玉璧。弗利尔美术馆的那件刻符玉镯是宽体的，可以归入玉琮类。如果说，刻符是对玉琮本身象征意义的诠释，那同样的刻符出现在玉璧上，是否意味着玉璧的象征意义也与玉琮一致？“苍璧礼天，黄琮礼地”概念的形成，不会早于西周，更有可能是东周或汉代儒生构建的一种礼制概念。因此，在玉璧、玉琮的创造者——良渚人的观念里，玉璧和玉琮的关系、其各自的象征意义是完全可以被重新讨论的。基于同样的刻符，玉璧和玉琮具有密切的关系，这一点无须质疑。很显然，整个玉琮中最重要的部位，是它上下贯通的中孔，那么，玉璧的缘起大约就是这个中孔的实体化了。但是，中空的空间毕竟无法独自存在，于是就给予了它宽厚的轮廓，形成了圆形的玉璧。这也解释了玉璧的创造晚于玉琮的原因。

一些玉璧上的刻符是正面鸟的形象，如余杭博物馆馆藏朱皇庙出土玉璧、上海福泉山M40:111刻符玉璧，如图3-45。正面鸟是原先被认为

---

① 张光直：《谈“琮”及其在中国古史上的意义》，文物出版社编辑部编：《文物与考古论集——文物出版社成立三十周年纪念》，文物出版社1986年版。

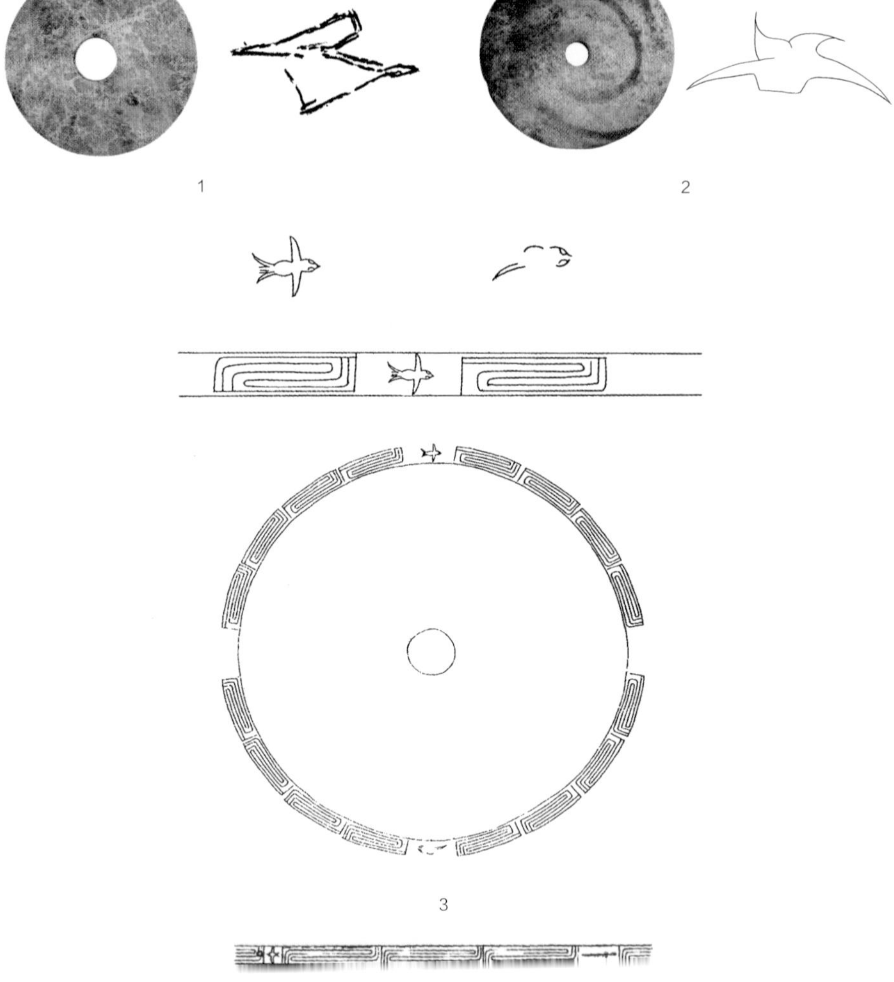

图3-45　玉璧刻符中的正面鸟形象

1. 上海福泉山M40:111刻符玉璧　2. 余杭博物馆馆藏朱皇庙刻符玉璧　3. 英国伦敦维多利亚与阿尔伯特博物馆馆藏玉璧刻符　4. 美国弗利尔美术馆馆藏玉璧（馆藏号F1917.348边缘刻符）

“负日阳鸟”的符号中的鸟形象，即上文所概括的第二种框内符号中的鸟。想来，在此类单独出现正面鸟的情况中，是用玉璧中孔代替圆形符号了。英国伦敦维多利亚与阿尔伯特博物馆馆藏的玉璧，将正面形态的鸟刻画在细窄的边缘处，同类的，还有弗利尔美术馆馆藏玉璧F1917.348的边缘刻符。后者的玉璧正面已经有了简化的飞鸟和侧面的立鸟两种鸟的形态，边缘处的正面鸟恰好填补了框内缺失的鸟的正面形象，是目前仅见的一件集三种鸟的形象于一器的玉器。另外，此器的边缘处还出现了树木形符号，其象征“天梯”的意义前文已有讨论，与玉器刻符的象征意义相互补益。

综上所述，虽然玉器刻符有着多种形式上的差异，但其归根到底只有一个统一的主题，就是对本身即为符号的玉琮的诠释。可以说，“玉琮—符号—玉璧”，是一系列以符号对符号进行的解释，是良渚符号系统中最为高级的模式的重复。在此，不妨暂将其命名为“通天符”。联系到陶器上也会出现“通天符”的情况，它们属于脱离了符号实体的符号，这就意味着，在无权使用玉琮、玉璧的人群中，或者，在无须或不够等级使用玉琮、玉璧的场合中，人们同样有着以“通天符”表达自己宗教愿望的要求。目前可见带“通天符”的陶器残片，集中出现于良渚古城莫角山东侧的钟家港河道①，这不得不令人反思钟家港河道的性质是否仅仅属于古城内日常生活生产的垃圾填埋场。或许，将“通天符”陶器瘗埋，如同将“通天符”玉器随葬一样，都是希望通过某种形式，向神灵传话。

此时，重新回到刻画符号与文字的关系问题上。显然，在“文字”前，增加“造字材料”与“初文字”这两个阶段，是有助于理解符号与文字的关系，且有助于阐释符号的象征意义的。在刻画符号这一“字符库”逐渐孕育、壮大的过程中，最接近“初文字”的玉器刻符或许早已诞生，也或许已被纳入其中，无论如何，它都是“字符库”的一部分。它们离文字，很可能只有一步之遥。

值得注意的是，刻画符号这一“字符库”，是良渚人日常生活中一

① 浙江省文物考古研究所编著：《良渚古城综合研究报告》，文物出版社2019年版。

种并不必需的需求系统。从目前发掘所得遗物来看，不带刻画符号的占绝大多数。这表明，符号的运用并未得到社会面的普及。从前文总结出的、可能存在的各类不同构造规则来推测，不同系列的符号大概率来自不同分工、不同职能或因其他原因结成的不同人群。而这些人群，也分别只有一小部分人具有制定符号的特权，或使用符号的需要。从良渚古城遗址、平湖庄桥坟遗址大量集中地出土刻画符号的情况看，对符号的需求有一定的地域性。良渚古城遗址是良渚文化的政治中心，把大量集中出土刻画符号的情况与其所享有的最高等级、最高政治地位结合起来考虑，符号系统为统治阶级、较高等级贵族、特殊职能部门等人群服务的可能性极大。而庄桥坟遗址由于考古资料尚未公布，遗址性质未明，不排除其具有一定的特殊性。

最后，可将良渚文化不同载体的刻画符号概括为如表3-1所示的系

表3-1　良渚文化“字符库”与商代晚期文字系统的对比

<table>
<tr><th colspan="3">分类</th><th>内容</th><th>载体</th></tr>
<tr><td rowspan="2">良渚文化符号系统</td><td rowspan="2">字符库</td><td>器物标记体系</td><td>数字编号
时间编号
占卜记号
职业记号</td><td>陶器
(烧前刻为主)</td></tr>
<tr><td>精神信仰体系</td><td>创世规律、宇宙观
占卜记录
沟通人神的愿望</td><td>陶器
(烧后刻为主)
石器
玉器</td></tr>
<tr><td rowspan="2">商代晚期文字系统</td><td rowspan="2">文字</td><td>金文</td><td>族徽
先人庙号
作器者名
赏赐记录
……</td><td>青铜器</td></tr>
<tr><td>甲骨文</td><td>占卜记录</td><td>甲骨</td></tr>
</table>

统——即史前“字符库”系统。该系统主要包括两个体系：一个是器物标记体系，另一个是精神信仰体系，恰好与商代文字中的金文体系和甲骨文体系基本相当。包含于其中的“通天符”之所以最接近“初文字”，除了形式上的统一之外，其构造规则也是十分明显的——即遵循着对“玉琮”“玉璧”这类以玉制成、象征着沟通人神的符号的诠释规则组合而成。“通天符”流行于玉器细线刻纹衰落的良渚文化晚期，具有取代细线刻纹的终极主题——“神徽”地位的意义。“字符库”的逐渐丰富、象征意义的逐渐模式化，应该就是良渚先民的统一信仰从“‘神徽’·图像”向“‘通天符’·符号”转化的原因之一。这种具有精神约束力的符号，是凌驾于其他符号之上的。当它开始为礼制和宗教所役使，“初文字”就呼之欲出了。再冒进一点讲，如果说良渚文化有文字，那“通天符”才能算得上是成熟的文字。如果非要在甲骨文之前，找出一个源头文字的话，目前可辨识的有且仅有一个，即“通天符”。

第四章

图像中的象征系统

9000年来的浙江史前美术，在5000年前的良渚文化玉器成就中达到顶峰。良渚文化玉器，以其独具匠心的设计理念、精工巧作的细线刻纹、礼制性的组配模式、高度凝练的象征意义，成为了良渚文化研究中极具地位的重要专题。20世纪70年代江苏吴县草鞋山良渚文化墓葬的发掘确认了玉琮、玉璧为新石器时代遗物后，良渚文化玉器开始进入史前考古领域。1986年，余杭反山墓地①的发掘，出土了迄今体量最大且雕刻“神徽”形象最为完整的玉琮M12:98（习称“玉琮王”）（图4–1）后，对神徽形象的解读又成为了良渚玉器研究中，汇集海内外各路专家目光的焦点。涉及良渚玉器或神徽图像的研究与讨论，在本系列丛书之《良渚玉器与中华文明》，或者《杭州全书·良渚丛书》之《神巫的世界》②《神人兽面的真像》③《玉器的故事》④等专著中，均有较为系统的梳理，本书中不再进行重复的汇编整理。

“神徽”这一称法是对玉琮上“神人兽面纹”的提炼，其无疑是良渚文化，乃至整个浙江史前文化中最为重要的图像。从考古发掘出土的资料看，今人对神徽图像的了解是从“兽面”开始的。参照商周青铜器纹饰“饕餮纹”（图4–2），良渚玉器上的兽面一度被认为是青铜器“饕餮纹”的前身。尽管不能否认其中的联系，但是，按照考古学方法中的器物类型学来给这类图像排序列的话，良渚玉器的兽面呈逐步抽象、逐

① 参见浙江省文物考古研究所编著：《反山》，文物出版社2005年版。

② 刘斌：《神巫的世界》，杭州出版社2013年版。

③ 方向明：《神人兽面的真像》，杭州出版社2013年版。

④ 蒋卫东：《玉器的故事》，杭州出版社2013年版。

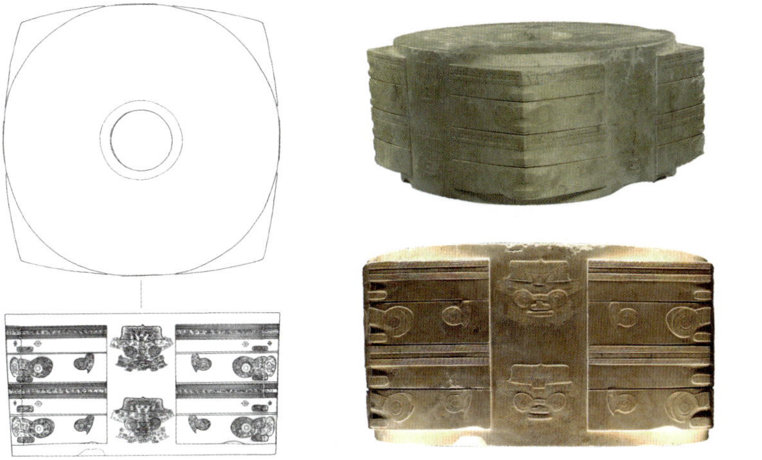

图4-1　反山墓地“玉琮王”M12:98

注：位于头骨一侧，墓主左肩上方，正置。整器呈扁矮的方柱体，内圆外方，上下端为圆面的射，中有对钻圆孔，留有台痕。下端有取料时形成的凹缺。琮体四面中间由4.2厘米宽的直槽一分为二，由横槽分为两节，每节再分上下两个组成部分。整器重约6500克，形体宽阔硕大，纹饰独特繁缛，为良渚文化玉琮之首，堪称“琮王”。在四面直槽内上下各琢刻一神人兽面纹图像，共8个。每个图像的细部基本一致，单个图像高约3厘米、宽约4厘米，用浅浮雕和细线刻两种技法雕琢而成。图像主体为一神人，其脸面呈倒梯形，重圈圆眼，两侧有小三角形的眼角，宽鼻以上以弧线勾出鼻翼，宽嘴内由一条长横线、七条短竖线刻出上下两排十六颗牙齿。头上所戴，内层为帽，线刻卷云纹八组；外层为“宝盖头”结构，高耸宽大，刻“羽翎”（光芒线）。脸面与冠帽均为微凸的浅浮雕。神人上肢以阴纹线刻而成，作弯曲状，抬臂弯肘，手作五指平伸。上肢上密布由卷云纹、弧线、横竖直线组成的繁缛纹饰，关节部位均刻出外伸尖角（如同小尖喙）。在神人胸腹部位为浅浮雕琢出的兽面，用两个椭圆形凸面象征眼睑，重圈眼，以连接眼睑的桥形凸面象征眼梁，宽鼻勾出鼻梁和鼻翼，宽嘴刻出双唇、尖齿和两对獠牙。兽面的眼睑、眼梁、鼻上刻有由卷云纹、长短弧线、横竖线组成的纹饰。在分为两节呈角尺形的长方形凸面上，以转角为中轴线向两侧展开，每两节琢刻一组简化的、象征性的神人兽面纹图案，四角相同，左右对称。上节顶端有两条平行凸起的横棱，每条横棱上约有6条细弦纹，横棱之间刻纤细的连续卷云纹（含小尖喙），这是神人所戴宝盖头冠的变体。神人简化成两个圆圈和一条凸横档组成的人面纹。圆圈为重圈，两边有小尖角，表示眼睛。凸横档上填刻卷云纹、弧线、短直线，表示鼻子。下部分由两个椭圆形凸面、一个桥形凸面和一条凸横档组成兽面纹。在兽面纹的两侧各雕刻一鸟纹，鸟的头、翼、身均变形夸张，刻满卷云纹、弧线等。与直槽内的神人兽面纹比较，这种人与兽的组合图保持了基本的格局，以转角为中轴线向两侧展开的简化戴冠人面与兽面的组合是良渚文化玉琮纹饰的基本特征。这一神人兽面纹鸟纹图案，全器四角上下共八组，与直槽内的神人兽面纹相呼应。通高8.9厘米，上射径17.1厘米—17.6厘米、下射径16.5厘米—17.5厘米，孔外径5厘米、孔内径3.8厘米。（引自浙江省文物考古研究所编著：《反山》，文物出版社2005年版，部分词句省略。）

图4-2 青铜器“饕餮纹”拓片（引自中国社会科学院考古研究所编：《殷墟妇好墓》，文物出版社1980年版）

步简化的发展趋势，无论是接续商周青铜器上的“饕餮纹”，还是接续年代更早的龙山时代流行的“戴‘介’字形冠兽面像”（图4-3），都存在发展演变中的断裂。这种看似一脉相承的背后，很可能潜藏着不同的构图逻辑和象征意义，隐含着不同人群、不同权力机构对类似图像的运用和解释。

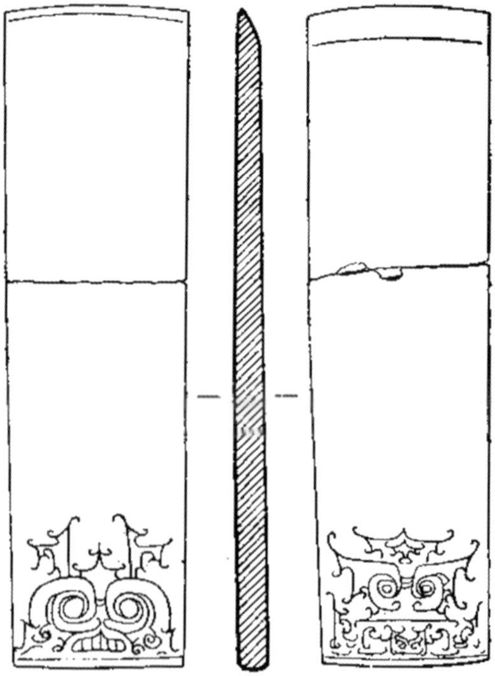

图4-3 日照两城镇“戴‘介’字形冠兽面像”刻纹玉圭（引自刘敦愿：《记两城镇遗址发现的两件石器》，《考古》1972年第4期）

起初，对神徽中兽面原型的寻找，是图像阐释中最令人津津乐道的话题。似乎找准了兽面的原型就相当于读懂了兽面的创作意图，也就相当于窥探到了良渚人的精神思想。直到反山M12:98玉琮的出土，“人面与兽面的复合形象”进入视野，对兽面原型的寻找才转而变为对“人”与“兽面”两个形象关系的探讨。似乎“人与兽面的复合”为“兽面”原型难分伯仲、难有定论的研究方法与讨论结果，找到了一个出口。那些是虎、是鳄鱼、是猪……的原型判断，又变得不那么重要了。尤其是使用了“神徽”这一概念后，图像体现出的一种模糊的整体神性越来越受重视，对图像原型的寻找，也就不再作为继续阐释“神徽”内涵的途径了。当实证主义在图像阐释上一再失败之后，形式分析为良渚玉器系列图像的阐释提供了一个操作性更强的切入口。通过对玉器上一系列浮雕与细线刻图案的深度解析，发现图像间普遍存在的变化与联系，剥离出“神徽”这一稳定不变的内核，并结合图像与玉器造型的适应关系，形成了良渚文化玉器较为完整且融通的阐释体系。同时，也在“宝盖头”形冠、兽面的眼睛、神鸟等局部图像各自独立又密切关联的象征意义上达成了共识。

本章内容将在前人研究的基础上，结合前述章节对于浙江史前美术中若干象征意义的提炼，补充一些对于神徽图像的认识。

第一节　“神徽”的来处

随葬大量玉器的瑶山、反山墓地，是整个良渚文化中出土神徽图像最为集中之地。而瑶山、反山大墓处于良渚文化早中期，要在更早的良渚文化遗存中寻找神徽图像的来源，几乎不太可能。可以说，良渚文化——今天被认定为实证中华五千年文明的良渚文明，是伴随着设计精巧的神徽图像开始的。因此，“神徽”好比良渚文明的旗帜，几乎从一开始就是意象具体且结构复杂的。讨论“神徽”的来处，自然应着眼于其文化谱系的源头，即环太湖流域的崧泽文化，甚至更早的考古学文化。

方向明《神人兽面的真像》①一书，提出了神徽中兽面的两个类比

① 方向明：《神人兽面的真像》，杭州出版社2013年版。

对象：一是崧泽文化晚期出现的龙首形象，另一是崧泽文化中普遍流行的圆和弧边三角组合。同时，书中也给出了神徽中“宝盖头”形冠冕的类比对象——河姆渡文化的“弓形”刻纹与蝶形器（即“鸟形器”）造型。这三个类比方向，对理解神徽的构成有重要意义。

一、“编织”的“神徽”

首先，观察比较完整的神徽图像可知，神徽以细线刻地纹突出浅浮雕主体，融合了两种雕刻技法。以反山 M12:98 四面直槽内的图像为例（图 4-4），浅浮雕主体包括了神人的头部和神兽的面部，而细线刻则不仅描绘出神人的上肢与神兽的前肢，还填刻了浅浮雕主体的表面。除了羽冠、五官、獠牙、手、爪这些需要勾勒成形的局部外，细线刻的内容

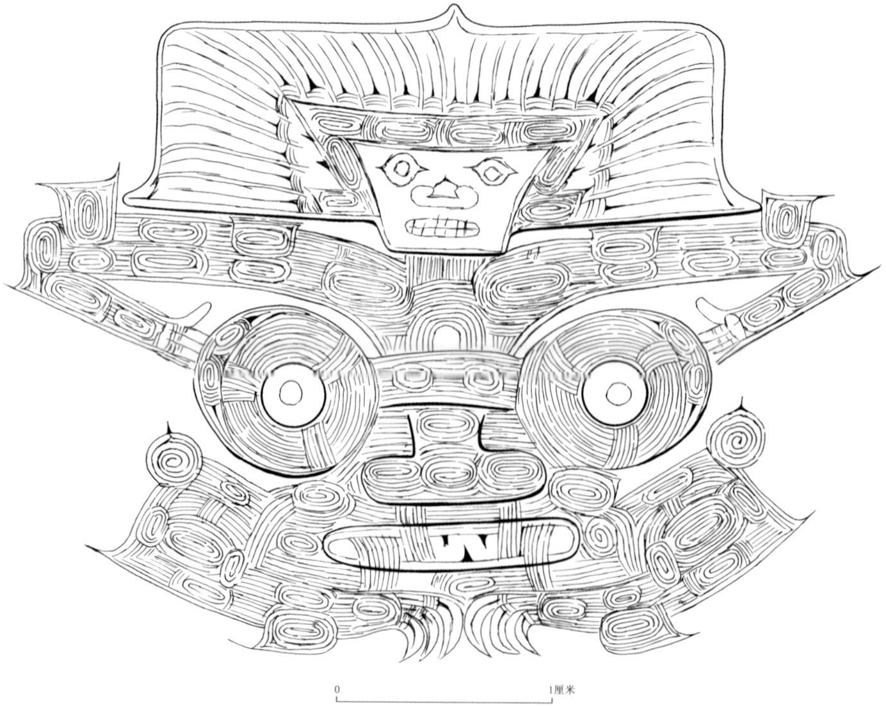

图4-4 神徽刻纹（反山M12:98直槽内图像）

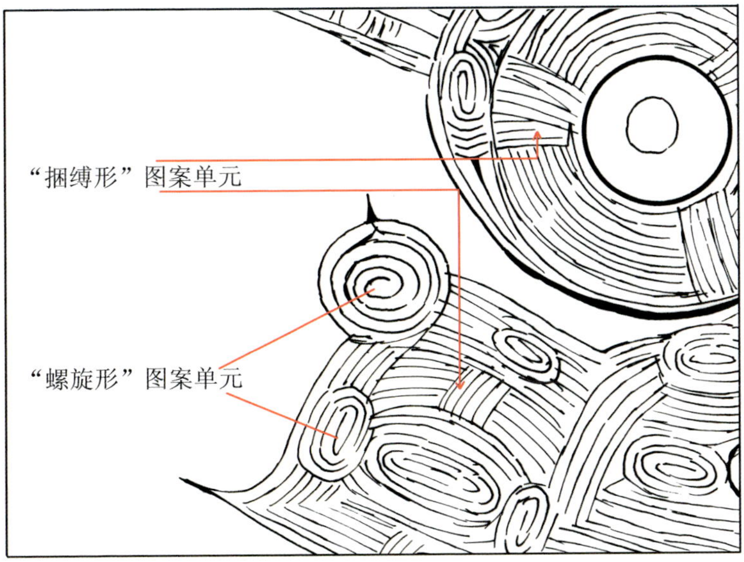

图4-5　神徽刻纹中的两大编织形图案单元

几乎无一例外是“螺旋形”与“捆缚形”两类线型图案单元的组合（图4-5）。良渚文化盛行光素无纹的器皿，尤其在早中期阶段，这类细线刻纹难求所本。然而，与崧泽文化中流行的编织刻纹相比较，则会发现，“螺旋形”与“捆缚形”的线型图案显然也是一种对编织形态的模拟。

第一，对图案本身进行类比。崧泽文化的编织刻纹中，常见线束的捆缚状态。并且，其大量的绞索纹以及变体绞索纹中，螺旋结构的运用亦是常态。

第二，与“三角·圆·三角”的图案组合进行类比。良渚玉器上的细线刻纹中，与圆形或螺旋形结构配合出现的是一些单独或成对出现的顶角细尖的弧边三角形。而崧泽文化编织刻纹的副产品之一就是“三角·圆·三角”的图案组合。前文对此组合结构的产生已有专门的叙述，它伴随着编织纹饰出现，并且可以单独运用，象征对编织结构的模拟。

第三，与编织而成的兽面进行类比。崧泽文化的编织刻纹中，就有以编织结构表现兽面的例子，良渚玉器的“神徽”图像则完全继承了这种艺术表现形式。只是，神徽所表现的内容不局限于兽面，且在对编织结构模拟的基础上，加入了修饰与编排，不如崧泽文化显现得那么直接。

第四，创作方式的类比。崧泽文化中那些经过刻画的编织兽面图案，在没有蓝本的状态下是很难凭空创造的，这意味着很可能存在一类用有机质材料编织而成的偶像。编织结构表现的兽面刻画，是对这些偶像的模拟。良渚玉器的神徽作为权力与信仰的象征，除了刻画在随葬品上，埋入贵族的墓里以外，也应该存在于生者的社会活动中。因此，神徽图像也应该具有与其对应的偶像，或者是类似于萨满服饰的这类仪式装束。另外，良渚文化玉织具出土于反山M23号女性贵族墓中，按照陈雍先生的推测[①]，该女性墓主有着极高的身份地位，不应当以纺织手工业者去理解她所承担的分工，她可能是利用腰机进行织布记事的史官。由此，神徽图像也就有可能是对记事或其他仪式性质的织布活动形成的纺织纹样的模拟。

综合以上四点，神徽图像的创作方式与需求背景，大约是延续了崧泽文化的传统，是对某种仪式性活动中以编织方式所产生图像的一种模拟。

二、复合“兽面”的由来

具体到兽面，据我们目前可以掌握的材料来看，神徽图案的“神人”部分常有省略的情况，但“兽面”则不然。独立的兽面可以指代神徽，而“宝盖头”形冠的神人并不具有这样的功能。由此可见，兽面和神人含义并不对等，虽然神人凌驾于兽面之上，但兽面才是神徽图像的

① 陈雍：《解读良渚文明：中国早期国家形态特征及其研究路径》，《南方文物》2021年第1期。

图4-6　反山M22:11冠状饰

注：位于墓主头部上方，冠顶朝东。整体呈倒梯形，上部切割成“双宝盖头”结构（或可理解为类似的台形结构），其下为椭圆形钻孔，两侧内收，两侧下角内凹弧。中部为有“宝盖头”结构兽面纹的神人兽面纹，两边上侧为鸟形象。通高4.22厘米，上宽8.3厘米，下部分别宽7.5厘米、6.85厘米，榫宽5.7厘米，最厚处0.65厘米。（引自《反山》报告，部分词句省略）

图4-7　反山M12:100-1玉钺

注：整器呈“风”字形，两侧略向内凹弧，左右不对称。钻孔上方较粗糙，隐约可见捆扎或刻划痕迹。通长17.9厘米，上端宽14.4厘米、刃部宽16.8厘米，最厚处0.9厘米，孔径0.55厘米。（引自《反山》报告，部分词句省略）

内核。反山M12:98的四个折角处刻绘有“鸟纹·神徽·鸟纹”的组合，上下两节，每节四组。单组图像又分上下两层，上层相当于直槽内神徽图像中“宝盖头”形冠的神人部分，下层则为“鸟纹·兽面·鸟纹”的组合。这就意味着，如果把折角处的图像区分为神人、兽面与鸟纹三者，则兽面与鸟纹的关系更为紧密，神人、兽面和单独的鸟纹，三者绝非并列的意象。

兽面与鸟纹的关系在兽眼上有所表现：一侧的兽眼与其相对的另一侧的鸟身形状一致。这样的对应关系在其他玉器上也有表现，如反山M22:11冠状饰（图4-6）、反山M12:100玉钺（图4-7）。其中，玉钺上的鸟纹与兽面是垂直相对的关系，仅刻绘了左侧的鸟纹，其与右侧的兽眼一致。这说明，兽面中有属于鸟纹的部分，其应当是鸟纹与其他图像的复合图像。在更多的不与鸟纹组合出现的独立神徽图像中，经过拆解兽面，可以得到神人、鸟和一种构成兽面的其他图像。

那么，在与鸟纹复合形成神徽

的兽面之前，这个“其他图像”会是一种什么样的图像呢？这就不得不提到崧泽文化晚期出现的龙首形象了。在崧泽文化晚期，治玉技术得到了一定程度的发展，有一种小玉环以比较固定的形态出现，即学界所谓之“龙首环”，如官井头①M65:20、官井头M47:9、仙坛庙②M51:2、普安桥③M8:28等（图4-8）。当然，“龙”的概念是今人赋予的，正如红山文化的典型玉器“玉猪龙”一样，并不代表这些玉器的原型一定和我们今天观念中的“龙”等同。因此，崧泽文化的“龙首环”，若被称作“兽首环”也没有本质上的差别（为了便于行文，下文沿用“龙首环”的称法）。这类“龙首”或“兽首”形象的主要特征为两角、凸吻、圆眼或重圈眼。良渚文化对这一形象有直接的传承。在良渚文化较早时期的一些玉器上，如镯、璜、圆牌、管等环形玉器上，

图4-8　崧泽文化晚期龙首小玉环（引自浙江省文物考古研究所：《良渚王国》，文物出版社2019年版）

1. 官井头M65:20　2. 官井头M47:9　3. 仙坛庙M51:2　4. 普安桥M8:28

① 参见浙江省文物考古研究所：《良渚官井头遗址崧泽文化遗存》，浙江省文物考古研究所编：《浙北崧泽文化考古报告集：1996—2014》，文物出版社2014年版。

② 参见浙江省文物考古研究所、海盐县博物馆：《海盐仙坛庙遗址的早中期遗存》，浙江省文物考古研究所编：《浙北崧泽文化考古报告集：1996—2014》，文物出版社2014年版。

③ 参见普安桥中日联合考古队：《桐乡普安桥遗址早期墓葬及崧泽风格玉器》，浙江省文物考古研究所编：《浙北崧泽文化考古报告集：1996—2014》，文物出版社2014年版。

1　　2　　3

图4-9　良渚文化龙首纹玉器（引自《良渚王国》）

1. 反山 M22:26　2. 瑶山 M1:30　3. 瑶山 M10:21

有一种区别于神徽中兽面的图像，被称作“龙首纹”（图4-9）（下文沿用这一名称）。这些龙首纹的主要特征为两角、重圈眼、吻部微凸或不再凸出、双眼与吻部之间多见一菱形格纹。除了玉管上雕刻的龙首纹是垂直于圆周方向的以外，镯、璜、圆牌上的龙首纹多是顺着圆周排列，与崧泽文化龙首环上的龙首朝向一致。关于龙首纹是神徽中兽面的前身这一点，已有大量学者从形象的角度给予了肯定①。其中，方向明在对形式进行深度分析后，认为瑶山玉圆牌 M2:17 的龙首纹眼睛上的尖角（图4-10），沟通了其与眼部同样具有尖角的神徽兽面之间的相互联系，并由此得证龙首纹是神徽兽面的另一种表现形式②。事实上，龙首纹的

① 顾幼静：《从反山出土“玉琮王”看良渚文化玉琮的形制变化》，《东方博物（第三十二辑）》，浙江大学出版社2010年版；蒋卫东：《神圣与精致：良渚玉器研究》，浙江摄影出版社2007年版；古方主编：《中国古玉器图典》，文物出版社2007年版。

② 方向明：《良渚文化玉器纹饰研究》，浙江省文物考古研究所编：《良渚文化研究：纪念良渚文化发现六十周年国际学术讨论会文集》，科学出版社1999年版；方向明：《良渚文化玉器的龙首纹与神人兽面纹之兽面纹》，邓聪、吴春明主编：《东南考古研究·第三辑》，厦门大学出版社2003年版。

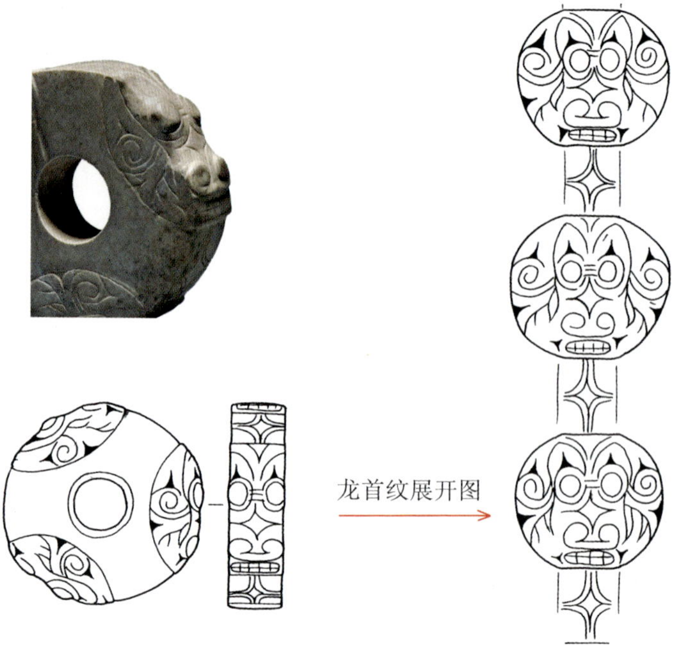

图4-10　瑶山M2:17龙首纹圆牌

眼睛上这种刻绘出的带尖角的“眼睑”，是可有可无的，如前文所述，细线刻是对编织结构的模拟，尖角是配合圆形图案产生的，其本身与主体图案内容没有必然的联系。可以说，有无这个“眼睑”结构，不会影响对两者关系的判断。因此，瑶山M2:17圆牌龙首纹眼睛上的尖角，并不能作为直接证据证明龙首纹与神徽的兽面等同，反而证明了龙首纹亦是一种编织结构的模拟。例如，反山M22:26圆牌的龙首纹图像在侧面刻绘了捆缚的线束，而从瑶山M9:5玉管的龙首纹上可以看出，两角与吻部之上的菱形图案亦刻绘成了一种捆扎状（图4-11）。由此推测，龙首纹上的菱形图案是编织结构中的遗形，一些龙首纹图案中保留了这一结构。良渚玉器上可见的所有图像中，除去“宝盖头”冠和“神人面”这两个部分的神徽图像，以及单独的鸟纹、龙首纹均是对编织结构的模拟，那么，与鸟纹复合成神徽中的兽面的图案，即有可能就是这种龙首

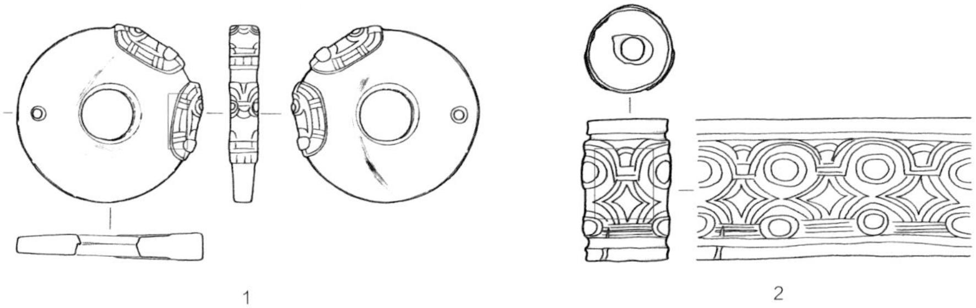

图4-11　龙首纹玉器刻纹中的捆扎状编织结构

1.反山M22:26　2.瑶山M9:5

纹。这也正是为何龙首纹在大多数人眼中与神徽中兽面异曲同工的原因。形式的相似是其表，创作逻辑的一致是其里。

至于兽面的原型这个问题，既然其为复合图案，即是人们观念中创造的神物，其实并没有原型一说。但这种通过不同动物的复合而创造兼具跨物种能力的神物，却与今人观念中“龙”的建构方式相符。与其为兽面寻找原型，倒不如认为兽面本身就是良渚人创造的一种可以供后世人创造一系列祥瑞动物的原型。简单来说，兽面的原型不会是龙，反而，兽面恰是龙的原型。

三、玉冠状饰的图像化

关于“宝盖头”形冠的神人，良渚文化早期或崧泽文化中都很难在刻绘或彩绘的美术形式中见到相似者。但如果拆解为“宝盖头”形冠和“神人面”两个意象再加以观察，就简单多了。与兽面的编织风格不同，“宝盖头”形冠和“神人面”总体比较“干净”，其主体部分不以编织结构修饰，这意味着两者的创作逻辑及象征意义和兽面不是一个方向。其中，“宝盖头”形冠的最直接象征对象，就是良渚文化的玉冠状饰，它是冠状饰的图像化，是对冠状饰的模拟。并且，冠状饰通常出土在墓葬中靠近墓主人头部的位置，即随葬时应作为墓主人的头饰或发饰。这种将冠状饰与人的头部直接联系起来出土情境，不正是神徽中“宝盖头”形冠神人的直接注解吗？

“神人面”最主要的特征是倒梯形。玉琮脱离了镯式琮的形态后，正是一种上大下小的方柱，从侧面看也是倒梯形的。玉琮随葬于墓内时，放置的位置不一，以置于墓主人躯体中部的居多，也有佩戴于上肢的情况。这说明琮在表达统一的象征意义的同时，可能兼具一些用于佩戴之类的其他实用目的。反山M12内的“玉琮王”显然是一件仪式性用具，不具备佩戴的可能，其出土的位置恰好为头部附近（图4-12），距离冠状饰不远。这一组配关系，吻合“宝盖头”形冠和“神人面”的组合方式。

由此可见，神徽中的兽面部分，是鸟纹与龙首纹这一对“模拟编织结构”的复合关系，神徽中的神人部分，则是一对“宝盖头”形冠和“神人面”的“模拟玉器”的复合关系。

综上所述，神徽是良渚文化高等级特权阶级——统治阶级或直接为其服务的职能部门，为了更高程度的集权和规范民众信仰、规范社会秩序，苦心经营、筹谋设计的一种观念符号。为了起到号召作用，这种观念符号在当时最为主要的政治生活——大型的宗教仪式活动中，应该频频出场，并具有相当显著的可看性、图像性，或许是王或巫觋、祭司之类人物的装扮，或许是编织捆扎成的偶像……设计者利用了长久以来存在于观念中的鸟和某种兽类的形象，创造了一种复合神兽，它兼具鸟、兽的多种能力，显得上天入地无所不能。当然，纵然其神通广大，也只能作为张光直先生所称的“蹻”①，一种协助王或巫觋沟通人神的动物。“宝盖头”形冠的神人是为这个观念符号量身定做的，其通过模拟代表特权阶级等级的礼制性玉器——冠状饰和玉琮，来表示特权阶级有能力、有资格借助“蹻”的力量通神。现在学界惯称的“神人”，其实应

① 张光直：《濮阳三蹻与中国古代美术上的人兽母题》，《文物》1988年第11期。

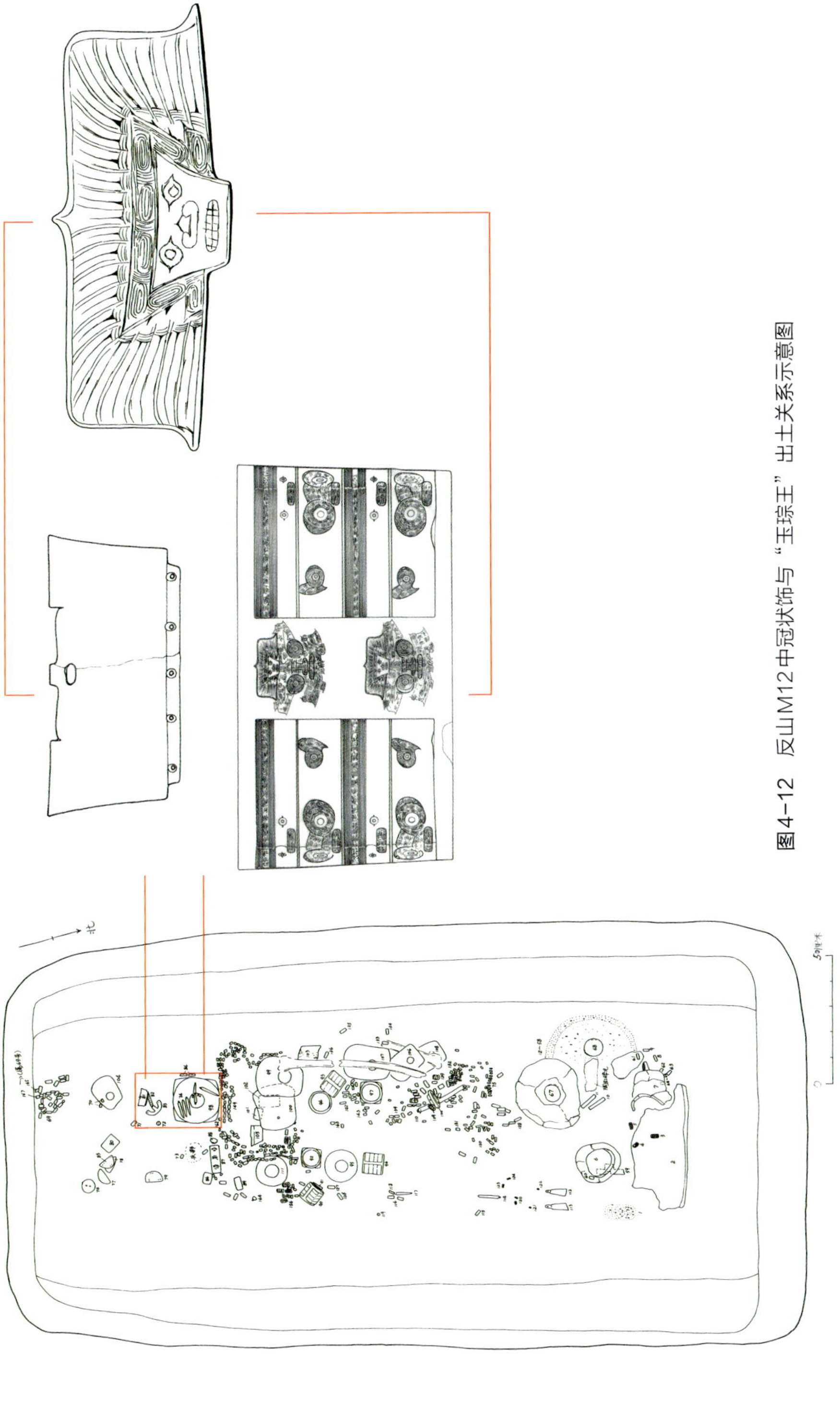

图4-12　反山M12中冠状饰与“玉琮王”出土关系示意图

该更多地象征王或巫觋，类似萨满那样的天选之人，通过某些仪式通神、使神降临，从而成为神的替身，带有一定的神性。由此观之，神徽图像是这种通神观念以及相关仪式活动的象征，以极为精细的形式雕刻在玉器表面，虽然巧夺天工，但图案效果非近观而不得彰显。由于这些玉器是葬仪中专用的，刻于其上的神徽也就多了一层对墓主人高贵地位的象征意义。

第二节 “冠冕”和鸟

玉冠状饰的“冠冕”形象本身，与河姆渡文化中鸟的形象有着微妙的关联。在良渚文化雕刻有神徽图像的玉器上，倒梯形人面上部的“宝盖头”形冠填刻的是紧密排列的羽状纹如图4-4，因此也被称为“羽冠”，顾名思义，即用羽毛制成或用羽毛装饰的冠冕。而那些省略了神人部分的神徽图像，在顶部也有刻绘羽状纹的做法（图4-13）。这些以羽状纹置换了图像中的“宝盖头”形冠的玉器，在造型上也不具备“宝盖头”形的凸起。陈雍先生将其解释为具有标记不同执政人群的意义①，这对于理解造成图像差异背后的原因无疑具有全新的启示作用。尽管可能人群有别，神徽图像的象征意义和构图逻辑始终是一致的。既是“羽冠”，则必定与鸟有着千丝万缕的联系。

在良渚文化以前，浙江境内史前考古学文化中，对鸟的形象进行充分利用且体系完备的只有河姆渡文化。本书第二章中，对河姆渡文化的鸟纹作了比较详细的叙述，概括起来有两大体系：一是从刻纹到造型的

① 陈雍：《解读良渚文明：中国早期国家形态特征及其研究路径》，《南方文物》2021年第1期。

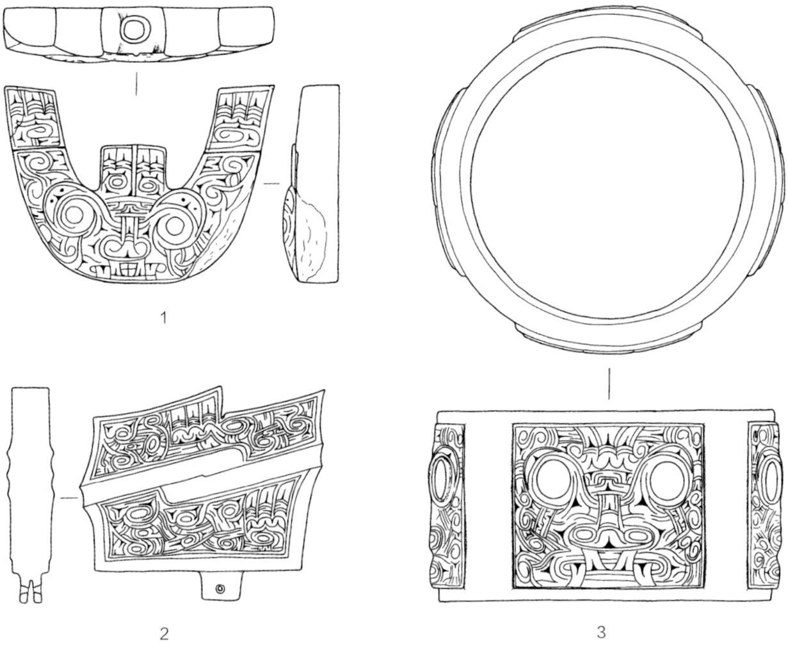

图4-13　不见“宝盖头”的“羽冠神徽”（引自浙江省文物考古研究所编著：《瑶山》，文物出版社2003年版）

1. 瑶山 M3:3　2. 瑶山 M7:31　3. 瑶山 M9:4

“鸟形器”（原名“蝶形器”）体系；二是“〰”形、“◡”形、“⌒”形、“∽”形等象征鸟形的符号体系。其中，关于“⌒”形具有象征“冠冕”的意义，笔者在《关于河姆渡文化两种造型模式的讨论》①一文中，也曾肯定了这种解读。但在意识到“⌒”形与“〰”形、“◡”形等符号应处于同一体系时，对“⌒”形的象征意义有必要进行反思。重新审视田螺山镂雕鸟形器和河姆渡刻纹骨匕 T21(4):18上双鸟中部的“⌒”形凸起（图4-14）。很有可能，此“⌒”形仅仅只是双鸟相接的翅膀。在田螺山镂雕鸟形器上，这一点表现得更加明显。即使在河姆渡文化以后，“⌒”形符号在传承中被

① 朱雪菲：《关于河姆渡文化两种造型模式的讨论》，《文物》2020年第12期。

1

图4-14　鸟翅相接形成的“︿”形结构

1. 田螺山遗址出土

2、3. 河姆渡骨匕 T21(4):18

2

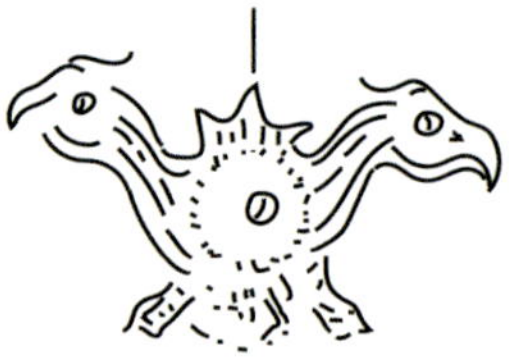

3

特意引申为“冠冕”的象征，这个“冠冕”的原型也来自鸟。鸟形器是“︿”形与“﹀”形符号的叠加，从刻纹到造型到功能，都可以与良渚文化冠状饰进行类比。

一、鸟形器刻纹与冠状饰刻纹的类比

在木质以及非木质的两大类鸟形器中，木质鸟形器除田螺山出土的镂雕者以外，基本只见两端或一端简单地雕刻成鸟首的形状。非木质鸟形器则由于大多残缺不全，完整的刻纹十分罕见，可以 T226(3B):79 和 T224(3B):82 的刻纹为代表（图 4-15-3、图 4-15-4）。而非鸟形器却带有鸟形器性质刻纹的，如刻纹骨匕 T21(4):18。尽管具体表现有所不同，以上刻纹最为显著的共通之处，就是两端分别朝外的鸟首。反山冠状饰 M22:11 的两侧雕刻有鸟首形象，巧合的是，亦为鸟首朝外的形态

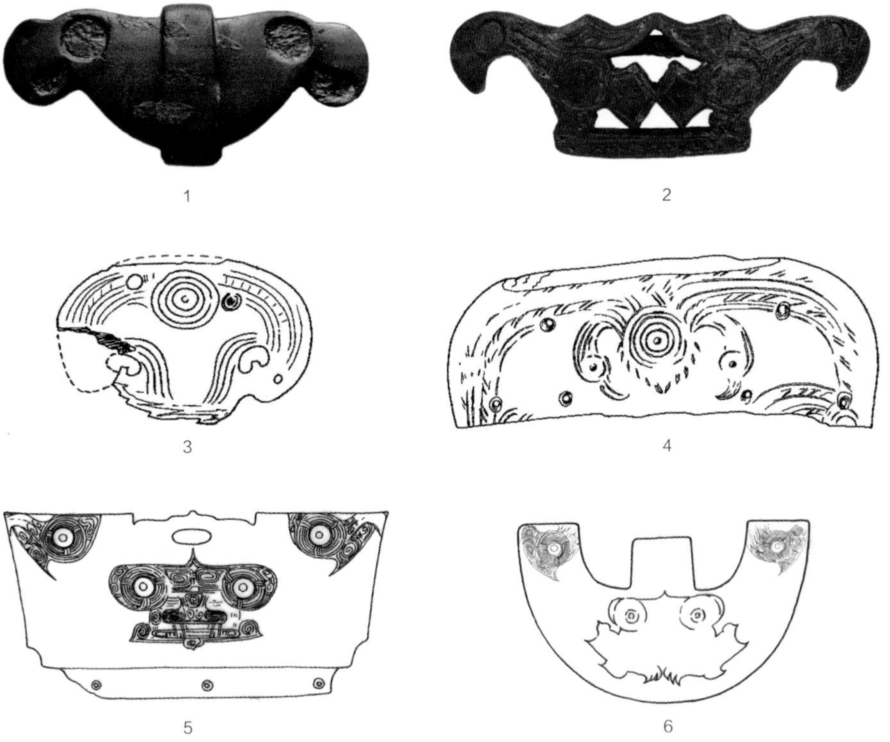

图4–15　鸟首朝外的刻纹及“‿∧‿”形结构的类比

1、2. 田螺山遗址出土木质鸟形器　3、4. 河姆渡遗址出土非木质鸟形器 T224(3B):82、T226(3B):79　5. 反山冠状饰 M22:11　6. 反山三叉形器 M14:135

(图 4–15–5)。而冠状饰刻纹基本以神徽为主，雕刻于正中的位置，结合各个冠状饰刻纹的内容，其完整形式应为“鸟纹·神徽·鸟纹”的组合。这说明，其他冠状饰上虽然省略了部分乃至全部的刻纹，但在完整的组合中，冠状饰确实暗含有两个分别位于两端的外向鸟首。基于这一点，玉三叉形器可能也存在类似的设计理念，例如反山 M14:135，在两旁的分叉顶端也雕刻了一对朝外的鸟首（图 4–15–6)。

二、鸟形器造型与冠状饰造型的类比

非木质的鸟形器多为残件，T226(3B):79、T224(3B):82 等保存相对完整者也缺失了顶部。从个别完整者看，此类鸟形器顶部有可能就是平滑的。但其往往作为插件使用，由于需要装柄，不能排除其顶端会由于柄的凸出呈现“︶︿︶”形。木质鸟形器的造型，除图4-14-1的中部为“︶︿︶”形凸起外，大多于背面中部雕凿出一个装柄的凹槽，该凹槽顶部微微凸起，与“︶︿︶”形吻合。这与冠状饰造型的重要特征刚好吻合（图4-15），即顶中部呈现“宝盖头”形。冠状饰亦有顶部平滑或弧拱的造型，此可以视作工艺上的省略。

木质鸟形器中，有一类为单鸟造型，如图4-16中田螺山遗址出土的

图4-16 良渚玉杖帽设计立意来源示意

1、2. 田螺山遗址出土 3、4. 反山M12:103与假想展开图 5、6. 反山M20:143

两件标本。冠状饰亦有一种侧面的造型可与之对应。体现这种侧面造型的是一类用于钺或权杖所装柄的顶端，被称之为“杖帽”的玉端饰，如反山M12:103、反山M20:143等。从反山M12:103上雕刻的神徽图像来看，只有正对着杖帽的窄边假想两侧展开，才能看到神徽的正面（图4-16）。而从其宽面看，只能见到对折后的半个神徽图像。以同样的方式观察反山M20:143，则会发现，以窄边为中心向两侧展开后的形状，与冠状饰极为相似。这说明，冠状饰和杖帽的设计相互关联，杖帽应为冠状饰的另一种表现形式。以正对神徽为前提，前者是直观的平面图像，后者是需要经过假想的对折图像。对应木质鸟形器的双鸟与单鸟，前者与冠状饰的正置方式一致。而后者由于其后背的装柄凹槽限制了正置的方式，其正置方式与杖帽的侧视角度一致，很可能是杖帽这类玉器设计立意的来源。

三、鸟形器功能与冠状饰功能的类比

上述两点比较的是客观实物中的相似性，从直观印象上就能体现出来。而遗物的功能本就是阐释的结果。以功能为类比对象，目的仅在于考察两类器物是否可能达成功能上的统一。相比鸟形器而言，冠状饰基于出土情境的支撑，在作为墓主人头饰或发饰这一点上，基本没有异议。作为冠状饰的另一种表现形式，杖帽是钺或权杖类礼仪用具的柄上端装饰品。鸟形器的功能暂无定论，参考冠状饰（或杖帽）的两种功能，鸟形器恰好有两个大类可与之匹配。木质鸟形器由于体型普遍较大、较重，作为头饰或发饰显然不可能，从凹槽看其背后所装的柄应为长木柄。因此，木质鸟形器应该作为仪仗类用具。非木质鸟形器有石、骨、牙质，体型轻巧，可作为头饰或发饰之用，其背后亦有装柄的凹槽，其所装之柄，大概即如周家浜出土冠状饰下的象牙梳那样，主要作固定之用。因此，石、骨、牙质鸟形器应该作为某种饰品。

若此推测无误，那么，良渚文化的冠状饰从其刻纹到造型再到功

能，几乎都可以从鸟形器中找到源头（尽管功能是反推的）。可以说，良渚文化玉冠状饰的祖型就是鸟形器。其“冠冕”的形象，自然也就是脱胎于鸟形。而在经历马家浜文化、崧泽文化之时，“⌒⋏⌒”形这种象征鸟的符号，如何演变出“冠冕”意象，尚无线索可循。但“宝盖头”形冠的神人图像，以羽冠加冕，仍然透露出其冠冕背后那个潜藏着的鸟的母题。

第三节　来处即去处

神徽图像在良渚文化晚期出现简化，意味着高度统一的信仰正在发生某种变化。尤其在良渚王国政治权力的中心——良渚古城遗址所在的浙北地区，在神徽图像退化至以眼形来指代整体之时（图4-17），又有两类美术形态猛然崛起：一是细线刻纹黑皮陶，二是玉器刻符。图像的交替呈现出此消彼长的趋势，大概不会是纯粹的审美需求所致。

图4-17　良渚文化晚期退化的神徽图像，余杭瓶窑吴家埠遗址采集玉琮特写（引自浙江省人民政府、故宫博物院：《良渚与古代中国：玉器显示的五千年文明》，故宫出版社2019年版）

一、兽面的瓦解

神徽中兽面的瓦解，并不是一种形式上的、简单的分散。在良渚文化晚期的玉器刻纹中，除了简化的兽面外，并无其他与之相关的内容。而透露出

图4-18　卞家山G1②:100鸟纹宽把杯（引自《良渚王国》）

图4-19　卞家山G1②:414龙纹陶豆（引自《良渚王国》）

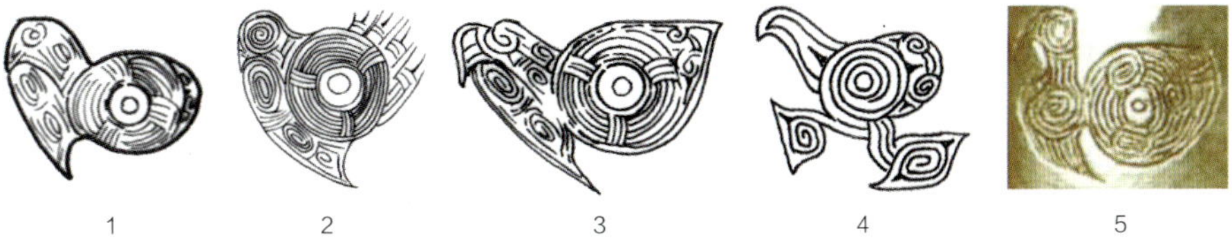

图4-20　良渚文化玉器“神徽”两侧的鸟纹形象举例

1. 反山M12:98　2. 反山M14:135　3. 反山M22:11　4. 瑶山M2:1　5. 福泉山M9:21

“兽面纹”去向的线索，来源于其诞生时即携带着的两大固有特征：一是对编织结构的模拟，二是两类图像的复合。同时具备这两大特征的美术形式，在良渚文化晚期是切实存在的，即黑皮陶细线刻纹中的两个图像系统。在目前学术界较为流行的观点里，一类称为“鸟纹”，如图4-18；一类称为“龙纹”或“鸟首蛇身纹”“蟠螭纹”等，如图4-19（为了便于行文，下文即以“龙纹”称之）。两者周身均装饰有与神徽图像中完全一致的“螺旋形”与“捆缚形”细线刻纹，且在整个细线刻纹体系中，也仅有鸟纹与龙纹填刻了这类编织形地纹。这是一种指向性极强的替代关系。

对比黑皮陶上的鸟纹与玉器上出现在神徽两侧的鸟纹，不难发现，后者的形态较为统一，而前者的形态变幻无穷。通过解析图4-20几个从玉器刻纹中提取的鸟纹，鸟身、鸟首、鸟翅三个部位表现明确，且形变浮动在较易识别的范围内。其鸟首的特征是弯钩状带尖喙，没有专门用来表现眼睛的图案，因为螺旋或重圈或空白都有可能出现在鸟首部位。鸟身是兽眼的形状，主体为重圈。鸟翅收拢在脖子的下方，饰有螺旋纹。瑶山 M2:1 这种向外展开的情况罕见，两只鸟翅上各有一个“单螺旋”结构。

抓住这些特征，在黑皮陶上辨认鸟的形象就相对容易一些。由于其形式多变，浙江境内目前可见的刻纹黑皮陶标本，尚无法以偏概全地代表其整体情况，以下分析会适当借鉴周邻省份的材料。上海福泉山良渚文化高

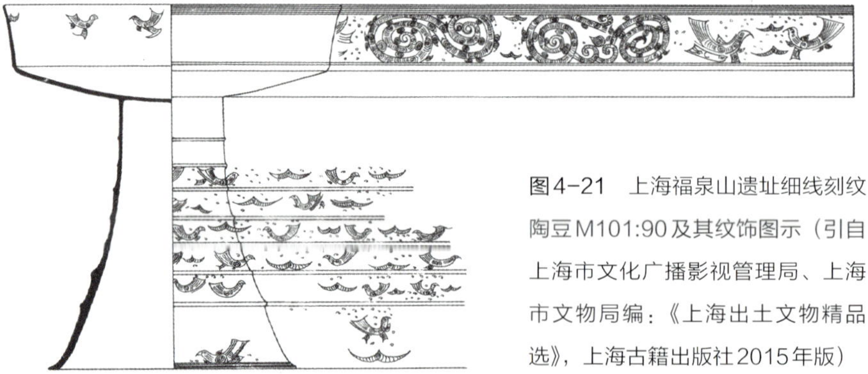

图4-21　上海福泉山遗址细线刻纹陶豆M101:90及其纹饰图示（引自上海市文化广播影视管理局、上海市文物局编：《上海出土文物精品选》，上海古籍出版社2015年版）

注：高18.8厘米，口径17.7厘米。泥质黑陶。敞口，折腹式豆盘，喇叭形高圈足，圈足上饰竹节纹。但罕见地在豆周身和盘内细刻一周花纹，刻工刚劲，线条清晰，有鸟纹和蟠螭纹两种不同的主题。鸟纹以三鸟作为一个单元，两边是两只侧面形象的鸟，鸟首相对，两鸟之间又有一只正面展开双翼的飞鸟。这两种不同的鸟身均填刻云纹与短直线。豆盘内外均刻有三鸟图案，圈足上以凸棱纹分隔，刻有六周三鸟图案。豆盘外三鸟纹之间，还有螺旋盘卷的蟠螭纹。蟠螭身上也刻云纹和短直线。

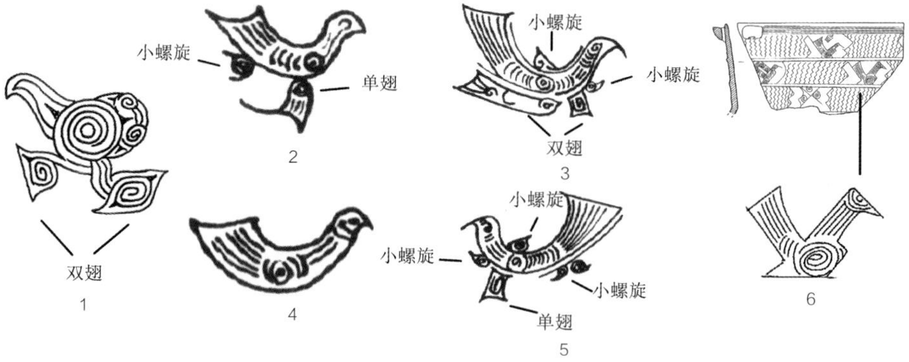

图4-22　福泉山M101:90、卞家山G1②:51侧视鸟纹个体类比

1. 瑶山M2:1（对照标本）　2—5. 福泉山M101:90　6. 卞家山G1②:51

等级大墓M101[①]出土的陶豆M101:90，是一件汇集多种鸟纹于一身的罕见器例（图4-21）。其中，侧视鸟的形态较为具体，而正视鸟的形态则已简化成“”形的符号。比较多个侧视鸟的个体（图4-22），其某些部分是可有可无的，最为精简的如图4-22-4，该个体中，鸟首部位亦为带尖喙的弯钩状，鸟身中部可见刻绘得很简练的重圈，向后翘起的明显应是鸟尾部分。鸟身中部的重圈逐渐潦草，有时也刻绘成螺旋形，这说明鸟身象征兽眼的意义已经基本淡化。其余被省略的部分中，有一种是数量不等的“小螺旋”，在鸟身的不同部位均有可能出现。另一种是带螺旋结构的图案，类似缩小的尾部，与玉器上鸟纹的翅膀相似。因此，陶豆M101:90上的侧视鸟纹，主要有省略了翅膀（图4-22-4）、带单翅（图4-22-2、图4-22-5）和带双翅（图4-22-3）的形象。良渚古城卞家山遗址[②]G1②:51双鼻壶口部残见的鸟（图4-22-6），与上述省略了翅膀的形象相似。也可能存在其他形态的构图，但由于残缺不全，不作讨

① 上海市文物管理委员会编著：《福泉山：新石器时代遗址发掘报告》，文物出版社2000年版。

② 浙江省文物考古研究所编著：《卞家山》，文物出版社2014年版。

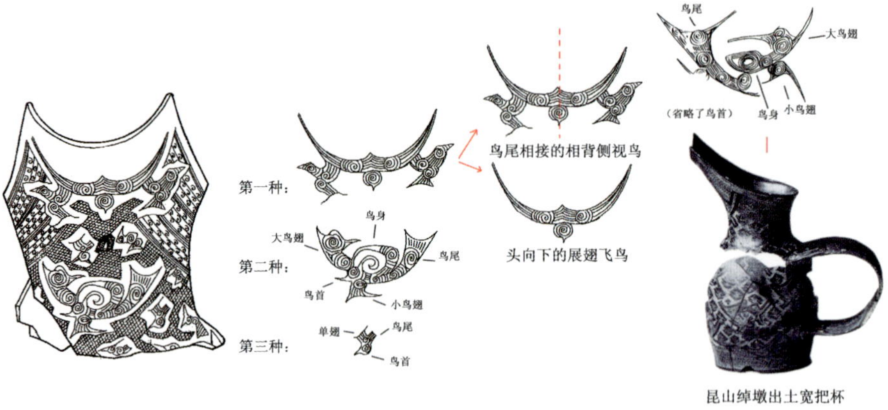

1　　2

图4-23　卞家山G1②:100、绰墩宽把杯鸟纹分析（引自《良渚王国》）

1. 卞家山 G1②:100　2. 绰墩守则把杯

论。比较福泉山 M101:90 和卞家山 G1②:51 的鸟纹风格，前者为流畅的曲线，后者为硬朗的直线。这种美术风格的差异，可能代表着不同的“画派”。背后隐含着人群的差异或者地区性美术传统的差异，由于暂时没有足够的材料支持将不同的美术风格与具体人群对应，还难以深入探究。

卞家山 G1②:100（图 4-18）宽把杯口部，是另一件汇集了不同鸟纹的标本，可提取出图 4-23-1 中的三种鸟纹形象。第一种鸟纹是复合图案，直观地看，中部似为一只头向下的展翅飞鸟，两侧有一对侧视鸟。事实上，此鸟纹个体的构图大有深意。首先，其所刻位置位于宽把杯流口正下方的弧面上，有一种对折的意味。对半剖开图案的话，则形成一对相背的侧视鸟，其鸟首、鸟身、单翅的位置均与福泉山 M101:90 的侧视鸟相当。而上方的弯月形，从笔道流畅且舒展的气韵上看，应属于鸟身后接续的鸟尾。应只是为构图的需要，刻绘的匠人将其扭转了方向。这种鸟尾与鸟尾接续形成“︶︿︶”形的思路，与河姆渡文化中镂雕木质鸟形器以及刻纹骨匕上，由鸟翅接续形成“︶︿︶”形的思路完全一致。中部“︶︿︶”形下设计了一个尖角小螺旋结构，应是正面的鸟首形象。再看此构图整体，中间“⌒∧⌒”形、两侧各一朝外的鸟，吻合了玉冠状饰、三叉形器乃至神徽的布局。由此可见，此鸟纹个体的象征意义与神徽的象征意义一致。第二种鸟纹位于第一种的下方，并且流口的对面，即接把手的部位（即图4-18图示位置）亦能见到这种鸟纹。该鸟纹可参照昆山绰墩遗址出土宽把杯把手上的鸟纹（图4-23-2）一并理解。显然，除了方向相反，两者构图形式是基本一致的。中间的鸟身还保留了一些兽眼的眼形特征，中部以螺旋代替重圈，尽管两者螺旋的形式不同，但都似乎刻意地与其他部位的螺旋结构拉开差距。鸟尾与福泉山M101:90的侧视鸟鸟尾相似，且装饰有一连串的多个螺旋。鸟翅的形态有二，其一为小鸟翅，与福泉山M101:90的单翅形态相似；其二为大鸟翅，位于图像的左侧，与鸟尾达成一种画面的平衡。该大鸟翅形态虽未在前述标本中出现，但这种一大一小双翅不均等的情况与福泉山M101:90的双翅鸟纹（图4-22-3）相似，大概是用带有了一些透视的手法去表现侧视的飞鸟。至于鸟首，双翅之间有个凸起的小尖，恰好是鸟首的位置。而在绰墩鸟纹上，鸟首已被省略。绰墩鸟纹有一个位于鸟尾下方的残缺图案，可能只是一个小螺旋结构。第三种鸟纹比较简略，事实上是截取了第二种鸟纹的一部分，即鸟首、鸟尾与小鸟翅部分，用以指代整鸟。

良渚古城遗址西城墙葡萄畈地点T0404⑧层出土的豆座（图4-24），喇叭形圈足部残见三个同样的鸟纹。此种鸟纹周身仅见一个单螺旋与一个重圈结构。显然重圈相当于鸟身，其向一侧有“}”形凸起，与玉器上兽眼的尖角眼睑特征一致。鸟身上方倒扣着的“L”形即为鸟首。单螺旋所在的这个局部，即为小鸟翅。鸟尾与身体结合的方式与绰墩所见标本相似，只是葡萄畈此件鸟纹在鸟翅与鸟尾下方各有一个翅形的结构，尚无同类标本进行类比。

黑皮陶细线刻鸟纹的特点大致如上所述。总的来说，其注重于表现鸟的尾部与翅膀，对鸟首并不多加刻画甚至可以忽略。对于象征兽眼的

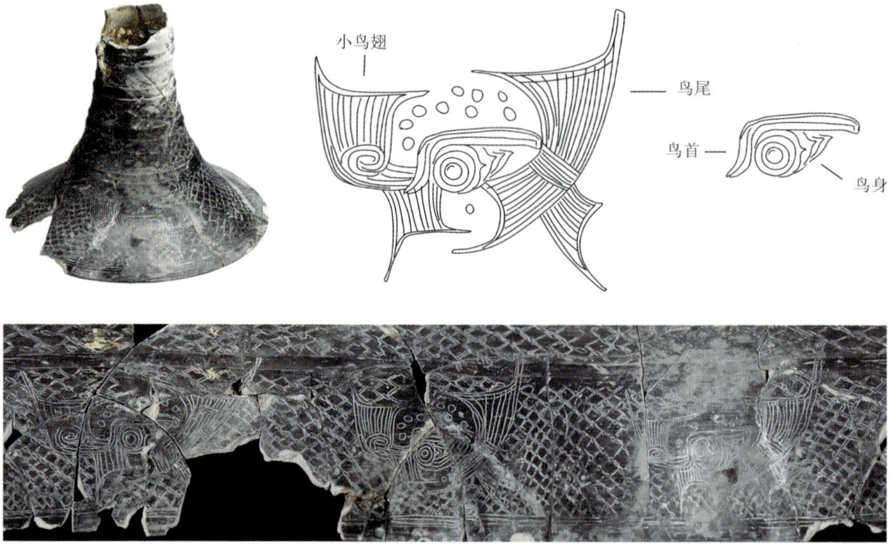

图4-24　葡萄畈地点T0404⑧出土豆座鸟纹分析（引自《良渚王国》）

鸟身，部分延续兽眼的重圈与眼形轮廓，同时也存在大量潦草刻画的情况。此时，尾部与翅膀的夸张和动感，成为鸟纹艺术效果的集中体现，对比玉器上对鸟纹的刻画，可以看出，良渚文化晚期，人们的观念与审美正在发生转变。

同时，带着这些标志性特点的鸟纹，也被用以充当其他图像的局部。例如卞家山残陶片G1②:391上的图案就明显具有鸟身与小鸟翅的结构（图4-25-1）。但从其伸长的尖爪来看，图像中可能存在不属于鸟纹的内容。因此，G1②:391陶片上的图像原应为鸟纹与其他形象的复合图像，与神徽兽面的设计理念类似。葡萄畈残陶片T0304⑧:2上的图像亦具有鸟纹特征（图4-25-2），明显者包括鸟身、鸟尾和小鸟翅。左右鸟纹相对，中间交接的部分残缺不全，从其修长的笔道看，不符合鸟首的特征，应是对接的双翅。尽管无法知晓该图像的全貌，单看残片上保留的部分，与神徽的兽面极其相似。这充分说明了鸟纹在复合成兽面图像时，有着相当高的参与度。结合上述卞家山G1②:100口部的第一种鸟纹

图4-25　其他图像中的鸟纹（引自《良渚王国》）
1. 卞家山 G1②:391　2. 葡萄畈 T0304⑧:2

对神徽象征意义的还原可知，在黑皮陶刻纹系统中，鸟纹得到了长足的发展，从单纯的形式到对神徽构造方式的还原，都已不再受玉器上经典神徽刻纹中的兽面这一复合图像构造方式的束缚，从而衍生出更为生动、多变的造型，同时，又在发展变化的过程中，不时地透露着其与神徽图像的密切关联。

所谓的“龙纹”是因其曲线式造型而得名的，见其尾而不得见其首。因此，黑皮陶上的龙纹与玉器上的龙首纹之间，似乎很难建立起直接的对应关系。认为是龙形或者蛇形，其实没有本质的差别，龙和蛇的不同象征意义是后世逐渐形成的。在这里，其曲线式的造型才是关键所在，也恰是我们理解黑皮陶龙纹与玉器龙首纹关系的方向。

与鸟纹的“部件组合式”构建方式不同，龙纹是“整体盘曲式”构建方式。因此，龙纹通常被关注到的是以“S”形、“单螺旋”、“对旋”或其组合形式出现的造型（图4-26）。这种构建方式与其来源有关。玉器上的龙首纹只见头部图像，其身躯与载体玉器自然地融为一体。龙首纹的载体玉器，绝大多数都属于小型的环形玉器，这表示其造型中的一大特点就是首尾相顾。环形玉器的中孔通常采用对钻的方式，经过双面对钻的孔会呈现内径交错的结果，尽管可能是工艺使然，但也直观地表

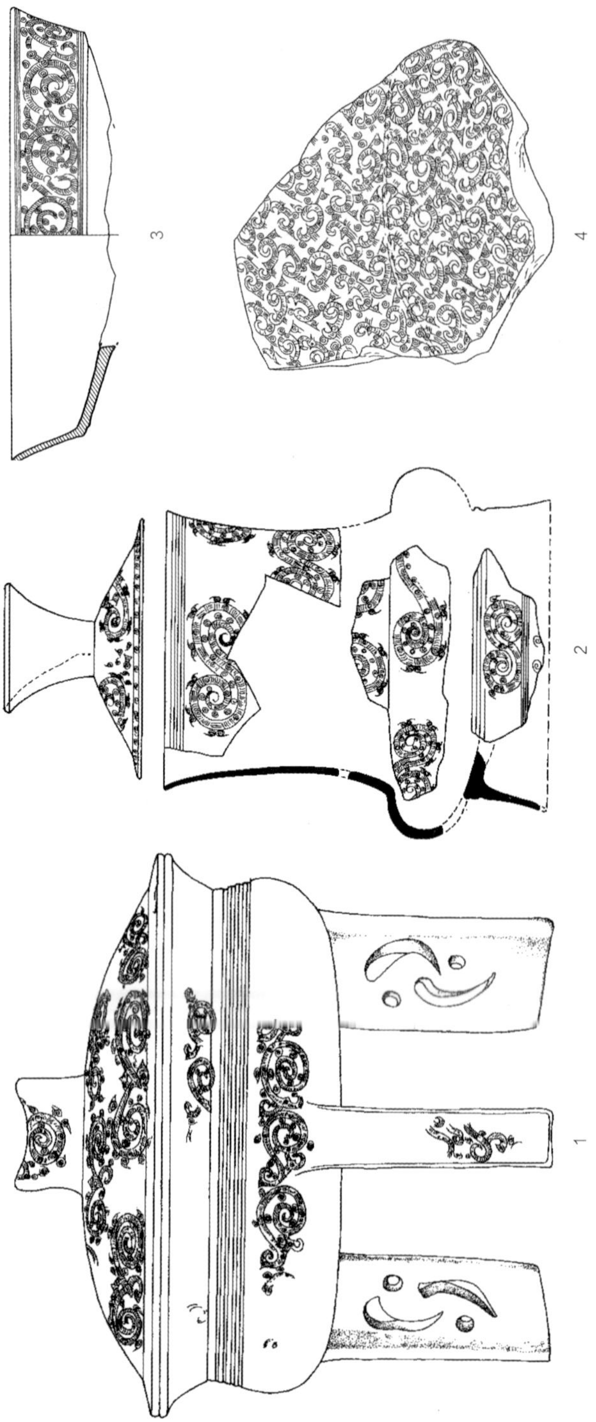

图4-26 不同造型的细线刻龙纹标本

1. 福泉山 M65:90 2. 福泉山 M65:1 3. 卞家山 G1②:434 4. 卞家山 G2①B:42

现出了“交错的环形”这另一大造型特点。由此看来，龙首镯、龙首环、龙首圆牌等小型环形玉器的象征意义，可能本就是从头到尾的龙的整体。但“龙”的这个意象经过了深度的艺术加工，只有剥去艺术的外衣尽量接近其现实原型，才有机会更进一步去了解良渚先民创造的诸多美术形象背后的思维逻辑。既然象征“整龙”的是小型环形玉器，那将其具有的“首尾相顾”“交错环形”的特点图案化，也就得到了黑皮陶上那些盘曲的龙纹了。因此，黑皮陶上龙纹的原型即是玉器上龙首纹的原型。

无论是龙纹还是龙首纹，其形象均以抽象的方式进行表达，与鸟纹的具象表达全然不同。这也就是导致各家对其复合后形成的神徽兽面的解读各不相同的原因。有赖于考古资料的积累，良渚古城遗址葡萄畈地点出土的宽把杯T0303⑨:9（图4-27），于流口下方刻绘了一个鳄鱼图像，为龙纹、龙首纹原型的寻找提供了至关重要的突破口。首先，宽把杯T0303⑨:9的鳄鱼图像是侧面像，但在表现眼部时特别刻绘出双眼，这说明该图像并不是简单潦草的“速写”，而是具有象征意义和特定设计理念的。突显双眼的目的，或许就在于与神徽兽面建立联系，表示其形象从兽面中拆解而来。其次，鳄鱼轮廓中填刻的线条与细线刻绘的龙纹相比显得较为潦草，好像只是简单的渲染。但其尾部与躯体的交接处有两个不太清晰的不规则圆形图案，在其周身刻绘的不甚平行的线段的衬托下，显得十分刻意。而这两个图案应该就是没有刻绘清晰的“螺旋形”结构。照此理解，鳄鱼轮廓内填刻的线条与细线刻龙纹、鸟纹内的线条都是一致的。良渚庙前遗址H3①:428[①]（图4-27-4）宽把杯腹片上残见的鳄鱼吻部图案中，就能看到轮廓线内刻绘的“螺旋形”和“捆缚形”线束结构，与细线刻龙纹、鸟纹以及玉器神徽地纹的填刻是一致

---

① 浙江省文物考古研究所编：《庙前》，文物出版社2005年版。

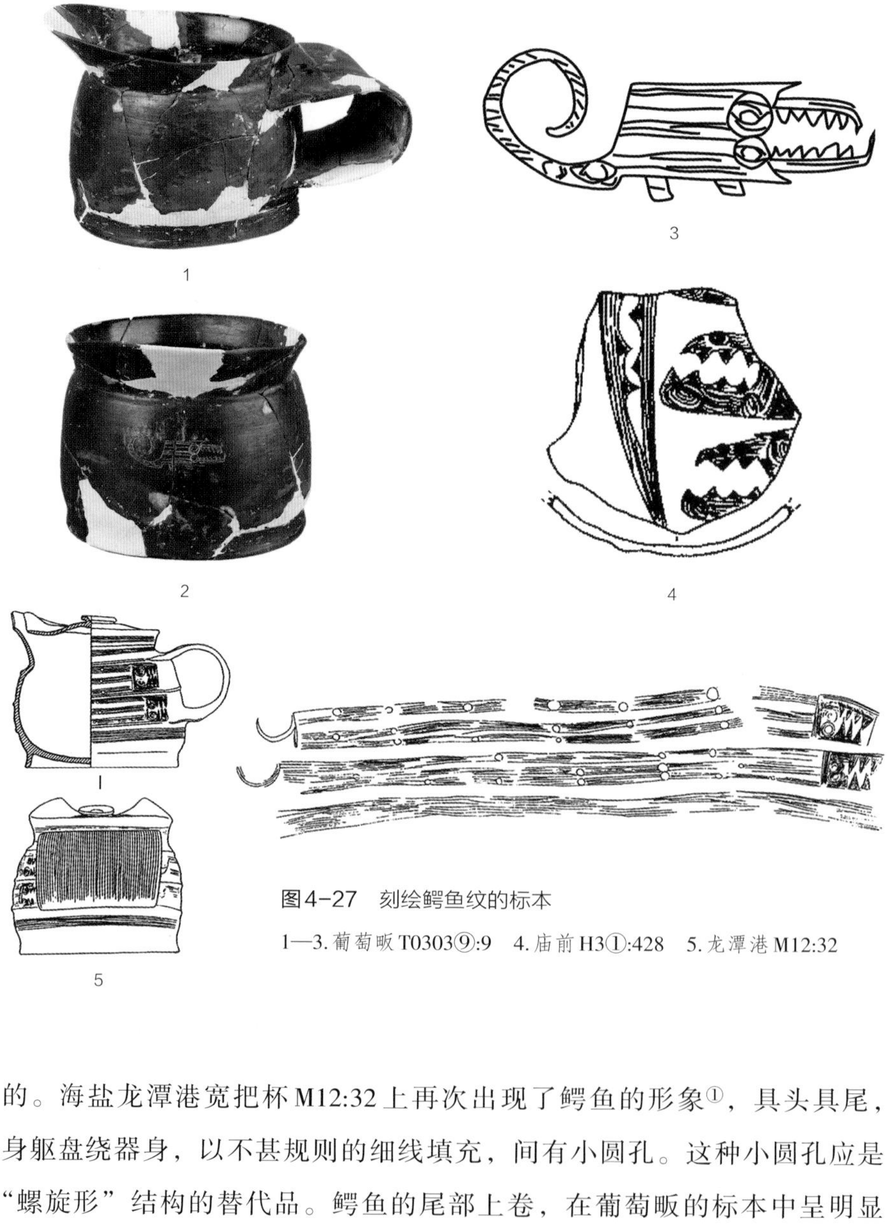

图4-27 刻绘鳄鱼纹的标本

1—3. 葡萄畈 T0303⑨:9 4. 庙前 H3①:428 5. 龙潭港 M12:32

的。海盐龙潭港宽把杯 M12:32 上再次出现了鳄鱼的形象①，具头具尾，身躯盘绕器身，以不甚规则的细线填充，间有小圆孔。这种小圆孔应是"螺旋形"结构的替代品。鳄鱼的尾部上卷，在葡萄畈的标本中呈明显的螺旋形，也正是细线刻龙纹的盘曲形式。基于这三种联系，鳄鱼就是

① 浙江省文物考古研究所、海盐县博物馆：《浙江海盐县龙潭港良渚文化墓地》，《考古》2001年第10期。

龙首纹、龙纹的原型，也就是与鸟纹一起复合成兽面的另一种图像的原型。因此，下文会将龙纹、龙首纹统称为“鳄鱼纹”。

关于鳄鱼与神徽兽面的关系，也曾有学者通过详尽的形式分析给出肯定的结论①，笔者对此有不同的理解。凡是抽象的图案，必然经过了一定程度的艺术加工，其与具体事物的细节之间未必能找出严丝合缝的对应关系来。因此，类比的关键在于图像设计时最主要的特点。鳄鱼原型与龙纹、龙首纹、神徽兽面之间，是通过双眼、编织形的填刻线条与螺旋结构来建立联系的。按照本文解析图像后得出的认识，鳄鱼是神徽兽面中除鸟以外的另一部分形象的原型，与那种将鳄鱼认为是兽面原型的观点有本质的不同。

鳄鱼与鸟的复合或许存在一定的现实依据。古希腊历史学家希罗多德的著作《历史》中，记载有鳄鱼躺在尼罗河岸边张开嘴巴，让鸟飞进嘴里剔除腐肉、水蛭等的旅行见闻。尽管这一现象后来没有被更多的观察记录所证实，但也足以说明两者的共生关系长期地存在于人们的观念中。“神徽”的兽面涵盖鳄鱼与鸟的形象，象征着人们构建了一种具有水、陆、空三栖活动能力的神兽，这与该神兽身负着沟通天地人神的使命是吻合的。

除了在玉器上复合成兽面，黑皮陶上的细线刻纹中，鳄鱼纹和鸟纹呈现出两种组合形式：一是各自独立地共存于一器，二是形成复合图像。在福泉山双鼻壶M74:166、M128:1，见图4-28，以及图4-21、豆M101:90等的器表，鳄鱼纹和鸟纹都是独立的，两类图像间没有明显的互动关系，而是一种交替排列的形式。比较特殊的有上海金山亭林遗址M9出土的双鼻壶（图4-28-3），其肩部留白的图案，正是“对旋”结构的鳄鱼纹和简化的侧视鸟交替排列的连续纹样，类似者还有小兜里M32:1，

① 黄华强、黄华明、田红：《良渚文化重要玉器造型与纹饰的创作原型及演化》，中山大学艺术史研究中心编：《艺术史研究·第15辑》，中山大学出版社2013年版。

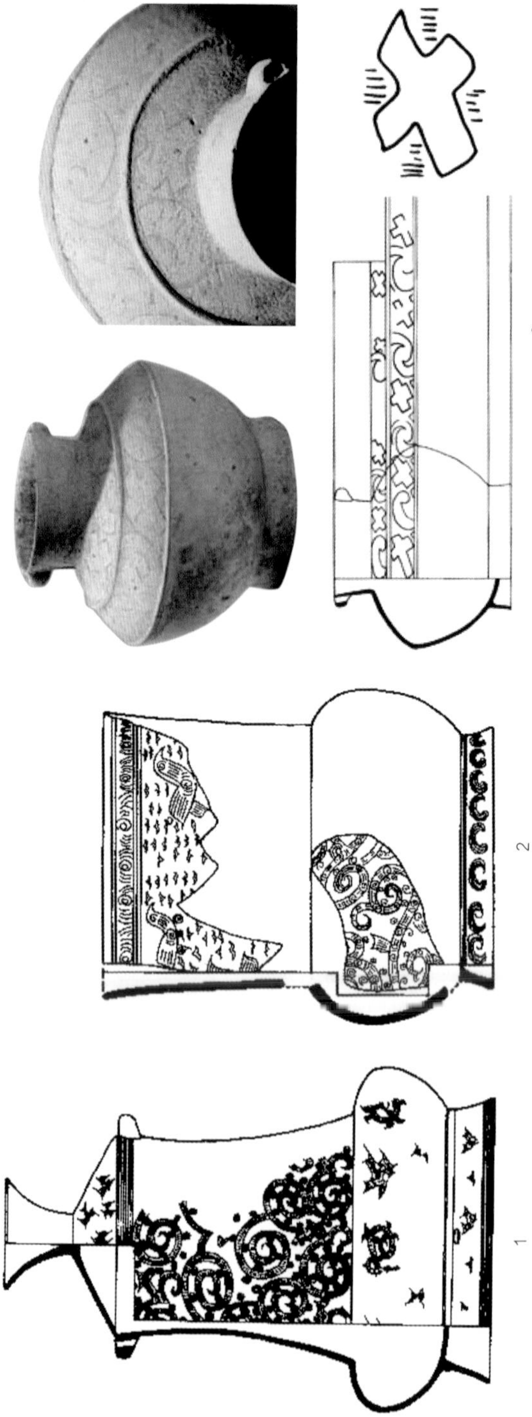

图4-28 鸟纹、鳄鱼纹交替排列共存一器的现象

1. 福泉山 M74:166 2. 福泉山 M128:1 3. 金山亭林 M9（引自梁丽君：《纹饰的秘密》，杭州出版社2013年版）

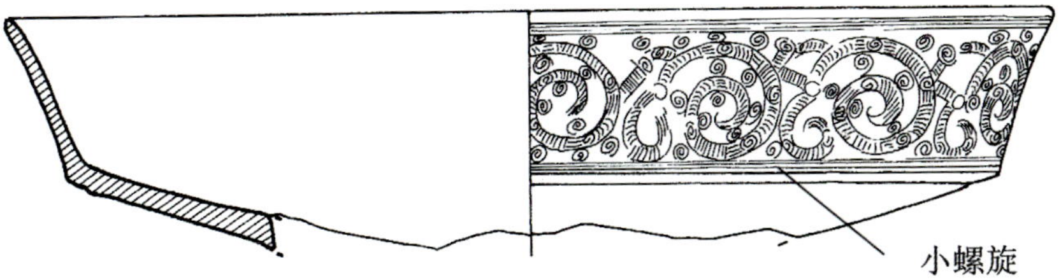

1

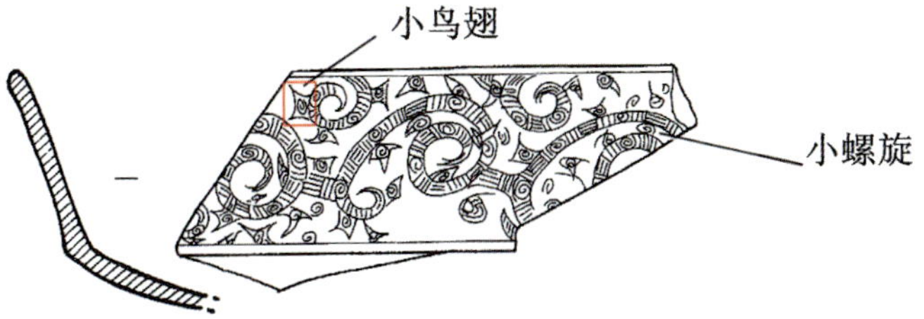

2

图4-29 鳄鱼纹附“小鸟翅”

1. 卞家山G1②:434 2. 卞家山G1②:110

如第三章图3-21-1。

图4-29至图4-31中的若干刻纹标本是鳄鱼纹和鸟纹的复合图像。比较卞家山出土豆盘G1②:434和G1②:110器表的刻纹，两者的差别在于螺旋形的鳄鱼纹外附加的细小图案不同（图4-29）。前者的细小图案仅见小螺旋，而后者的细小图案除了小螺旋外，还有缩小且简化的鸟翅图案。且G1②:110上的这种鸟翅与福泉山M101:90上侧视鸟的单翅形态一致，即前文所述的“小鸟翅”。在卞家山G1②:6、庙前H3①:438、福泉山M74:66这三件标本中（图4-30），鳄鱼纹上附加的鸟翅与卞家山G1②:110的小鸟翅不同，而是卞家山G1②:100与绰墩鸟纹中的大鸟翅结构。比较特殊的有良渚古城遗址葡萄畈地点T0304⑦出土的残双鼻壶腹部标本上两种不同形式的鳄鱼纹（图4-31）。其一为两个“单螺旋”的结合，顶部图案为一对小鸟翅对接形成的“⌒⌒”形，说明两个单螺旋结构原应各自附加了一个小鸟翅。其二为一个“对旋”结构，其底部也有一

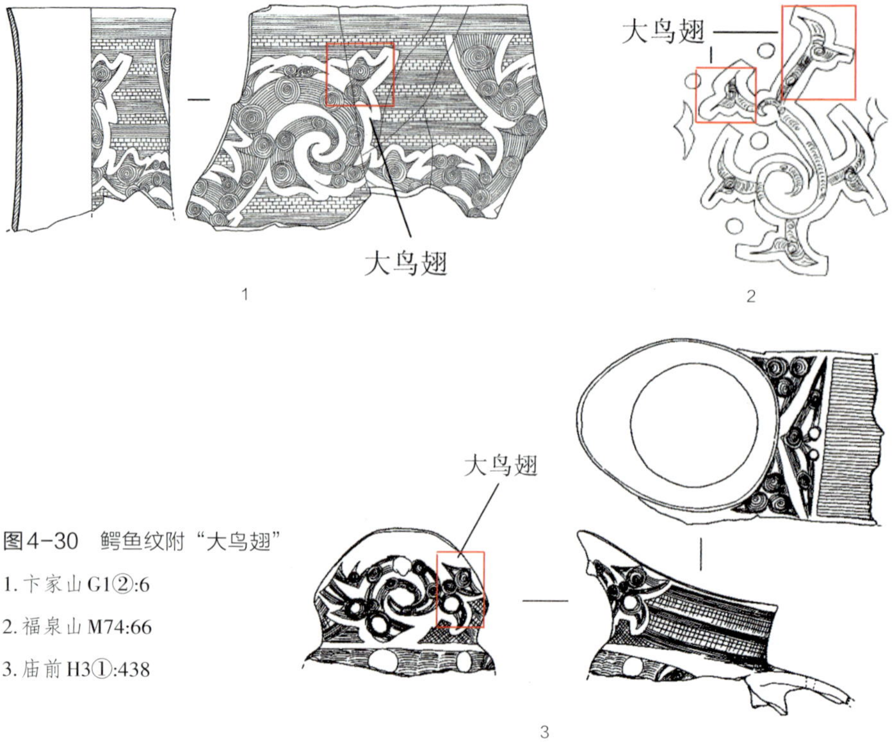

图4-30　鳄鱼纹附“大鸟翅”

1. 卞家山G1②:6

2. 福泉山M74:66

3. 庙前H3①:438

个与前者相似的、由一对小鸟翅对接形成的“⌒⋀⌒”形，并且其螺旋的外侧两端各有一个小鸟翅结构。这种以小鸟翅对接形成“⌒⋀⌒”形的做法，在脱离了鸟纹主体后再次出现了。以上种种鳄鱼纹螺旋式的躯干上附加鸟翅的形式，即为黑皮陶细线刻纹中鳄鱼纹和鸟纹的复合形式。

最后再以两个陶豆为例，补充论证鳄鱼纹与鸟纹的象征意义。北湖89C3-723陶豆与良渚古城钟家港遗址C0C0区D块T0915⑨B出土陶豆（图4-32）为同一类型的陶豆，其上所刻绘的纹饰很有可能意义相关。按照第三章对刻画符号的理解，北湖89C3-723陶豆豆盘内所刻画的是一对通神前形态的飞鸟，中间的同心圆相当于“通天符”中部的圆形，象征玉琮的中孔，即象征沟通天地的通道。恰好此同心圆也对应着豆柄的

图4-31 鳄鱼纹附“∧”形对接双翅

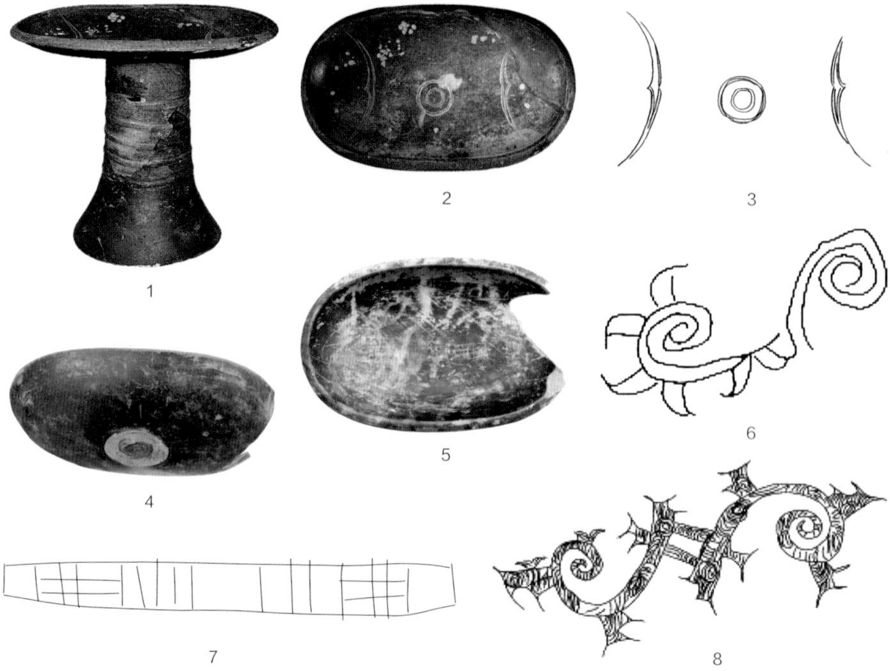

图4-32　具有象征意义的刻纹陶豆

1—3. 北湖 89C3-723　4—8.2017 钟家港 C0C0DT0915⑨B

中孔，说明这种到了良渚文化晚期越做越细高的豆柄，是受到了这一象征意义的驱使。其变高的趋势恰好对应了玉琮变高的趋势。照此理解，再来看 2017 钟家港 C0C0 区 D 块 T0915⑨B 出土的这件标本，虽仅剩豆盘，但其细高柄的形态是可以肯定的。豆盘中部有一个长条形的刻画符号（图 4-32-7），两端略收窄，正中的间距较大，两侧横纵线段组成的图案一致。如果可以对应前者豆盘内图案的象征意义，这个长条形符号应表示“天梯”。“天梯”，即为沟通天地的通道，与同心圆的象征意义完全一致。该豆盘的背面有五组鳄鱼纹，均为两个单螺旋结合的形态，除了中间靠近装柄位置的一组极其简化外（图 4-32-6），其余四组形态一致（图 4-32-8），位于豆盘两边和两端的中部。每一组鳄鱼纹都是附加了小鸟翅的复合图像，又位于“天梯”的背面。这些情境相互关联，表明此类陶豆绝非附有装饰刻绘的日常生活用器，其所具有的沟通人神的象征意义与玉琮是一致的，其上所附刻绘，也均处于这一象征体系中。

最后，关于黑皮陶上的鳄鱼纹和鸟纹，就剩两者图像中均常见的小螺旋结构未进行讨论。这种小螺旋结构或单独出现、或成对出现，既不为鳄鱼纹所特有，亦不为鸟纹所特有。参照此前所认为的，若卞家山G1②:100第一种鸟纹中“”形正中下方的小螺旋结构为鸟首的话，这些小螺旋结构就相当于单独的鸟首或成对的鸟首，即在鸟纹和鳄鱼纹这两套细线刻纹体系中，均又分别使用了象征鸟首的小螺旋结构进行点缀，使得“鸟”得到了格外的强化。而这恰恰又是一次对神徽模式的复刻。因为，在“鸟纹・神徽兽面・鸟纹”的组合中，鸟的形象也在复合兽面之外又得到了强化。

综上所述，神徽兽面的瓦解，是通过变换载体器物以及分解原本复合的形式来达到的。纵使兽面的复合形式瓦解了，其内核仍然保持稳定。鸟纹和鳄鱼纹在神徽的兽面上糅合统一，整体感强，甚至不易区别彼此。而黑皮陶作为兽面瓦解后两种意象的去处，却将这两个意象体系区别得十分干脆，发展出了单独的鸟纹、单独的鳄鱼纹、鸟纹和鳄鱼纹的组合排列、鸟纹和鳄鱼纹的复合这四种情形。这两类能力超群又可能互利共生的动物，在良渚先民的象征世界里属于“蹻”这类沟通人神的神物，其极有可能被用作不同人群的标识。由于两者多出现于较高等级的人群或聚落中，其所标识的人群应属于良渚文化的贵族阶级乃至统治阶级。“神徽”是良渚文明权力与信仰的象征，其由盛及衰的发展脉络意味着王权的瓦解与信仰的崩坏，这背后所发生的极有可能是共同执政的人群的解体。而黑皮陶上鸟纹与鳄鱼纹的发展，则意味着良渚文化晚期，可能存在两支主要“政党”独立发展又相互依存的更为复杂的社会关系。

二、神人·玉琮·方框

神徽中的另一组复合图案“宝盖头”形冠与“神人面”，随着兽面的瓦解也换了形象。方向明指出，倒梯形的“神人面”就是玉璧、玉琮上台阶形方框刻符[①]，这一点可信。按照前文观点，“神人面”象征玉琮

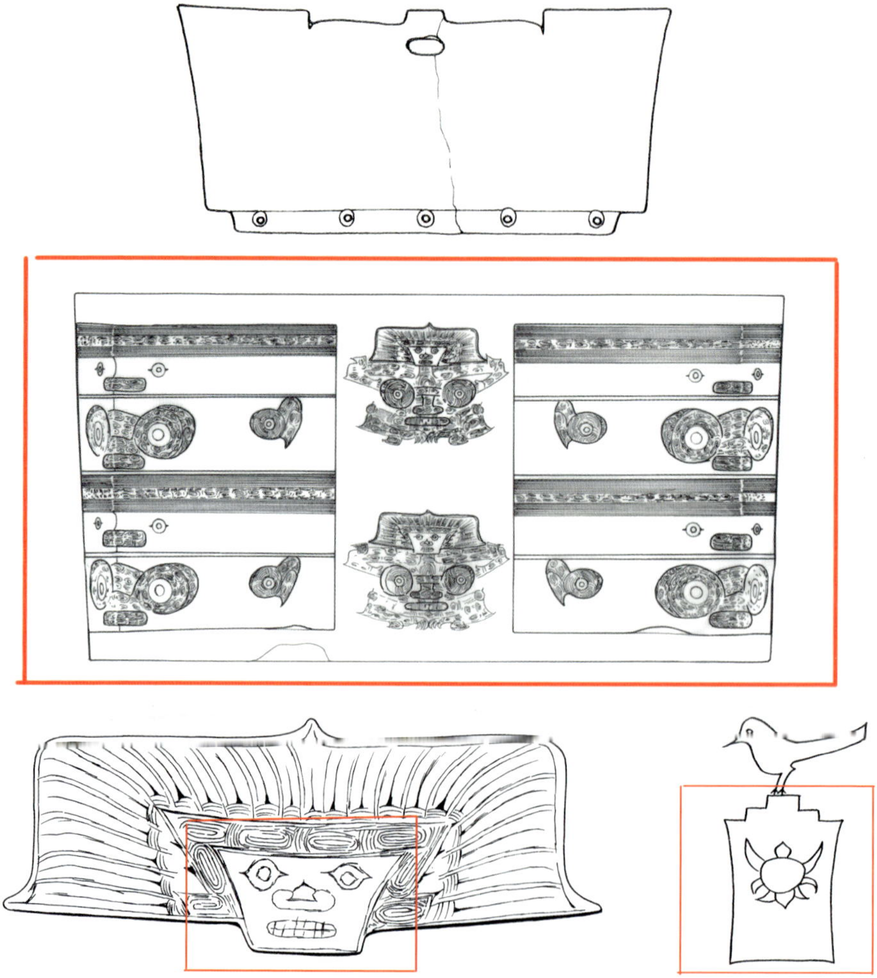

图4-33　玉琮、“宝盖头”形冠的神人与台阶形方框

① 方向明：《神人兽面的真像》，杭州出版社2013年版。

本身，而台阶形方框刻符是对玉琮本身象征意义的诠释（图4–33）。因此，良渚文化早期“宝盖头”形冠的神人就应该是台阶形方框系列刻符的前身。

“宝盖头”形冠的形象与台阶形方框上部的台阶形，颇具异曲同工之妙。前者的形象来源于“”形鸟纹，隐喻着鸟的飞升，即通神的能力。而后者是对同类刻符中一类顶部刻绘成台阶形的特殊形象的称谓，概括指称同一系列的符号。因此，顶部是否为台阶形并不是形成这类符号的必要条件，其核心依旧为下部呈倒梯形的方框。如果台阶形象征着汇观山、瑶山观象台逐级上升的形态特征，其隐喻亦在于上升，即与神接近的愿望。而如果台阶形象征着的是玉琮琮节的拔高，其隐喻也是在强调沟通天地的通道。因此，从以倒梯形为主要特征的直观形态到通神这一层象征意义，“宝盖头”形冠的神人与方框刻符两者完全吻合。再看第三章中，2017钟家港C0C0区D块T0218北隔梁⑨出土的刻符陶片（图3–38），残见的台阶形“通天符”与一对旋结构，正是神徽被拆解后的三个部分之中，由“神人面”和“兽面中的鳄鱼”而来的两个部分。

联系到神徽组成部分之一的兽面的瓦解，“宝盖头”形冠神人的符号化也是与之同步的一个进程。随着兽面的瓦解，神徽这一固定的形象变得简化，雕刻者不需要花费更多的心力去完成对统一的权力与信仰的解释。代替神徽做到这一点的，是方框刻符，即上一章中命名的“通天符”。其保留了“宝盖头”形冠神人的部分，并引入了被额外强化的鸟的形象，设计成了新的符号。“通天符”是对尚存的简化神徽象征意义的补充，甚至是一次重构。除了具有标记意义，它还十分凝练地描绘出了通神的途径、方式和过程，具有一定的叙事性。如第三章所述，它几乎可以算作一个成熟的文字了。

综上所述，神徽的来处即去处，去处即来处。组成神徽的各部分意象并非那种混混沌沌的模糊整体，而是各有清晰的来龙去脉。通过对比分属良渚文化早、晚两大阶段的重要图像与符号，构成完整神徽的“宝盖头”形冠的神人、兽面中的鸟与兽面中的鳄鱼这三部分，在良渚文化晚期发展成了三个不同的图像或符号系列。这种吻合度极高的对应关系，表明神徽的模式被重复了，并且是变化的重复。表象的直观差异越大，反而越能够说明其内核的稳定。

三、关于良渚的“旋”

在神徽这种图像模式中，从玉器到陶器、从早期到晚期，还始终充斥着另一个重要的元素——“旋”。学界对“旋”的关注，可以早到考古学在中国刚刚起步的那个年代。随着黄河流域考古工作的逐步拓展，仰韶时代彩陶图案上的旋纹，成为了解读这种纹饰的重要材料。专注彩陶研究的大家，如张朋川、王仁湘等先生，从不同角度对彩陶旋纹进行了阐释，对其背后象征意义提出了种种推测①。渐渐地，良渚文化的“旋”进入学界视野，并常用于与彩陶旋纹作类比。良渚文化的“旋”与仰韶时代以庙底沟文化为主要代表的彩陶的“旋”有所不同。彩陶的“旋”源于庙底沟文化两类“花卉纹”彩陶构图②，学界习称为“勾连纹”。其中的“对旋”与“单旋”结构，是图案所要呈现的主体部分，而不是构图逻辑。在良渚文化中，“旋”的地位完全不同：要么连主体图案都算不上，比如在玉器刻纹中充当地纹陪衬；要么直接作为构图逻辑，比如在黑皮陶的鳄鱼纹刻纹中，使得图案整体或构成连续图案的大量单体，呈现中心旋动式的对称。

“旋”的地位完全不同的背后，是其本质的不同。彩陶的“旋”来源于“花卉纹”构图中的“对旋”与“单旋”，其与“弧边三角形·圆

---

① 张朋川：《中国彩陶图谱》，文物出版社1990年版；王仁湘：《凡世与神界：中国早期信仰的考古学观察》，上海古籍出版社2018年版。

② 参见本书第一章图1–23。

点”构成的那种形似花瓣形结构的图案是两类独立发展的图案。两者共存于一器的情况十分常见，可见两者存在并列关系。用考古类型学术语来描述的话，两者即为“型别”的关系。而良渚文化的“旋”的直接源头，是崧泽文化的编织结构。最基本的“绞索纹”就是两股绳索相绞的形态，即“旋”的形态。至于崧泽文化中，“三角形·圆形·三角形”的组合图案，其实就是一系列“绞索纹”的反相，亦暗合“旋”的形态。这也就是为何从良渚文化的大量图像中，都能解析得到“三角形·圆形·三角形”这一组合关系的原因。因为，“三角形·圆形·三角形”“绞索纹”和“旋”，本就是一体的。从崧泽至良渚，“三角形·圆形·三角形”组合与“绞索纹”的表象逐渐被“旋”替代，用考古类型学术语来描述的话，其中包含着“式别”关系。由此可见，良渚的“旋”与彩陶的“旋”，是不同文化背景、不同思想观念支配下的产物。

“旋”贯穿着神徽图像的演变、瓦解过程，并通过多种不同的方式表现出来。良渚文化的“单旋”和“对旋”，并不是在所有场合中都具有相匹敌的地位。两者既有相关的象征意义，又有完全不同的象征意义，如图4-34所示。

首先，良渚玉器线刻中的“旋”主要为“单旋”，表现为一个个单独的螺旋结构，分布于线束之上，构成最为重要的地纹图案（图4-34）。线束从一些局部呈现出捆缚的形态，提示了“单旋”与捆扎方式的关系。将捆扎的部位做一个旋转剖面，就能得到一个螺旋结构。联系神徽图像的整体艺术效果，“单旋”更多的是表现一种装饰技巧，并不在主要部位中充当构成要素。

神徽图像中的“对旋”，却是一条相当隐晦的暗线。在反山M22:11这种“鸟纹·神徽·鸟纹”的构图组合中，同为顺时针或逆时针地将两两朝向一致的鸟纹连线，即能得到一个“对旋”结构。这个“对旋”结构，很有可能就是此类构图中如此设计元素排布的原因。

“单旋”和“对旋”仅在一种情况下以相当的地位出现，即黑皮陶

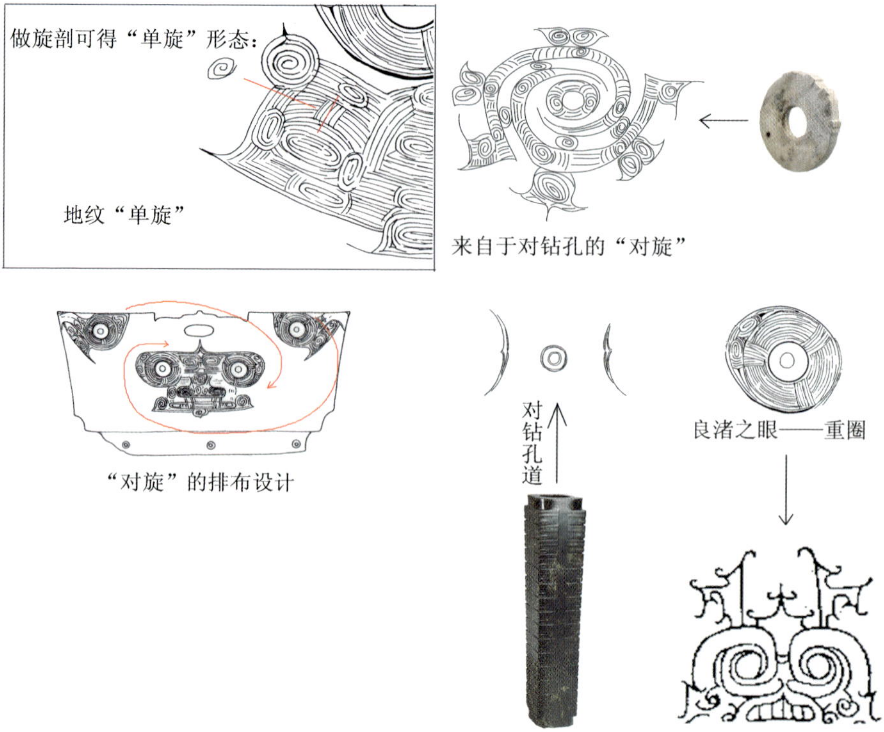

图4-34　良渚之“旋”

的细线刻鳄鱼纹。虽说地位相当，也仅仅只是体现在图案表现上。尽管多见“两两单旋”相对出现或呈“S”形同向出现，鳄鱼纹采用的“旋”的造型，归根到底应还是“对旋”结构。因为，其来源于小型环状玉器的器型，其对钻而略有交错的穿孔，就是“对旋”结构。

同样与“对钻”穿孔有关的，还有一种圆形结构。其或以“单圈”，或以“重圈”的形式出现。“通天符”中象征通天孔道的圆形多为单圈，这一单圈是对玉琮中孔的模拟。而玉琮的中孔也因对钻而略有交错，其本身就是一个“对旋”结构。在北湖89C3-723豆盘盘面这类刻符中，则是用重圈来象征孔道。参照“通天符”对鸟在这一孔道中自由上下于天地之间的详细叙述，“鸟纹·神徽·鸟纹”这一组合中暗藏的“对旋”，或许就象征着留给鸟的通神孔道。有了单圈、重圈是对“对旋”的模拟这种认识，此处针对王仁湘先生提出的“旋目”[①]补充一些看法。王仁湘先生认识到的“旋目”，是指神徽中兽面眼睛的外围框线。这种外围框线其实只是神徽图像地纹中的一个“单旋”结构，与良渚人想要表现的眼睛无涉。无论是“兽面”还是“人面”的眼睛，均是以重圈来表现的。如果重圈是模拟了“对旋”，并象征着通天孔道的符号，将其用作“兽面”与“人面”的眼睛，就太贴切不过了。在龙山文化中，发现了一批与良渚神徽颇为神似的“旋目神面”刻纹，其中，神面的眼睛出现了“对旋结构。”当认识到良渚的“重圈眼”也是在模拟“对旋”结构时，其与龙山文化神面的“双旋目”就有效地建立起联系来了。正如前文所述“来处即去处，去处即来处”，龙山时代的“双旋目”即为良渚文化“重圈眼”的去处，其所透露的不仅仅是“重圈眼”的发展演变，更暗藏着其从来处即已携带的文化基因。

第三章讨论符号中的“对旋”时已经指出，“对旋”符号象征的是二元对立的运动过程，是化生万物的动力。这与图像上“对旋”象征的通天孔道其实是一致的。通天孔道作为宗教的重要内容，是良渚人精神世界的直接需求。从图像到符号，象征意义趋向更加稳定，也就更趋向于其背后暗含的不变规律。二元对立正是这种规律，它是良渚人观念中的宇宙法则，但纵使其具有明显的科学性，对于良渚人而言，那也是孔道另一端的神所创造的。

至于是水的旋动、风的旋动、天体的旋动，还是行使巫术时入迷、眩晕的状态。“旋”，尤其是“对旋”结构之寓意深刻，早已脱离了对自然界、对人体感知那些转瞬即逝的表象的描摹。“神徽”与“对旋”是良渚人不立文字的创世神话体系下，一对至关重要的意象。经过上文的解析，两者的关系愈加明朗。“神徽”是其表，而“对旋”是其里。“神徽”包括了玉器上以神徽、鸟纹和鳄鱼纹（即原龙首纹）三者构成的早

---

① 王仁湘：《凡世与神界——中国早期信仰的考古学观察》，上海古籍出版社2018年版。

期体系，以及黑皮陶上鸟纹、鳄鱼纹（即原龙纹）和玉琮、玉璧上“通天符”刻符三者构成的晚期体系。“神徽”中的一切意象均来源于具象的事物，在良渚社会的政治生活与宗教活动中，“神徽”象征着的通天仪式或通天愿望，是可以被模拟和重现的。而贯穿了早、晚两个体系的“对旋”，并不着意于表现任何象征物，它不可见、没有实体，却是良渚人宇宙观最为凝练的体现，就像通天的孔道一样，是空的，但却是最重要的。

结语

比较、模式与象征

当我们谈论史前美术的时候，其实是在谈论什么？

相信绝大多数多少了解一点文物考古知识的人，都能在脑海中第一时间过滤掉那些看起来很普通的、缺少装饰的器物。正文中已有多处检讨了对“装饰”这一提法的使用。“表现装饰”是以往基于美术创作的目的对史前美术研究对象进行分类的结果，与之相对的是“表现意义”。两者在史前美术研究中经常被当作一对“非此即彼”的概念。事实上，我们无法区分这两者的界限。并且，纹饰或者图案是不是具有装饰性，在于对当时的人来说是不是“好看”。而我们今天认为的具有装饰性，也就是觉得“好看”，是不是当时人们的目的？答案显然是否定的。因此，用“展示性”这个概念将会令我们的讨论更加客观。与“展示性”相对的，自然是“非展示性”。这也是基于美术创作的目的而对史前美术研究对象进行的分类，从而，分类的标准从带有主观判断的“是不是为了好看”，转变为“是不是为了用来被看到”。当我们谈论史前美术的时候，对于那些“非展示性”的，需要注意对其意义的阐释，而对于那些“展示性”的，则需要注意其意义与装饰效果两个方面。

回归到研究对象本身，史前美术的研究对象首先是史前考古学文化的研究对象，对相关考古学文化的充分了解，是探讨史前美术的前提条件。考古学的研究方法，应始终作为史前美术的首要研究方法。本书讨论浙江史前美术，除了对考古材料进行介绍外，还尝试实践一种基于考古类型学的思维方式，对与浙江史前美术相关的物质文化遗存进行梳理、归纳和分析。

考古类型学多应用于器物的分类、分型与分式，是通过典型器物群来体现考古学文化发展演变规律与相互关系的重要方法。比如，通过分型体现器物的共时性关系、通过分式体现器物的历时性关系。这种“从物质建立关系”的逻辑，也正是史前美术研究中所需要坚持的。而这种逻辑的基础就是比较。通过比较，本书摒弃了以时代为顺序或者以美术门类为提纲的写作方式，归纳了四个主题以概括浙江史前美术的主要内容，每个主题都有一条主线关系贯穿其中。

第一个主题，是崧泽文化时期浙江本土的刻纹系统与同时期以黄河流域为主的庙底沟文化彩陶系统的关系。这种关系，是“没有关系”的关系。通过这种“没有关系”的关系，串联起浙江境内彩陶的发展历程，以及浙江彩陶发展到崧泽文化时期与本地刻纹系统之间的模仿关系，并顺势展开了对本地崧泽文化各种类型刻纹的梳理，提出了对编织纹样的模仿是崧泽文化刻纹美术的核心这个观点。

第二个主题，是一种共有的特殊性的关系。涉及这种特殊性的有三种考古学文化：上山文化、跨湖桥文化、河姆渡文化，三者均一度以文化面貌的进步与特殊，轰动学界。而这背后，其实是起源于浙江境内的土著考古学文化谱系逐步进入学界视野的过程。由于考古资料的局限，本书对三种文化特殊性的讨论各有侧重。针对资料量较少的上山文化，侧重于器形；针对跨湖桥文化，侧重于分布；而针对美术资料较丰富的河姆渡文化，讨论的重心则在于以鸟为重要母题的刻塑体系。

第三个主题，是良渚文化符号与文字的关系。基于良渚社会的文明程度，良渚文化的大批刻符向来都是探讨符号与文字关系时引发不断争议的材料。本书选择从刻符角度出发，重新定义了这组关系，并将其衍生为“造字材料”（即符号）、“初文字”与“文字”的关系。提出了良渚文化符号并不能等同于文字，但在造字过程中起到了重要作用这一认识。

第四个主题，是良渚文化中两类最具标志性的细线刻纹的关系。其一是高等级玉器上以“神徽”为代表的细线刻纹，其二是黑皮陶上以“鸟纹”“鳄鱼纹”（原称为“龙纹”）为代表的细线刻纹。与学界对玉器神徽的关注形成鲜明对比，黑皮陶上的此类刻纹目前仍处于被简单描述的状态。两者的关系没有得到重视。本书第四章，通过对两类细线刻纹进行类比，建立起了两者从发展的时间线到形式中的共性以及构图逻辑间的联系，构建了一个比以往仅局限于玉器的更为庞大的良渚社会统一信仰的象征体系。

通过比较这四组关系，可以很清楚地看见一种在每一组关系中都扮演着重要角色的，并贯穿了整个浙江史前美术体系的美术表现的核心形式——“刻绘”。跨谱系地看待刻绘的发展演变过程，会发现“刻绘”的最初不是“绘”，正如“彩绘”的最初也不是“绘”一样。如前文所述，最初的彩陶并不是真正意义上的、使用彩绘来表达展示性意图的彩陶。上山文化那些被认为且被反复报道为“白彩”的彩绘，本质上也只是用彩料点出的符号。刻绘亦是如此。上山文化中两个“田字格”形的符号，可能代表着浙江境内刻绘的起源。在上山文化的较晚阶段，才出现了带有展示性意图的刻绘，仙居下汤遗址那几件刻绘网格纹的陶器标本，可以算是真正意义上的“绘”了。典型河姆渡文化的刻纹，是刻绘发展中出现的一次高峰，很显然，这些展示性的刻绘在河姆渡文化中兼具装饰性和象征性，“好看”并不是刻绘的唯一目的。这就说明，刻绘历经几千年的发展，从其最初呈现出的那种符号形式开始，一直携带着象征意义，并逐渐发展出装饰性。刻绘的装饰性，在崧泽文化与良渚文化绵延近两千年的时间里，发展得愈加博大精深，直到良渚文化晚期，分化出了象征意义更胜一筹的符号系统。纹样种类丰富、雕刻技法多样、工艺难度提升、刻绘与载体的组合关系专门化……这一切的发展，其实都源于对象征意义的强调与演绎，由此，刻绘逐渐形成了一个庞大的意象体系。其贯通崧泽文化与良渚文化的连续性，本质上就是持续的观念传递，不仅成就了刻绘系统的发展壮大，也促成了延续谱系的文化根基。综上，在考古材料的支持下，可以得到如下认识：浙江史前刻绘，从其象征性本质发源，形成兼具象征性与装饰性的意象系统，最终又从中分化出象征性更强的符号系统，显现出其始终秉承的装饰为其表、象征为其里的特质。

在这四组主题关系中，通过“比较”，发现“模式”，是本书阐释史前美术的必要途径。“模式”本身就是构成考古学文化的根本。考古学文化是在一定的时间范围、空间范围内，一群反复出现的具有特定组合关系的遗迹和遗物的总和。这里，“反复出现”就是模式的表现。当我们很难直接阐释出美术形象的象征意义时，“发现模式”显得更具有可操作性。模式是规律性的，通过模式来探讨史前美术，需要对一些体系性强且内容庞杂的对象进行比较层级的事先规定。正如在考古类型学中，划分出哪些器物是类别关系，哪些器物是类别之下的类型关系，更复杂的还有在类型下面再设立亚型的。“类别”区分的往往是器物的不同功能，“类型”是同功能下高矮胖瘦之类的不同形态，“亚型”则是同形态下更细微的差别。类型划分是讨论器物经历历时性变化产生不同式别的前提。准确的类型划分，对于反映器物以及考古学文化的演变规律有积极作用。并且，类型划分得是否合理、准确，通过考古材料的积累可以被验证。同时，也只有得到了准确的演变规律，才能识别出那些不符合规律的特殊情况。模式也是如此，由于是规律性的体现，寻找并建立模式的同时，需要明确模式中的对象在分类层级中的关系。在浙江史前美术所涵盖的研究对象中，建立刻画符号中的模式尤其需要规定比较的层级。第三章中提出了考察符号的三个层级：第一，为器物载体；第二，为制前或制后刻的区别；第三，才是具体形象。由于人的行为是主导层级形成的原因，存在误差在所难免，比如一些陶器上本该烧前刻的符号，可能烧后才想起来补刻，就会变成烧后刻。当然，只有在明确的层级规律下，才能识别这种误差。模式的重复是可以跨层级的，但模式的构建需要以同层级对象间的比较为基础。

简单的模式几乎随处可见：连续图案中的一个单元图案是一种模式；反复出现的某种图案是一种模式；反复出现的某种图案与某种器类的组合是一种模式；反复出现的某种图案与某种器物造型的相似也是一种模式……模式可以出现在同一类遗迹或遗物中，也可以跨越遗存形式；可以出现在同一种文化中，也可以跨越文化种类；可以出现在物质形态中，也可以跨越物质和观念的壁垒。人类身处的环境，自然涵盖了各种各样的模式，而人类自身也在不断地创造模式。但只有含义限定的模式才具有被阐释的可能。

无论是自然的还是人造的，模式都不是随意形成的。模式所代表的含义无论多么具体，或者多么博大，都是被限定的，没有无限的外延。即使同一种模式包含不同的含义，其中的每一种含义，也都是被限定的。例如，第三章中分析的“一”字形刻符，是一条不太长的线段，基本上可以算是最简单的符号了，其本身就是一种模式。大量的刻符就是由这样的线段不断重复并以不同的形式组合形成的。但是，单就“一”字形这种模式而言，并没有被阐释的可能。因为，“一”字形可能代表任何事物，其含义可以有无限广阔的外延。而当我们发现通过线段递增形成的“二”“三”字形刻符，和“一”字形具有一致的载体、一致的载体部位、一致的刻画方式以及大致相当的出现频率时，“一”“二”“三”这三个刻符就可以因为“线段递增”的条件结为一组。并且，就目前的考古资料而言，尚未发现可以继续通过平行的“线段递增”形成新的符号来接续这一系列。同理，“十”“卄”“キ”是通过对“一”

“二”“三”各项作十字交叉而形成的，“十”“井”“卌”是通过“十”字形的递增而形成的。这样，以“三个符号且在形式上具有递增关系”为条件结成的符号序列重复了三次，即在这一条件下形成了一种含义限定的模式（下文讨论的“模式”，都指的是“含义限定的模式”）。

当然，含义限定并不等于这一模式有且仅有唯一的意义能为我们所了解且能加以实证。含义限定是指通过形成模式的条件，可以指向一个阐释的方向，当我们选择了其中某种具体意义来阐释这一模式之后，随着考古发现的积累，阐释可以被验证，也可以被修正。回到上述的例子，第三章中认为，“三个符号且在形式上具有递增关系”的模式，是一种计数的式样，体现的是良渚人对于“三”这个数字的概念。这并不是说“一”“二”“三”“十”“卄”“丰”或者“十”“井”“卌”中的某一组或某几组就一定能对应现代意义上的“1”“2”“3”，而只是通过“三”的规律性重复，推测其具有数的递进关系，且以“三”作为某种形式的计量单位。验证模式是否合理，则包含两个方面，一是模式本身，二是对模式的阐释。倘若在日后的考古发现中出土了更多的刻符，依然能满足上述这种“三个符号且在形式上具有递增关系”的模式的重复，说明这一模式的可靠性比较高。反之，如果更多的符号打破了这样三三成组的关系，那就说明模式需要被修正，或者模式建立得压根儿不合理。这样，就需要打破这种模式，构建新的模式。

书中几乎通篇贯穿着对“模式”的寻找。资料越丰富，模式的重复越频繁，该模式的可靠程度就越高。越是可靠的模式与模式之间，就会存在着越是融通的内核。书中分别揭露的“鸟形器”“神徽”和“通天符”三个模式，就是一组相互融通的重要模式。鸟形器跨越了河姆渡文化与良渚文化，“通天符”和“神徽”主要限于良渚文化。鸟形器从造型到纹饰，再到其可能承担的仪式性功能，都透露出鸟在河姆渡人心中的地位，这一模式可以直接与玉器上的刻纹“神徽”联系。“神徽”维持着以鸟的形象构成的轮廓，较之又增加了“神人面”和与鸟进行复合的“鳄鱼”两个意象，同时增加了编织结构的地纹纹理。至良渚文化晚期，“神徽”中剔除了瓦解的复合兽面，剩余的意象向符号的方向转化，形成了“通天符”。经历这一番曲折，“通天符”中依然保持着鸟的地位。连贯地看待这三个模式，“鸟的飞升”是其中恒定不变的内核，其所象征的意义就是通神。“对编织结构的模拟”是浙江史前美术中的另一大重要内核。从上山文化的网格纹刻绘开始，对编织结构的模拟是“刻绘”这一美术形式表现出“展示性”的源头，亦即表现出“装饰性”的源头。从上山文化到河姆渡文化时期，模拟编织结构的刻绘，均为几何线条造型，通常单独出现，偶尔也会与一些图像组合出现。在与图像组合出现的情况中，此类刻绘往往属于边界线或分割线，似乎处于一种从属地位。由此推测，模拟编织结构的刻绘，象征性较弱而装饰性更强。其所要表达的更多的是编织的线型结构所体现的美感，这或许就是审美的开始。而进入崧泽文化之后，模拟编织结构的刻绘得到了前所未有的发展，以至于成为崧泽文化之美的一大特色。此时，新出现了一些编织形态下的兽面的形象，可能就是良渚“神徽”在鸟形器的模式中，同时增加兽面与编织形地纹这两种元素的由来。

无论我们如何定义史前美术，总是无法回避对图像的阐释。通过建立模式形成阐释，优于那种通过一些直接类比就得到阐释的方法。理由如下：单纯的类比，无论引用了多少图像资料，归根到底是阐释对象与阐释目标的类比。阐释对象是其所要阐释的图像，阐释目标则要回答“图像是什么”的问题。其类比的关键在于“像”，而“像”或者“不像”是一种无法验证的主观感受。“像此”或者“像彼”的认识，高下难分。尽管有的类比工作做得很深入，将图像拆解到细微之处，又颠来倒去地寻找观看角度，但本质上仍然是阐释对象与阐释目标个体间的简单类比。而建立模式形成阐释的过程中，除了阐释对象与阐释目标的类比之外，更重要的类比发生在阐释对象之间，也就是建立模式的过程之中。建立模式的类比是一种系统之间的类比，包括类比对象间的图像、造型、功能、载体材质等方面，类比的结果是超越了“像”与“不像”的，一种系统与系统的对应关系。尽管模式的建立和对阐释角度的选择同样具有主观性，但构成模式的规律是客观存在的，可以被讨论，也可以被验证。

构建“模式”，除了有助于理解美术图像之外，也时常会对认识考古学文化起到反哺的作用。通过上述这组相互融通的模式，回看河姆渡文化与良渚文化，令人不禁怀疑两者的关系是否一定如现行的谱系那样完全割裂。如果坚持相信两者的美术意象有直接的传承，反而会对浙江境内的考古学文化谱系提出一些有所补益的假说。或许，如河姆渡遗址第一期、第二期的那种典型河姆渡文化，还潜在延续时间更长的、未被考古人所发现的下限。而河姆渡遗址第三期、第四期的晚期遗存，可以纳入马家浜·崧泽文化的谱系范畴。或许，某地的典型河姆渡文化下限可直接与良渚文化年代上限相接。我们有理由相信，在那个形成即巅峰的国家文明中，一定发生着多文化因素的融合，其社会的高度复杂化也绝不是靠单一来源的文化自身繁衍增殖可以实现的。良渚文明以“神徽”为标志的统一信仰，很可能兼采了崧泽文化与河姆渡文化的观念体系。其传承了河姆渡文化中鸟的地位，又通过崧泽文化所擅长的模拟编织的美术形式，用图像与符号构建了自身的创世神话。

曲枫《图像时代的精神寓言：中国新石器时代的神话、艺术与思想》中，用了整章的篇幅阐述了“只有象征才有意义”①，指出各种象征性的意象母题都是与神话有关的表现。这一点启发我们去思考史前美术中林林总总的意象是否经过阐释后，最终都会落得因无法实证而不置可否的境地。本书通过建立模式的方法，已然发现了大量的美术意象有殊途同归的象征意义，围绕着“鸟的飞升”，基本可以串联起整个浙江

① 曲枫：《图像时代的精神寓言：中国新石器时代的神话、艺术与思想》，黑龙江人民出版社2017年版，第170页。

史前美术体系的主线脉络。这是否就是因为其指向了一个传唱悠久的经典神话内核？或许，不同时期、不同文化会给这个神话披上不同的外衣，使得美术意象呈现出丰富多彩的表象，但神话的内核却没有发生本质的变化。

人类学在研究远古神话这个问题上，作出了很大的贡献。美国宗教人类学家伊利亚德对世界范围内的萨满教资料进行研究后，概括道①："所有这些神话和仪式都共有一个主要观点，即天堂与大地之间的沟通或者可以在神话时代实现，或者可以通过一些现实的途径（彩虹、桥、阶梯、藤蔓、绳索、'箭链'、山等）实现。所有连接天地的象征物都是天树或宇宙轴的变体。……在远古时期，天与地的沟通、天神与凡人的交流不仅是可能的，而且是轻而易举的，每个人都可以实现这样的交流。……但是其中一些神话提到了沟通切断之后英雄或统治者或巫师实现升天。换句话说，这些神话预示着某些特权之人或被天神选中的人可能回归到最初时代。他们可以恢复人类'堕落'之前的神话和美好时代，即恢复到天与地的交流中断之前的时代。"照此看来，天人的沟通就是这种神话的内核。这一内核透露出人类专注于探索生命和宇宙的这一永恒话题。伊利亚德在《萨满教：古老的入迷术》中，多次提到鸟在萨满教中充当的角色和作用："萨满服饰三种主要的动物形象为鸟、驯鹿（牡鹿）和熊，但鸟更为显著。""两个重要的神话主题：灵魂以鸟形象出现的神话图景，以及鸟作为信使的观念。"本书中对"鸟形器""神徽"和"通天符"三个模式的提炼与阐述，恰好形成以"鸟的飞升"为内核的意象系统，非常符合萨满教神话的主旨。这倒并不是要来证明浙江史前存在什么样的宗教巫术形态，而是能够明确地从美术意象中阐释出天人沟通的愿景，这就足够了。这也能看作使用人类学材料对本书所

① ［美］米尔恰·伊利亚德：《萨满教：古老的入迷术》，段满福译，社会科学文献出版社2018年版，第496—497页。

建立的“模式”进行的一次成功验证。

然而，中国古代历史文献里保留着的有关古史传说时代“绝地天通”这一壮举的，却是一个立意完全不同的故事。《尚书·吕刑》中“乃命重、黎，绝地天通，罔有降格”，说的是由于蚩尤携一众精怪作乱，惹得天地间生灵涂炭，颛顼帝为了维护宇宙秩序而切断了天地的联系。那个民神杂糅的年代，显然不是伊利亚德所认为的美好时代。事实上，“绝地天通”，是人们出于对恢复周礼的期待，给神话披上的具体浓重的政治理想的外衣，其内核仍然是天人沟通。而当天人的沟通渠道被切断之后，仍有能力实现升天的人，就是天选之人。他们能够回归到最初的时代，不断再现神话中的时刻。事实上，考古资料中也确实不断地涌现出一些可能具有特殊地位、特殊使命的个体，以及反映出永恒的回归这一思想的物质遗存。

分析比较—建立模式—形成阐释—期待验证，是本书中践行的研究史前美术行之有效的四个步骤。一旦验证失败，即可进入循环，重新开始。通过这样的研究方法，我们谈论史前美术的时候，是在不断地构建新的知识，从而走出那种“证无可征”的认识局限。